罗红波　孙彦红／主编

L

社会科学文献出版社
SOCIAL SCIENCES ACADEMIC PRESS (CHINA)

变化中的意大利

TALIA CHE CAMBIA

序 一[*]

谈到国家与国家的关系时,人们通常会马上联想到经济交往、进出口总值或者政治关系等,这些显然都是构成国与国关系的关键内容。但是,如果没有了解和研究做基础,这些关系是不可能存在、加强或带来成果的。在世界和平的大环境下,意大利和中国之间的相互了解,正是对这一观点的正确解读。

学者和研究员的工作很多时候都不为人所知,他们需要花费很多时间和精力以取得研究成果,而且有的时候,这些成果未必迅速可见。你们所在的领域,当然,包括作为学者的我所从事的领域所面临的情况也是如此。

在当今这个由传媒主宰的社会中,一种新药或一种新型科学仪器的发明,或是一辆新型汽车的发布,能够迅速吸引所有媒体的关注。与之相反,一本经济学教科书,一项关于艺术的研究,一本法律字典,一部好的翻译作品,一项关于知识产权法的研究,一项关于两国媒体、社会形态和服务业的比较性研究等工作,未必能够立刻引发全社会的关注,但它们却对社会发展有着根本性的意义,就像用来灌溉土地的水一样。只有在丰润的土地上,才可以发展和平坚固的政治、经济及商贸关系。

正因如此,我相信你们所从事的工作是非常重要的,其成果也必将得到更好的利用。对此,我也要对你们的工作表示感谢。

---

* 2015年10月31日,中国欧洲学会意大利研究分会在绍兴市浙江越秀外国语学院举行2015年年会。时任意大利驻华使馆文化参赞史芬娜教授因公务未能参会,她请同事在会上宣读了她本人的亲笔贺信。本书的主体部分正是基于2015年年会的会议论文而成,故节选该贺信的主要内容作为代序。

当然，为了达到更高的目标，需要做的工作还有很多，你们的贡
献注定是珍贵的。

史芬娜

Stefania Stafutti

序　二

　　意大利是西方文明的发祥地，在西方文明史上具有独特的重要地位。在欧洲各国中，只有意大利最完好地保存着年代久远而又一脉相承的历史沧桑，也只有意大利能够最好地展示西方文明史的悠久辉煌。今天，我们漫步在罗马街头，踏着无数块厚重的面包石铺成的街路，走近那座只剩下大半骨架的红色砖石砌筑的椭圆形的罗马斗兽场，走近君士坦丁凯旋门，来到大理石雕塑的海神巨像的许愿池喷泉前，那种宏伟壮观和精美令人震撼。各大城市博物馆收藏着数不清的精美绝伦的艺术杰作，尤其是出自文艺复兴时期的艺术大师之手的杰作，如米开朗基罗、拉斐尔等人的艺术作品，令人感受到崇高之美的震撼，不知不觉地经受着一场圣洁的精神洗礼。我们漫游在意大利各地，充分地感受着南欧的风情，地中海上吹来的温暖的海风，山坡上错落有致的红顶白墙的房屋，处处显示着这个国家的美丽和昔日的辉煌。

　　中国和意大利，虽然相隔万里，但是相互的来往交流却源远流长。今天在中国人的语言中，有一个家喻户晓、老幼皆知的俗语，那就是"条条大路通罗马"。这个近代以来才传入中国的俗语，与中国固有的成语"殊途同归""百川归海"一样，生动形象地表达了同一种经验性的哲理认知。"条条大路通罗马"告诉人们通向成功的道路不止一条，达到同一目的的途径有很多，这里的"罗马"成为成功、理想和归宿的象征。今天的人们都对这句俗语习以为常，但是有多少人知道它的历史背景呢？亚平宁半岛上那一条条通向罗马城的道路，车如流水马如龙，络绎不绝的朝圣般的情景，都已深深地化入这句俗语中。不到意大利，不到罗马，就不能理解这个俗语的妙处。意大利的昔日辉煌铸就了这句俗语，也铸就了这份没有任何一个国家的首都可以当得起的荣耀。

意大利旧日的辉煌曾吸引了世界的目光。而昔日中国的辉煌，也曾吸引世界的目光。中国的汉唐盛世以及元明强国时期的丝绸之路就是中西文化交流的纽带和桥梁。几百年前，马可·波罗、利玛窦等人就是沿着这条丝绸之路来到中国的。意大利是古代丝绸之路的终点，又是今天"丝绸之路经济带"和"21 世纪海上丝绸之路"的交汇点。如今，中国提出的"一带一路"倡议已成为中意文化合作的新载体。

为了更好地了解意大利，更好地促进中意之间的文化交流，更好地服务于国家外交战略和扩大对外开放的新需要，黑龙江外国语学院意大利问题研究所支持并联合中国欧洲学会意大利研究分会的专家学者共同撰写完成了这部研究意大利现状与改革的著作《变化中的意大利》。这部著作从意大利经济社会的变迁改革、意大利政治外交走向、意大利文化教育领域的演进与变革、新形势下的中意关系四个方面进行了广泛深入的论述分析，既有对历史演进的回顾，又有对现状的深度剖析，引证大量确凿的数据资料，聚焦备受关注的时代问题。相信这部著作的出版将会为"一带一路"宏伟愿景的实现提供有价值的参考依据，也会给读者带来新的惊喜。

祝贺《变化中的意大利》出版。

是为序

刘　英

黑龙江外国语学院院长

2017 年 6 月于哈尔滨

主要贡献者

罗红波　中国社会科学院欧洲研究所研究员

孙彦红　中国社会科学院欧洲研究所副研究员

邓大松　武汉大学社会保障研究中心教授

杨　东　武汉大学社会保障研究中心博士

徐力源　中国现代国际关系研究院欧洲所副研究员

李凯旋　中国社会科学院马克思主义研究院助理研究员

钟　准　重庆大学人文社会科学高等研究院讲师

穆方顺　光明日报社国际部高级记者

邢建军　意大利教育中心中国区负责人

张海虹　广东外语外贸大学意大利语系副教授

文　铮　北京外国语大学欧洲语言文化学院副教授

戴菊颖　广东外语外贸大学意大利语系 2015 届本科毕业生

金　京　中国国际广播电台意大利语部主任

付　卓　中国传媒大学意大利语专业教师

弗兰卡·波比　意大利摩德纳·雷焦大学文学院副教授

Gli Autori

Prof. ssa LUO Hongbo, Istituto degli Studi Europei, Accademia Cinese delle Scienze Sociali (CASS)

Dott. ssa SUN Yanhong, Istituto degli Studi Europei, Accademia Cinese delle Scienze Sociali (CASS)

Prof. DENG Dasong, Centro per gli Studi di Sicurezza Sociale, Università di Wuhan (WHU)

Dott. YANG Dong, Centro per gli Studi di Sicurezza Sociale, Università di Wuhan (WHU)

Prof. XU Liyuan, Istituto degli Studi Europei, Cina Istituti di Relazioni Internazionali Contemporanee (CICIR)

Dott. ssa LI Kaixuan, Accademia del Marxismo, Accademia Cinese delle Scienze Sociali (CASS)

Dott. ZHONG Zhun, Istituto per Studi Avanzati delle Discipline Umanistiche e Scienze Sociali, Università di Chongqing (CQU)

Sig. MU Fangshun, corrispondente senior per l'estero, Quotidiano Guangming Ribao della Cina

Dott. XING Jianjun, Associazione Uni – Italia

Dott. ssa ZHANG Haihong, Dipartimento d'Italiano, Università degli Studi Esteri del Guangdong (GDUFS)

Prof. WEN Zheng, Facoltà di Lingue e Culture Europee, Università di Studi Stranieri di Pechino (BFSU)

Sig. ra DAI Juying, Dipartimento d'Italiano, Università degli Studi Esteri del Guangdong (GDUFS)

Sig. ra JIN Jing, Sezione Italiana, Radio Cina Internazionale

（CRI）

Dott. ssa FU Zhuo，Facoltà degli Studi Internazionali，Università di Scienze della Comunicazione della Cina（CUC）

Prof. ssa Franca POPPI，Dipartimento di Studi Linguistici e Culturali，Università degli Studi di Modena e Reggio Emilia（Unimore），Italia

目　录

Indice

引 言

罗红波[*]

1995 年，笔者和戎殿新教授①曾一起主编出版了《意大利走向二十一世纪》一书。当时正值 20 世纪与 21 世纪之交，是一个在全世界范围内发生翻天覆地变革的关键时期。特别是苏联解体、东欧剧变使得世界政治格局发生了重大变化。为此意大利政局突然失去平衡，过去把执政党聚拢在一起的力量失去了黏性，国内矛盾陡然尖锐起来。意大利掀起了声势浩大、轰动世界的"净手运动"，政坛的腐败行径被暴露在光天化日之下。从政党到政客、从总理到部长、从议员到国有企业经理、从法官到警官，大批显赫人物因参与贪污受贿纷纷落马。几个传统执政党也在 1994 年 3 月举行的全国大选中溃败，以新组建的意大利力量党和由意大利共产党演变而来的左翼民主党分别为核心、形成了两大新的竞选联盟，即右翼的自由联盟和左翼的进步联盟，这标志着意大利政坛出现了全新格局。学界普遍认为，此时意大利第一共和国已寿终正寝，并在风雨飘摇中迎来了第二共和国。《意大利走向二十一世纪》一书由我国意大利研究领域的资深学者和几位意大利学者

* 罗红波，中国社会科学院欧洲研究所研究员、博士生导师；兼任中国欧洲学会意大利研究分会会长；黑龙江外国语学院意大利问题研究所所长。长期从事欧洲/意大利产业政策及企业政策研究，意大利经济、政治、社会研究和中欧/中意经贸关系研究。撰写和主编了《意大利工业化之路》（1991）、《中小企业王国——意大利》（1996）、《FDI与经济增长——中欧双向"走出去"战略比较研究》（2014）等 20 余部著作。

① 我国已故著名世界经济史学家和意大利研究学者，中国欧洲学会意大利研究分会第二任会长。

参与撰写，侧重对第一共和国解体前后的意大利政治体制、经济发展及调整改革进行深刻细致的研究和分析。

现在，距离《意大利走向二十一世纪》一书的出版已过去 20 多年。其间，在全球化和技术进步的强劲推动下，世界经济政治格局继续发生着显著而深刻的变化。为应对这一变化，欧洲一体化前进的步伐加快，实现了统一货币——欧元。目前欧元区拥有 19 个成员国，人口超过 3.3 亿。然而，受国际金融危机和欧债危机的影响，欧元区经济自 2008 年以来陷入低迷，并持续近十年之久。欧盟的发展、改革及面临的困境令世人关注。在这种大环境下，作为欧盟和欧元区重要成员国的意大利在经济、政治、社会、文化等方面发生了哪些新的变化？进行了哪些改革？效果如何？前景怎样？这正是中国欧洲学会意大利研究分会近期研究的重点，也是我们策划并组织撰写《变化中的意大利》一书的初衷。

一　世界格局的深刻变化

1990 年代至今，是世纪之交、时代更替的关键时期，在技术进步和经济全球化的有力推动下，一系列重大事件接踵而来，世界格局处于深刻的演变之中，呈现出两个互为联系的趋势：世界经济的重心东移；同时，世界政治格局趋向多极化。

（一）世界经济的重心东移

当前，"东""西"方已不仅仅是两个简单的地理术语，它们更多的是从经济、社会、政治、文化等多角度对世界进行区分和界定。"西方"统指地处大西洋两岸、拥有先进生产力的发达国家，而"东方"统指地处亚洲和太平洋地区、后发并正在追赶的发展中国家。

开始于 1980 年代中期的经济全球化浪潮以不可阻挡之势席卷

世界，在贸易国际化的基础上推动生产国际化和资本国际化，以实现资源的全球配置。在这一过程中，生产、投资、贸易、金融真正形成了世界性流动，大大加深和增强了世界各国之间的联系。对经济全球化起到助推作用的因素主要有四个：第一，以信息技术革命为中心的高新技术迅猛发展，为经济全球化的快速发展插上了"翅膀"；第二，1995 年 1 月 1 日成立的世界贸易组织（WTO）是经济全球化发展的产物，它以实施市场开放、非歧视和公平贸易等原则达到实现世界贸易自由化的目标，反过来又推动着经济全球化的进一步发展；第三，越来越多的国家，特别是东欧国家、独联体国家、中国等原来实行计划经济体制的国家，加入了市场经济体制行列；第四，跨国公司大踏步进入中国等发展中国家，成为直接投资的主角，促使国际资本流动进一步加速。经济全球化推动了全球生产力大发展，加速了世界经济增长，使世界经济越来越融为一个整体。这种经济发展水平均等化趋势，为发展中国家和欠发达国家追赶发达国家提供了一个难得的历史机遇。但是，均等化趋势不会自发地对后进国家发生作用。后进国家要想借力全球化，就必须改革旧体制，实行对外开放政策，逐步融入世界经济体系。[①] 这一变化在金砖五国表现得尤为突出。金砖五国人口占世界总人口的 42%，国土面积占世界领土面积的 26%，它们通过自身的改革，国内经济均有了突飞猛进的发展。1994 年起，除个别年份外，五国对外进出口总额呈现一路上升的趋势，由 1994 年的 5920.77 亿美元飙升至 2013 年的 75529.99 亿美元，涨幅高达 11.76 倍；其贸易总额占世界贸易总额的比重从 5.59% 上升至 16.93%，幅度约为 2 倍。同期，金砖国家在全球 GDP 中所占份额从 7.10% 提升到 2013 年的 21.25%，且仍在继续增加；吸引外

---

① 罗红波、戎殿新主编《意大利走向二十一世纪》（引言），经济日报出版社，1995，第 8 页。

资占比 18%，外汇储备占全球外汇储备总量的 40%。① 根据国际货币基金（IMF）的数据，1992 年以来，20 国集团（G20）对世界 GDP 的贡献基本保持在 80% 以上。而西方七大工业国（G7）在世界 GDP 中所占比重自 1992 年为 70%，而后开始缓慢下滑，2002 年开始急速减少，到 2010 年这一比重已不足 50%。这表明，在全球范围内，美日欧发达地区的经济优势地位相对下降，而一批新兴经济体，特别是中国、印度等在全球经济中的地位相对提升。2008 年爆发的国际金融危机和随后发生的欧洲主权债务危机对发达国家造成的冲击更大，中国、印度等新兴经济体所受影响相对较小，全球经济份额再次增加，使得世界经济实力对比发生进一步的改变。

（二）世界政治格局趋向多极化

1980 年代末、1990 年代初发生的东欧剧变和苏联解体，标志着第二次世界大战后存续了 40 多年的两极格局终结。此后，世界格局出现美国独霸或 "一超多强" 的局面。但是形势的发展表明，受到新兴大国崛起、俄罗斯军事力量的复兴、欧盟的自主意识增强、日本谋求政治大国地位等因素的影响，美国独霸世界的局面愈发难以为继，世界政治格局趋向多极化。

第一，美国综合国力虽仍是世界第一，但优势在减弱。1894 年，美国工业总产值超过英国。1913 年，美国人均 GDP 超过英国 5.5 个百分点，成为世界第一强国。自此，世界迈入美国周期。② 1960 年，美国 GDP 占全球经济总量的比重达到 40%，而后开始缓慢下降，到 2015 年已降至 24.32%。③ 2000 年以来，世界经济进一步显示出优势分散化趋势，不同收入水平的国家集团在全球经

---

① 有关金砖国家的数据分别来自金砖国家各国统计局、联合国统计司和国际货币基金组织。
② 王湘穗："世界发展大势与中国战略选择"，《军事文摘》2015 年第 8 期，第 21 页。
③ 据世界银行 2017 年 2 月公布的数据。

济中的占比差距不断缩小。2000 年，高收入国家、中高收入国家、中低收入国家和低收入国家在全球经济中的占比分别是 82.73%、12.91%、3.88% 和 0.47%。2012 年，高收入国家的占比为 74.58%，下降了 8.15 个百分点，而中高收入国家占比为 19.09%，提高了 6.18 个百分点，中低收入国家和低收入国家占比分别提高了 1.79 个百分点和 0.19 个百分点。[①]

第二，美国发展模式的吸引力在下降。美国作为资本主义世界体系的主导国家，在整个 20 世纪的历程中，试图依照自己的理想和价值观来塑造全球，以此来构造一个美式世界。以福山为代表的美国新保守主义者甚至宣称："美国模式的自由民主制度乃是人类意识形态发展的终点"，"是人类最后的一种统治形式"。在世界上兴起了一股认为"美国什么都好"、"代表了人类历史和进步方向"、"全世界都要学习美国，依照美国模式来改造自己的民族和国家"的思潮。然而，拉美基于"华盛顿共识"范式改革的失败和美国近年来在西亚北非推行其所谓民主制度造成的"破而不立"和"破易立难"的局面使美国模式的光环黯然失色。中国通过 30 多年的改革开放，也走出了一条有自身特色的市场经济道路，并取得了成功，为世界、特别是为落后国家提供了一种新的发展经验，受到越来越多的国家关注。发展模式的多样化无疑有利于世界格局多极化的发展。

第三，美国主导国际事务的能力在下降。从欧洲国家的自主意识不断加强不难看出，美国主导国际事务的能力在下降。非常有说服力的一个例子是，英、法、德、意等美国传统政治经济盟友宣布加入由中国主导的亚洲基础设施投资银行（AIIB，简称亚投行），这使得长期主导国际金融秩序的美国不得不面对一个自己

---

① 世界银行数据库，转引自原嫄、孙铁山、李国平，"近五十年来全球经济地理格局的演化特征与趋势"，《世界地理研究》2014 年 9 月，第 14 页。

难以施加直接影响的多边机构。不仅如此，随着全球化进程加快，安全问题也日益复杂化。除了军事、政治等传统的安全问题外，经济金融危机、资源短缺、恐怖主义、生态环境恶化、跨国犯罪、难民问题、南北差距扩大等非传统安全问题也日益成为国家和国际安全的重大威胁。《权力大未来》一书的作者、哈佛大学教授约瑟夫·奈（Joseph Nye）认为，由于权力从国家行为体向非国家行为体扩散，越来越多的问题已经超出国家的控制范围，即使最强大的国家也不例外。虽然美国拥有强大的军事实力，但是世界上越来越多的问题已无法通过军事手段来解决。受信息革命和全球化影响，世界政治正在发生变化，美国人已经不能单凭自己的力量实现其全球目标。[①]

无论是经济重心的东移，还是政治格局的多极化发展，均是一个在经济全球化推动下世界力量重新组合和利益重新分配的过程，是一个长期、渐进、曲折的过程。在这一过程中，各国都把国家利益放在对外关系的首位，谋求在新的世界格局中处于最佳位置，矛盾、斗争、竞争自然不可避免，甚至比以往更激烈。冲突会影响到所有人的福祉，大国之间的冲突规模会更大，破坏力也会更强。[②] 因此，形势要求大国对地区和世界和平与发展承担更大责任，走出一条合作共赢的良性互动之路，而不是继续垄断对地区和国际事务的决定权。鉴于此，无论是现在还是未来，大国关系都呈现着以下特点：竞争与合作交织；复杂性与不确定性大大上升；多边合作的需求增加，合作难度也相应增加。[③] 全球化和世界格局的变化对欧洲的联合与改革提出新的要求。

---

① 约瑟夫·奈：《权力大未来》（前言），中信出版社，2012。

② 引自日本早稻田大学亚太研究院教授植木千可子（Chikako Ueki）2015年10月在第六届香山论坛的发言。

③ 崔立如：《多极化世界与转折时期的挑战》（代序），载美国国家情报委员会编、中国现代国际关系研究院美国研究所译，《全球趋势2030——变换的世界》，时事出版社，2016。

二　欧洲的联合、改革与困境

与经济全球化几乎同步发生的是全球改革大潮。无论是科学技术，还是生产力和社会，几乎每年都在进步、提高和发展。尤其是在科学技术和生产力飞跃发展、社会（包括国际社会）发生剧变时，改革举措不但动作大，而且频率高。1980年代和1990年代出现的改革，在经济全球化迅速而有力的推动下形成的全球性的大潮，世界各类国家都无一例外地被卷入其中，许多国际组织也把改革提上了日程。作为市场运行主体的企业更是实施改革的重要载体，从经营思想、组织结构到产业结构、生产战略等诸方面进行着形式各异的改革。不仅如此，全球改革浪潮席卷了几乎所有领域，经济、财政、金融、社会、教育、行政、军事甚至国体和民俗，无不以倡导改革为时尚。[1]

由于经济、社会发展水平不同，追求的政治目标不同，各种类型的国家和国家集团对全球化的回应是不一样的。美国作为单一国家，全球化为其提供的是一个史无前例的轻松进入全球市场的机会，资本、商品、服务和劳动力的自由流动可为其带来巨大利润，为此美国对全球化的回应是迅速制定了具有全球视野的发展战略。对欧盟而言，全球化带来了商业机会，但同时也带来了严峻的挑战，其中最大的挑战来自内部，因此其发展战略需要平衡来自内外两个方面的挑战。[2] 换句话说，欧洲联合和欧洲改革是支持"欧洲列车"前行以及成功应对全球化和全球格局变化的两

① 罗红波、戎殿新主编《西欧公有企业大变革》，对外经济贸易大学出版社，2000，第24~25页。
② 周弘：《"里斯本战略"的中国视角》（代前言），载罗红波主编的《欧洲经济社会模式与改革》，社会科学文献出版社，2010。

个轮子。

欧洲的改革分为两个层次：欧盟超国家层面和成员国层面。应当说欧洲联合本身无论对欧洲还是对世界都是一项意义深远的改革，欧洲一体化进程就是其不断改革、创新的过程。其每向前迈进一步都是以各成员国大规模的趋同性改革为前提，而作为一项高度综合性的改革，又会引发一系列超国家层面的共生改革和成员国层面的次生改革。这一过程是艰苦而又曲折的，并非每一步都注定成功。

1970 年代和 1980 年代，欧洲一体化进程处于低潮。受到两次石油危机的冲击，加上 1960 年代货币供应量的过快增长引发恶性通货膨胀，导致欧共体国家陷入"滞胀"泥潭。为了摆脱危机、振兴经济，在欧共体委员会主席雅克·德洛尔的大力推动下，1986 年 2 月《单一欧洲法令》得以签署，规定 1992 年底之前在欧共体内部实现商品、服务、人员和资本的自由流动，这是六个创始成员国在 1957 年签署《罗马条约》时提出的主要目标之一。此后，适逢经济全球化迅猛发展、1980 年代末 1990 年代初苏联解体和东欧剧变以及接下来发生的一连串主要由美国主导的战争，欧共体及其成员国面临一个全新的极具挑战的外部环境。这促使欧洲一体化进程加快，其间，几项具有重大历史里程碑意义的举措相继出台，尽管出现过危机和挫折，但最终均得以实施。

第一，1993 年 1 月 1 日欧洲统一大市场正式启动。到 1992 年底，建设统一市场的 282 条措施已有 95% 被采纳，成员国的平均立法转化率达到 80% 以上。统一大市场建立后，给欧洲经济和欧洲居民带来不小的实惠。欧共体内部贸易额从 1992 年的 8000 亿欧元上升到 2010 年的 2.54 万亿欧元，欧洲单一市场国家以占世界 7% 的人口创造了世界 20% 的贸易量。①

---

① 《欧盟"单一市场"将迈进新纪元》，《经济参考报》，2012 年 10 月 15 日。

第二，《欧洲联盟条约》（即《马斯特里赫特条约》）在经历了1年多的危机后，终于获得所有成员国的签署通过，于1993年11月1日正式生效，自此开始使用"欧洲联盟"名称。《欧洲联盟条约》包括《政治联盟条约》和《欧洲经济与货币联盟条约》，《政治联盟条约》的目标在于实行共同的外交政策、防务政策和社会政策，《经济与货币联盟条约》规定最迟在1999年1月1日之前建立经济货币联盟，届时在该联盟内实现统一的货币、统一的中央银行以及统一的货币政策。与建立统一大市场相比，欧洲联盟条约要实现的目标在政治影响方面更具重要意义。

第三，1999年1月1日欧洲单一货币——欧元正式诞生，并于2002年1月1日起正式进入流通。在成员国原有货币退出后，欧元成为欧元区唯一合法货币。欧元的使用，不仅降低了交易成本，加快了商品与资金流通速度，同时也降低了汇率风险。近几年，受2010年爆发的欧债危机影响，欧元的国际货币地位被削弱了，在外汇交易中的占比有所下降。美元仍为世界最重要的货币，全球2/3的国际债务、国际贷款及外汇储备是以美元形式进行的。但从货币地位的决定因素考虑，在货币发行国的经济总量与对外贸易量、金融市场发达程度、货币价值稳定性等方面，欧元仍然是地位仅次于美元的国际货币。①

第四，2004年欧盟实现了第五次扩大，吸收了10个中东欧国家，这不仅终结了战后以来欧洲的分裂局面，实现了整个欧洲的和平与稳定，获得了巨大的安全红利，而且从规模上提升了欧盟的国际影响力。

第五，2009年12月，具有宪法意义的《里斯本条约》生效，首次将强调效率与公平兼顾的"社会市场经济"写入条约，为欧洲的经济和社会发展确定了方向。

---

① 李长春："货币竞争下的美元与欧元国际货币地位比较分析"，《现代经济探讨》2011年第10期。

欧洲一体化进程的加快大大促进了欧盟内部的调整、改革与创新。欧盟内部的改革涉及各个领域，从超国家层面到成员国层面，从共同政策（包括共同农业政策、地区政策等）到机构设置，从市场到企业，从经济制度到社会制度，都进行了一系列创新和改革。

但快速一体化进程也暴露了欧盟政策的制度性缺陷和对全球化新形势应对能力的不足。特别是一些制度设计上的重大缺陷，导致成员国经济发展严重不平衡、财政监督与金融监管机制缺位。这在 2010 年爆发的欧债危机中表现得尤其明显。此后，由德国主导的、以"经济紧缩"为导向的结构性改革开始在整个欧盟推行。"经济紧缩"的主要目的是改善公共财政，然而在经济衰退时期推行会严重抑制经济增长进而影响社会稳定，这一"副作用"在一些成员国（尤其是南欧成员国）表现得尤为明显。由于"经济紧缩"收效不大，且激起众多成员国的强烈抵制，甚至间接地导致民粹主义与极端主义政党迅速崛起，因此近年来尽量推行"包容性的改革"，在回应全球化和一体化挑战的同时兼顾经济增长，已逐步成为当前欧盟层面与欧盟主要成员国政府的主流认识，并采取了一系列相应改革措施。

2012 年 3 月，除英国和捷克外的欧盟 25 国终于达成共识，签署了《经济货币联盟稳定、协调与治理条约》（简称"财政契约"）。作为对"财政契约"的重要补充，欧盟国家首脑又于同年 6 月签署了《就业与增长契约》，引入欧洲项目债券，向基础设施投资，同时重新分配欧盟的结构性基金，以促进经济增长。

欧盟金融监管框架也发生了深刻变化。2012 年 6 月的欧盟峰会提出建立"欧洲银行业联盟"的计划。欧洲银行业联盟的核心框架由"三大支柱"组成：单一监管机制（SSM）、单一清算机制（SRM）和共同存款保险机制（DGS）。在单一监管机制下，欧洲中央银行已于 2014 年 11 月正式承担起监管整个欧洲银行业的职

能，尤其以监管 123 家系统性重要银行为主。单一清算机制也在
2016 年初生效。据欧盟委员会最新提案，欧洲共同存款保险机制
将分再保险、共同保险、全保"三步走"方案，预计 2024 年完
成。此外，2012 年 10 月 8 日，欧元区财长会议启动了欧洲永久性
援助基金——欧洲稳定机制（ESM）。ESM 拥有 5000 亿欧元的实
际放贷额度，负责筹集资金并以严格条件向融资问题严重的欧元
区国家放贷，以确保欧元区的稳定。

　　尽管欧盟在解决财政政策与货币政策脱节方面采取了一系列
深度改革措施，但其面临的问题和困境依然很多，特别是经济增
长乏力、英国"脱欧"、民粹主义、恐怖主义、难民大量涌入等棘
手问题，都需要欧盟继续进行深层次改革，同时也为成员国的改
革提出新的课题。

三　意大利的变化

　　在上述大背景下，本书的研究对象——意大利也不可避免地
经历着全面而深刻的变化，其中有受到全球性因素影响而发生的
具有某种"共性"的变化，也有受到欧洲层面因素推动而发生的
带有"欧洲色彩"的变化，还有基于意大利自身国情的"特殊
性"变化。从全球层面看，1990 年代以来，随着国际经济竞争日
趋激烈，意大利的经济竞争力持续下降，其经济结构越来越难以
适应全球分工的需要，而 2008 年以来一系列危机的冲击使得其国
家体系的低效问题进一步暴露出来，通过改革提升经济竞争力变
得越来越紧迫。从欧洲一体化层面看，"带病"加入欧元区，而后
始终未彻底解决巨额公债问题，使得意大利成为拖累欧洲一体化
发展前景的一大隐忧。过去几年，在危机以及欧盟层面的重压之
下，意大利终于开启了拖延已久的结构性改革进程，启动了包括

养老金制度改革、劳动力市场改革、经济自由化、降低能源成本等内容的一系列改革，既取得了一些成绩，也面临着诸多困难。从意大利自身看，其低效的政治体系始终是制约其经济改革进程的重要因素。1992 至 1994 年的"净手运动"终结了二战后持续了几十年的旧政党体系，但是并未因此提高意大利政治体系的效率。议会内党派众多、党派结盟随意、执政联盟脆弱等问题始终存在，导致历届政府都不得不以平衡党派利益为主要目标，难以顾及真正的经济改革。2016 年 12 月 4 日举行的宪法改革公投是伦齐政府力图深度变革政治体系的大胆尝试，虽然最后以失败告终，但是也表明当前意大利的确处于深刻变化与变革之中这一事实。

诚然，"变化"乃万事万物之常态。为了不使本书题目中的"变化"流于一般，需要强调的是，本书研究的意大利的"变化"，除去由该国内部发展惯性使然的"渐进性演变"之外，还着重突出由外部国际环境带来的"被动"之变，如该国国际经济地位的相对变化、该国政治与外交受世界格局的影响，该国高等教育体系的相对衰落，等等，以及由意大利政府与公共部门做出的"因应"之变，如经济社会政策改革、政治体系改革、文化遗产保护政策、高等教育体系改革，等等。这些"变化"及其错综复杂的交织互动共同塑造了今日意大利经济、社会、政治、外交、文化与教育领域的主要特征，且将继续成为未来意大利发展的动因。也正是这些"变化"，在很大程度上成为推动近年来中意关系全面快速发展的重要因素。

鉴于此，不论是出于理解与把握意大利的现状与未来，把握欧洲联合与改革的前景，还是出于更好地发展中意关系的考虑，对上述变化进行深入研究都是重要而且必要的。此外，鉴于"多速欧洲"背景下欧盟成员国——尤其是大国在欧盟事务中的话语权会相对提升，加强对意大利"变化"的研究对于更好地发展中欧关系亦有重要意义。

正是基于上述考虑，本书汇聚国内意大利国别研究的中坚力量，力图从多领域多角度剖析"变化中的意大利"，并基于此对新形势下的中意关系做出评估与展望。全书分为四章：第一章聚焦于经济社会领域，从不同角度探讨近年来意大利经济社会的变迁与改革；第二章聚焦于政治外交领域，试图从不同层面与角度对近年来意大利国内政治格局与外交政策的演变做出剖析；第三章聚焦于文化教育领域，重点关注相应的政策演变与调整；第四章基于前三章的分析，从不同角度、不同领域评估与展望新形势下的中意关系发展。

《变化中的意大利》（*L'ITALIA CHE CAMBIA*）是中国欧洲学会意大利研究分会学者们共同努力形成的学术成果。2015 年 10 月 31 日，在绍兴越秀外国语学院领导的大力支持下，中国欧洲学会意大利研究分会在浙江绍兴越秀外国语学院举行了 2015 年年会，对全球化和欧洲一体化背景下的意大利的变化与变革进行了研讨。意大利研究分会副会长张密教授对年会的成功召开做出了积极贡献。之后，学者们根据要求对论文进行了修改和补充，由意大利研究分会秘书长孙彦红博士对全书结构进行了编排并撰写了每章概述，最终形成了本书。黑龙江外国语学院非常重视意大利语言教学和人才培养，对本课题研究和本书的出版给予了大力支持。社会科学文献出版社也高度重视本书的出版，决定以精装本出版，这是对我们的付出给予的最好的评价。在此，对上述单位、作者、编者和研讨会组织者一并致以衷心的感谢！

第一章　意大利经济社会的变迁与改革

第一节　概述

2008 年底以来，意大利连续遭受了国际金融危机、经济危机、主权债务危机的重创，经历了二战结束以来最为严重的经济衰退，造成的社会冲击亦相当强烈。2008～2014 年，意大利的国内生产总值（GDP）萎缩了 9% 以上，金融危机爆发前近十年的经济增长成果损失殆尽。同期，失业率一路攀升，由 6.9% 升至 13.4%，创该国自 1970 年代有失业率记录以来的最高水平，青年失业率更是一度高达 43.9%。2015～2016 年，意大利经济终于开始缓慢复苏，分别实现了 0.8% 和 0.9% 的经济增长，但是仍缺乏结构性的复苏动力。尤其是，就业状况虽然有所改善，但是并不明显。2016 年 12 月，意大利的整体失业率为 11.9%，青年失业率仍高达 37.9%。[①] 可以说，意大利要实现可持续的经济增长，进而带动社会状况大幅改善仍任重道远。

在上述背景下，意大利终于开启了拖延已久的结构性变革进程，经济社会进入了深度调整期。实际上，自 1990 年代初起，面对日益激烈的国际经济竞争，意大利即表现出诸多不适应，经济

[①]　此处意大利经济增长与失业率数据均来自意大利国家统计局（ISTAT）网站：http://www.istat.it/。

一直低迷不振，经济社会调整与改革已经提上日程。然而，囿于经济社会体制的惯性，在很长一段时间里，"改革"的呼声仍主要局限于学术界与企业界，政府层面的实质性努力并不多。过去几年，在危机的重压下，彻底扭转 1990 年代以来——尤其是 2008 年国际金融危机爆发以来的经济颓势，重回可持续增长的轨道成为意大利政府的当务之急。鉴于可用的总需求管理手段捉襟见肘且效果大不如前，要实现这一目标，只能着眼于对中长期的总供给施加影响，也即通过结构性调整与变革，激发市场活力，提高资源配置效率和整个经济体系的竞争力。可以说，肇始于 1990 年代，及至近年来迫于危机压力而日益全面深入的经济社会变迁与改革，是观察与把握当前意大利经济社会状况不能回避的重要课题。

对于近年来处于快速变化中的意大利，唯有剥茧抽丝，从各个层面与领域分析其变化的动因、表现与相应的政策演变，才能不断加深对其现状的理解，更准确地把握其发展前景，进而更好地应对新形势下中意关系发展中的新现象与新问题。本章将聚焦于"变化中的意大利"的经济社会领域，试图探讨当下备受关注的一系列问题，包括近年来意大利经济社会发生了哪些值得关注的新变化？暴露出哪些深层次问题？政府采取了哪些改革措施？经济社会各界如何应对？该国经济社会又将朝着什么方向演变发展？等等。需要特别说明的是，虽然本章内容主要集中于对 1990 年代以来，尤其是 2008 年国际金融危机爆发以来意大利经济社会变迁与改革的探讨，但是出于更好地理解现实的需要，各节内容都或多或少地包含必要的历史回顾，有的追溯至 1970 年代，有的追溯至二战结束时乃至更早。事实上，本书其他章节的写作也有类似考虑与安排，后文不再一一做出解释。以下对本章各节内容做简要概述。

第二节聚焦于意大利的公共债务问题，作者是孙彦红。公共债务居高不下可谓近年来意大利经济最突出的"软肋"，既是该国经济一系列结构性弱点长期累积的结果，也是导致其抵御危机能力弱、难以摆脱经济困境的主要原因。一方面，公共债务问题属于宏观经济的主要领域，其由来与解决前景直接影响到意大利经济社会演变发展的整体环境；另一方面，公共债务问题本身牵涉到政府职能、公共部门效率、税收、基础设施建设、社会保障可持续性等重要经济社会领域的改革前景。因而，本章选择以公共债务问题开篇，试图厘清其历史演变、考察其特点、分析其解决的关键所在与前景等，期望以此提纲挈领，为后续一系列重要经济社会问题的讨论提供背景分析。

本章第三、四、五节将关注比较具体的经济社会领域。

第三节重点考察意大利公共养老金制度的发展和改革，作者是邓大松和杨东。公共养老金制度既是社会保障体系的重要内容，又涉及政府的财政支出，是近年来意大利经济社会改革的关键领域。在意大利，公共养老金改革具有特别重要的意义。首先，在意大利社会性支出中，养老金支出所占比重长期超过70%，几乎是发达国家中的最高水平，这直接威胁到其公共财政的可持续性。[①] 其次，公共养老金制度长期存在待遇与缴费对等性差、领取养老金门槛低、筹资模式不合理等问题，这造成该制度本身的不可持续。这一节回顾了二战结束后意大利公共养老金制度正式创立以来的发展与演变，重点放在1990年代以来的几次重要改革上，试图厘清其改革的关键所在，并从中总结出对中国建立公共养老金制度的经验与启示。

第四节围绕意大利2013年出台的国家能源战略做了较为深入的剖析，作者是孙彦红。该战略是二战结束以来该国首次立足于国家战略层面制定的能源发展规划，也是近几年该国力推的最重要的结

[①] Daniele Franco and Pietro Rizza, "Ensuring a Sustainable Fiscal Consolidation", in Marco Buti (ed.), *Italy in EMU – The Challenges of Adjustment and Growth*, Palgrave Macmillan, 2008, p. 143.

构性变革之一。这一节从经济结构性变革的视角较为深入地考察了这一战略。分析表明，正是力图实现可持续的经济增长、提升工业竞争力、积极适应乃至引领欧盟能源与气候战略等重要的"结构性"动因，共同促成了该战略的出台。该战略的实施框架全面系统且着眼于未来，充分体现了意大利试图弥补战略缺失进而强化政府职能的切实努力。迄今该战略已在诸多领域取得显著成绩，亦从多个方面为促进经济增长与提升竞争力做出了实质性贡献，这对该国进一步推进结构性变革的影响与启示意义值得关注。

第五节聚焦于近年来意大利产业区的转型与创新，作者是孙彦红。产业区是意大利制造业经济的"硬核"与特色，考察其发展变化不失为把握意大利实体经济现状与前景的重要途径。自1990年初遇到困难以来，意大利产业区一直在进行转型与创新的努力，内部企业的集团化、生产网络的外向化与国际化、坚持"专注于产品"战略及"绿色经济"的兴起等都是产业区模式正在发生的深刻变化。值得注意的是，即便在"国家体系"长期低效的情况下，意大利产业区的转型与创新仍取得了不少成绩，突出表现在企业规模变化、国际化水平、创新能力、出口等方面。作为巩固乃至复兴意大利经济的支柱，产业区的未来取决于能否在经受经济危机的洗礼后，进一步调整自身，及时抓住全球价值链重组与国内外市场变化的新机遇。

第二节 意大利公共债务问题的由来与解决前景①

就近年来意大利陷入经济困境的原因而言，发端于美国的国

---

① 本节作者：孙彦红，中国社会科学院欧洲研究所副研究员，欧洲科技政策研究室副主任。主要研究领域为欧洲经济、意大利经济、欧洲科技政策、中欧/中意经济关系。主要代表作：《欧盟产业政策研究》，社会科学文献出版社，2012。另，本节主要内容曾以"意大利公共债务问题评析"为题发表于《欧洲研究》2015年第2期，收入本书时略作修改。

际金融危机固然是"罪魁祸首",另一重要的外因——欧元区制度
设计的缺陷也难辞其咎;然而,意大利经济自身"虚弱"的内因
更加不容忽视。正是多年来累积的结构性弱点,使得意大利经济
与德国、法国、英国等其他欧洲大国相比,遭受危机的冲击更为
严重,抵御危机的能力也更弱。而在一系列可归结为"内因"的
结构性问题中,公共债务水平长期居高不下又是其最突出的"软
肋"。一方面,正是高额公共债务直接将意大利拖入了欧债危机的
旋涡之中;另一方面,危机发生后公共债务继续攀升又成为该国
摆脱衰退的主要障碍。那么,意大利的公共债务问题究竟是如何
形成的?为什么难以在短期内得到改善?它又折射出该国经济的
哪些深层次问题?为了更好地理解与把握意大利经济的现状与前
景,上述问题显然是难以回避的。

此外,意大利公共债务问题的走向也是观察欧洲经济与欧洲
一体化前景的一个重要视角。虽然欧债危机已渐趋平复,但是不
可否认,无论从一体化层面还是成员国层面看,欧洲的根本问题
仍未得到有效解决,尤其是南欧重债国的经济结构性改革将是一
个较长期的过程。作为欧元区第三大经济体,同时也是最大的重
债国,意大利能否切实推进改革关乎整个欧盟的经济前景乃至欧
洲一体化的前途,而该国能否成功削减公共债务尤其受到欧洲与
外部世界的广泛关注。[①]

鉴于此,本节拟对意大利公共债务问题进行较为系统深入的
考察与评析,包括厘清其历史演变、考察其特点、分析其解决的
关键所在与前景等。结构安排如下:第一部分着重梳理 1970 年代

---

① 英国《金融时报》欧洲版编辑沃尔夫冈·明肖(Wolfgang Münchau)曾于 2014 年 9 月
撰文指出,欧洲经济最大的威胁不只是通货紧缩,意大利的公共债务已成为所有欧洲
人必须面对的问题,甚至不排除该国走向债务违约的可能,而这将直接导致欧元区崩
溃。笔者认为,明肖的观点虽然不具有普遍性,但是至少代表了一部分欧洲人对意大
利公债问题何去何从的关注与担忧。参见 Wolfgang Münchau, "Italy Debt Is a Problem for
Us All", *Financial Times*, September 21, 2014.

以来意大利公共债务问题的演变；第二部分侧重从经济学理论的角度剖析该国公共财政问题的特点，并将之归纳为两个悖论；第三部分剖析该国解决公共债务问题的核心待解难题与面临的挑战；第四部分做出总结与展望。

一 1970年代以来意大利公共债务问题的演变

1950年代与1960年代是战后意大利经济重建与快速增长时期，高增长与低失业长期并存造就了长达约二十年的"经济奇迹"。这一时期，意大利政府奉行严格的预算平衡政策，财政赤字占GDP的比重（下文简称"赤字比重"）被长期控制在2%以内。得益于高经济增长与低赤字，公共债务占GDP的比重（下文简称"公债比重"）增长并不快，至1960年代末始终未超过40%。① 无论就自身情况而言，还是与其他欧洲大国相比，这一时期意大利的公共财政都处于相对健康的状态。

然而，进入1970年代，意大利的公共支出开始迅速增长，公共财政走上了一条不可持续的道路。本部分将梳理1970年代以来意大利公共债务问题的演变历程。鉴于考察期时间跨度较长，为了在厘清历史的同时，从经济政策角度总结出具有启示意义的结论，此处将其划分为三个阶段进行论述。虽然各阶段的时间跨度差异较大，但是的确体现了该国公共债务问题在不同时期所经历的"由恶化到主动改善"的变化过程。

（一）1970年代初至世纪之交：战后第一轮公债问题恶化与改善

进入1970年代，受国内外经济社会环境急剧变化的影响，意大利的公共支出快速增加。首先，在第一次石油危机与布雷顿森

---

① 本节涉及的意大利财政赤字比重、公共债务比重、公共支出与政府财政收入的数据均来自意大利国家统计局（ISTAT）和意大利中央银行（Banca d'Italia）网站。

林体系瓦解的冲击下，意大利发生了战后第一次经济衰退。① 政府被迫采取扩张性财政政策应对危机，公共开支明显增加。其次，1960 年代末至 1970 年代初，以大规模大批量生产为特点的"福特制"遭遇危机，发达国家的大企业进入艰难的转型期。在意大利，大型公有企业也纷纷陷入困境，政府用于补贴亏损企业的支出大幅增加。② 最后，为应对日益尖锐的社会矛盾与初露端倪的失业问题，意大利追随其他欧洲国家，开始加快"福利国家"建设，包括开始建立以公费医疗为基础的国家卫生服务体系，同时普遍提高各类社会保障支出；另外，政府进入快速扩张期，新签署了大量雇佣合同，同时为应对高通胀③ 而引入滑动工资制度（l'indicizzazione），公共部门工资与津贴水平随之提高。④ 在上述因素的推动下，1970~1979 年，意大利公共支出占 GDP 比重由 33%升至 41%，而同期政府财政收入占 GDP 比重仅由 29%增至 32%，赤字水平大幅走高。1970 年代后半期，其赤字比重始终在 10% 左右，远高于此前二十年的水平。虽然这一时期其公债比重因通胀率波动影响偶有下降，但是整体上呈现出不断攀升之势，至 1979 年末已达到 62%（见图 1 - 1）。

　　归结起来，1970 年代意大利公共支出方面的两个变化尤为突出，且产生了深刻的后续影响：其一，这一时期增加的公共支出——尤其是用于社会保障和公共部门雇员工资的支出具有相当大的结构刚性，难以削减；其二，在高赤字形成的巨大惯性之下，意大利政府逐渐抛弃了此前坚持多年的财政审慎理念，赤字财政趋于常态化，乃至越来越成为该国政治与经济文化的一部分。上

① 1975 年，意大利经济增长率为 - 2%，为二战后"经济奇迹"以来的第一次衰退。
② 有关 1970 年代意大利公有企业陷入困境的详细论述，可参见罗红波、戎殿新主编《西欧公有企业大变革》，对外经济贸易大学出版社，2000，第 203~231 页。
③ 1973 年，在第一次石油危机的冲击下，意大利的通胀率由 5%迅速升至 10%以上。此后至 1970 年代末，通胀率始终居于 15% 左右的高位，个别年份甚至超过 25%。
④ Ignazio Musu, *Il Debito Pubblico*, Terza Edizione Aggiornata, Il Mulino, 2012, pp. 81 - 82.

述变化在很大程度上导致了该国公共债务问题的进一步恶化。

进入 1980 年代，意大利政府继续大幅增加公共支出。首先，公共机构继续膨胀，增设了大量辅助性工作岗位，工资与津贴支出随之增加。其次，社会支出继续扩张，尤以养老金支出增长最快。最后，利息支出迅速增加，形成新的财政负担。利息支出增加一方面源于公债存量的攀升，另一方面则由利率不断走高所致。[1] 在此背景下，公共支出占 GDP 比重由 1980 年的 41% 快速增至 1989 年的 51%。在财政收入增长相对缓慢的情况下，整个 1980 年代意大利的赤字比重几乎一直保持在 10% 以上。同期，由于通货膨胀得到有效控制，[2] 其公债比重呈现出直线上升态势，由 58% 升至 94%，十年间增长了 36 个百分点（见图 1 - 1）。

对比同期西欧各国的经济政策走向可以发现，经历此前十年大规模的财政扩张之后，进入 1980 年代，以英国撒切尔夫人推行的所谓"新自由主义"为代表，欧洲各国普遍开始进行政策回调，不同程度地实行了改善公共财政的措施。至 1980 年代末，英、德、法等国的公共财政状况均有明显改善。[3] 反观意大利，不仅没能跟上欧洲的整体步调，借助较好的经济周期条件切实采取改善措施，甚至还放任公共支出继续大规模增长，导致公共债务问题急剧恶化。可以说，1980 年代意大利在公共财政上与其他欧洲国家"逆向而行"，也是造成其经济竞争力开始衰落的重要原因。

进入 1990 年代，意大利的国内外政治经济环境发生了剧烈变

---

① 自 1979 年加入欧洲货币体系后，意大利的货币政策开始转向，中央银行的独立地位增强，将保持价格与汇率稳定确立为重要目标，不再承担购买财政部新发行公债的义务。在此背景下，为吸引更多国内公民购买公债，同时与价格不断上涨的不动产领域争夺投资者，意大利财政部被迫提高公债利率。参见 Daniele Franco and Pietro Rizza, "Ensuring a Sustainable Fiscal Consolidation", in Marco Buti（ed.），*Italy in EMU - The Challenges of Adjustment and Growth*，Palgrave Macmillan，2008，pp. 131 - 132.

② 1984 年，意大利的通胀率已降至 10% 以内，此后至 1980 年代末，一直在 5% 左右徘徊。

③ Ignazio Musu，*Il Debito Pubblico*，Terza Edizione Aggiornata，Il Mulino，2012，pp. 88 - 89.

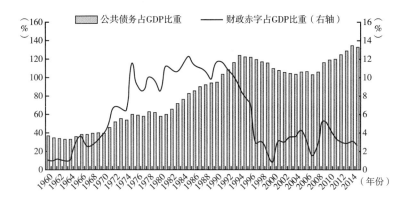

图 1 - 1　1960 年以来意大利公共债务与财政赤字占 GDP 比重

数据来源：根据意大利国家统计局（ISTAT）和意大利中央银行（Banca d'Italia）网站数据整理制作。

化。1991 年签署的《马斯特里赫特条约》（以下简称为《马约》）确定了建立欧洲经济货币联盟的目标，同时规定了包括公共财政状况在内的入盟标准。然而，作为签署国之一，意大利的公共财政却加速恶化。虽然初级财政赤字比重略有下降，但是利息支出膨胀导致赤字比重仍高达 10% 以上；公债比重则近乎"失控"，自 1990 ~ 1992 年由 95% 猛增至 109%（见图 1 - 1）。脆弱的公共财政，加上"净手运动"揭露出的惊人政治腐败，一时间引起了外界对意大利能否加入欧元区的强烈担忧。随着国际金融机构大规模抛售里拉，意大利被迫于 1992 年 9 月宣布退出欧洲货币体系，陷入"货币危机"。[①] 为了应对危机，同时不被即将成立的欧元区边缘化甚至排除在外，意大利终于开始了严肃整顿公共财政的努力。

　　自 1992 年 6 月至 2001 年 6 月，意大利共经历了七届政府，几乎每届政府都将改善公共财政作为首要任务。改善措施包括增收与节支两个方面。为增加财政收入，意大利政府实行了多轮增税措施，除上调企业所得税与增值税等常规税种外，还增设了一些

---

① Ignazio Musu, *Il Debito Pubblico*, Terza Edizione Aggiornata, Il Mulino, 2012, p. 93.

临时性税种。例如，自 1992 年起对房产与银行存款征收一笔为期 5 年的非常规税，1997 年在居民个人所得税中临时征收所谓"欧洲税"[①]。公共支出削减的来源主要包括：第一，将地方政府就业人员削减约 5%，同时废除了滑动工资制度；第二，改革养老金体系，开始由现收现付制向名义账户制转型，将潜在养老金债务削减了约 1/4；[②] 第三，随着金融市场信心的恢复，公债利率明显下降，利息支出减少。总体上看，上述措施取得了明显成效，赤字比重由 1992 年的 10.8% 大幅降至 2000 年的 0.8%，初级财政盈余占 GDP 比重高达 5%。相应地，公债比重首先出现增速减缓，且在 1994 年达到 124% 之后开始逐步走低，至 2000 年底已降为 110%（见图 1-1）。由于上述改善成效得到其他欧洲国家的普遍认可，意大利于 1996 年回归欧洲货币体系，并于 1999 年成为第一批欧元区成员国。

　　毫无疑问，这一时期意大利改善公共财政的努力的确取得了阶段性成功。然而，存在的问题也不容忽视。首先，加入欧元区时，意大利的公债比重仍高于《马约》规定的 60% 的标准，"带病"加入欧元区削弱了其继续改善财政的动力，也为后来被卷入债务危机埋下隐患。其次，改善手段以频繁的临时性措施为主，易出现反弹，也易导致经济行为体产生负面预期。再次，养老金改革的目的在于控制增量支出，并未对原有支出结构进行彻底调整，加之缺乏其他改革的配合，社会支出仍具有较大刚性。[③] 最后，过于依赖增税与减少公共投资支出的措施会

---

① Daniele Franco and Pietro Rizza, "Ensuring a Sustainable Fiscal Consolidation", in Marco Buti (ed.), *Italy in EMU – The Challenges of Adjustment and Growth*, Palgrave Macmillan, 2008, p. 166.

② Ministero dell'Economia e delle Finanze, *Risanamento dei Conti Pubblici ed Evoluzione del Contesto Istituzionale : l'esperienza italiana*, Servizio Studi, lugio 2008, p. 3.

③ 1993 ~ 2000 年，意大利公共支出占 GDP 比重由 56.6% 降至 46.2%，但是社会支出占 GDP 比重表现出较大刚性，1993 年为 16.6%，2000 年仍高达 16.4%。参见 Ignazio Musu, *Il Debito Pubblico*, Terza Edizione Aggiornata, Il Mulino, 2012, pp. 96 – 97.

损害经济的潜在增长率。

（二）2001～2007 年，第二轮公债问题恶化与改善

2001 年，贝卢斯科尼中右政府上台，意大利的经济政策理念发生重大转变，再次走上公共财政恶化的道路。根据贝氏政府的经济政策逻辑，只要给予市场充分的自由，就会自然地带来经济增长，从而促进财政收入增加，公债比重也会随之下降。[①] 基于此，政府不再将改善公共财政作为首要目标，也不再重视推进结构性改革，而是简单地诉诸降低税负与私有化等措施，同时放宽了此前对公共支出的诸多限制。

然而，上述政策并未取得预期成效。就宏观经济而言，由于缺乏有助于提升全要素生产率的结构性改革，加之"9·11"事件对发达经济体的冲击，意大利的经济增长不仅未得到提振，反而陷入了新一轮的低迷期。[②] 就公共财政而言，一方面是减税后财政收入减少，另一方面则是公共支出再度扩张，除养老金和医疗卫生支出迅速增长外，政府机构也再度膨胀。虽然加入欧元区后公债利率大幅下降，但是利息支出的减少不足以弥补其他支出的增加，公共支出占 GDP 的比重由 2000 年的 46.2% 升至 2005 年的48%。在此背景下，赤字比重再度走高，2001 年之后除个别年份外始终位于 3% 以上，2005 年达到 4.2%。公债比重则在降幅明显收窄之后再度攀升，至 2006 年升至 106.5%（见图 1－1）。2005年 7 月，欧盟理事会决定启动针对意大利的过度赤字程序，该国再度面临强大的外部压力。[③]

2006 年 5 月，普罗迪的中左政府上台，其首要任务就是重新

---

① Ignazio Musu, *Il Debito Pubblico*, Terza Edizione Aggiornata, Il Mulino, 2012, p. 99.

② 2002～2005 年，意大利经济平均增长率仅为 1.4%。

③ 欧盟理事会历次决定启动和结束针对意大利的过度赤字程序的官方文件，参见欧盟委员会网站：http://ec.europa.eu/economy_finance/economic_governance/sgp/deficit/countries/italy_en.htm，最后登录日期：2017 年 2 月 16 日。

启动改善公共财政的切实努力。首先，在政府内部设立公共账户委员会，专门负责全程审查预算的编制、批准与执行情况。[1] 其次，实施了一套总计约为340亿欧元的财政紧缩方案，其中2/3来自税收与出售国有资产等增收途径，1/3来自削减公共支出。经过一番努力，赤字比重开始走低，至2007年成功降至1.5%，公债比重也降至103%。鉴于上述成绩，欧盟理事会于2008年6月批准意大利退出过度赤字程序。

总体而言，这一阶段虽较为短暂，但是仍具有明确而重要的启示意义。贝氏政府长达五年的执政导致意大利公共财政问题再次"失控"，普罗迪政府纠正这一问题的方向是正确的，也取得了明显成效。然而，存在的问题也显而易见。首先，改善措施仍主要依赖增加税收与减少公共投资支出，不利于经济的长期增长;[2] 其次，普罗迪政府任期太短且政府内党派间龃龉不断，因而仍以临时性改善措施为主，延误了实质性的结构改革。

（三）2008年以来，公债问题恶化引发危机，改善过程仍在持续中

2008年下半年起，意大利的政策导向与经济形势均发生了重要变化。首先，贝卢斯科尼再度出任总理后在经济政策上改弦更张，不再注重改善公共财政，上台伊始即取消了上届政府开始征收的第一套房产税。其次，国际金融危机爆发导致欧美国家普遍陷入经济衰退，包括意大利在内的发达国家一致认为强有力的财政政策是应对危机的良方。基于此，意大利公共支出再次大幅增加，2009年公共支出占GDP比重增至52.5%。在公共开支增加与

---

[1] Daniele Franco and Pietro Rizza, "Ensuring a Sustainable Fiscal Consolidation", in Marco Buti (ed.), *Italy in EMU - The Challenges of Adjustment and Growth*, Palgrave Macmillan, 2008, pp. 151-152.

[2] 2006年普罗迪政府上台时恰逢整个欧洲经济周期的上行期，意大利2006年与2007年的经济增长率分别为2.2%和1.7%，这为其改善公共财政创造了条件。

经济衰退的双重压力下，2008 年赤字比重增加至 2.7%，2009 年猛增至 5.3%。相应地，公债比重又开始攀升，2008 年为 106%，2009 年猛升至 116%（相当于 1999 年的水平），2010 年继续升至 119%（见图 1 - 1）。公共财政问题恶化产生了两个严重后果：第一，2009 年 12 月，欧盟理事会再次启动了针对意大利的过度赤字程序；第二，自 2011 年下半年起，公债比重的疯涨直接将意大利拖入了欧债危机的旋涡，陷入高利率与高债务相互助推的恶性循环之中，甚至一度威胁到欧元的存亡。①

2011 年底，贝氏政府被迫辞职之后，意大利进入严肃整顿公共财政的新阶段。蒙蒂技术政府严格遵循欧盟的紧缩路线，于 2012 年出台了一份金额高达 542 亿欧元的财政紧缩计划：①推出一系列临时性的增收减支措施；②重启养老金改革，提高退休年龄与领取养老金的门槛；③推出一系列经济自由化措施。② 此外，蒙蒂政府还于 2012 年将政府预算平衡写进了宪法。③ 2013 年上台的莱塔政府则大体上沿袭了蒙蒂政府的紧缩政策。经过上述努力，赤字比重于 2012 年与 2013 年分别降至 3% 和 2.8%，意大利也于 2013 年 6 月成功退出过度赤字程序。然而，由于经济没能摆脱衰退，公债比重仍处于上升态势，至 2013 年底升至 129%。

2014 年 2 月伦齐政府上台后，意大利的经济政策基调开始由以财政紧缩为绝对主导向寻求改善财政与实现经济复苏的平衡转变。一方面，欧债危机最糟糕的时刻已经过去，来自国际金融市场的压力明显减弱，另一方面，过去几年的经历表明，在经济衰退时实施严厉的紧缩措施难以真正改善公共财政，降低公债比重

---

① 自 2011 年底至 2012 年夏欧债危机最为紧急的关头，意大利十年期国债收益率曾多次超过 7%。

② 有关 2012 年蒙蒂政府财政紧缩方案的具体内容，可参见孙彦红《意大利》，《欧洲发展报告（2012 ~ 2013）》，社会科学文献出版社，2013，第 334 ~ 343 页。

③ 2012 年修改后的《意大利共和国宪法》第 81 条、第 97 条与第 119 条分别对中央政府、行政部门以及各级地方政府的财政预算平衡做出了明确规定。

尤其困难。基于此，伦齐政府适度放宽了实现财政平衡的目标期限，开始适度减税，增加基础设施与教育方面的公共支出，以期刺激经济，为可持续的财政改善创造条件。2014年，意大利赤字比重为3%，公债比重继续升至135%。2015年，赤字比重降至2.6%，得益于同期经济实现了0.8%的增长，公债比重降至132.6%（见图1-1）。总体而言，意大利公共财政仍处于艰难的改善进程中。

综上所述，不难发现，自1970年代以来，虽然意大利公共债务问题的整体走势似乎是不断趋于恶化，但是的确也经历了三次严肃的调整过程。这些调整使其公共债务问题得以短时缓解，却又囿于结构性改革的缺位而始终未能得到彻底解决。

二　意大利公共财政问题的两个悖论

基于上文的梳理，本部分试图从经济学理论的角度剖析意大利公共财政问题的特点，试图构建一个解释其公共债务问题演变的简明分析框架。概而言之，意大利公共财政问题的突出特点可归结为长期存在着两个悖论，而这也是其公共债务问题久拖不决的关键所在。

（一）悖论一：公共支出膨胀与经济增长乏力长期并存

根据宏观经济学的基本理论，政府购买是总需求的重要组成部分，因而公共支出增加有助于拉动经济增长。然而，纵观1970年代以来意大利经济的发展历程，公共支出膨胀与经济增长低迷却如影随形，长期并存。1990年代之后的情况尤其如此。对于这一悖论，"公共支出膨胀形成对私人支出的挤出效应"可以给出部分解释，然而，笔者认为，从总需求的角度看，考察公共支出的具体流向及其对经济增长的影响似乎更为必要，这就要求对意大利公共支出结构做出较为细致的剖析。另外，鉴于考察期较长，从总供给的角度分析公共支出与经济增长趋势的长期互动关系也是必要的。

　　虽然过去若干年意大利公共支出占 GDP 比重常有波动，但是结构性变化并不大。表 1 - 1 是基于对 2001～2012 年该国政府年度财政预算的粗略平均分析而做的公共支出结构简表。一般而言，根据公共支出的性质，可分为公共投资支出与经常性支出两大类，经常性支出又分为购买性支出与转移支付。先看公共投资支出。公共投资支出旨在增加一国的持久性公共财产，主要用于：①公共工程建设，包括道路、铁路、港口、桥梁、机场等公共交通基础设施，公立医院等卫生基础设施，等等；②支持科技研发创新。近年来意大利的公共投资支出占公共支出的比重大约为 7%，明显低于其他欧洲大国。[①]

表 1 - 1　2001～2012 年意大利公共支出结构简表

意大利政府公共支出	经常性支出（约93%）	购买性支出（约50%）	商品购买支出	政府机关购买办公设备,公立医院购买药品等
			服务购买支出	公共部门通信费、电费、供暖费等
			公共部门雇员工资	（占比长期超过50%）
		转移支付（约50%）	社会性支出	（其中养老金占比超过70%）
			公债利息支出	（占 GDP 比重最高时达13%,目前约为3%）
			其他支出	补贴国有企业、向国外捐款等
	公共投资支出（约7%）	用于公共工程建设,以及用于支持科技研发创新活动		

　　资料来源：笔者根据对意大利政府年度财政预算的粗略平均分析自制，分类方法参考了 Ignazio Musu, *Il Debito Pubblico*, Terza Edizione Aggiornata, Il Mulino 第二章的部分内容。意大利政府年度预算报告可见该国财政部网站：http://www.mef.gov.it。

　　再看经常性支出。意大利政府的经常性支出占公共支出比重约为 93%，其中购买性支出与转移支付约各占一半。购买性支出

[①]　Ignazio Musu, *Il Debito Pubblico*, Terza Edizione Aggiornata, Il Mulino, 2012, pp. 12 - 13.

又可分为三类：①商品购买支出，如政府机关购买办公设备、公立医院购买药品等；②服务购买支出，包括公共部门支付的通信费、电费、供暖费等；③公共部门雇员工资。值得注意的是，公共部门雇员工资占购买性支出的比重长期超过50%，尤其是贝氏政府执政的2001~2006年，这部分支出增长尤为迅速。转移支付也可分为三类：①社会性支出，包括养老金、医疗、失业救济等；②公债利息支出；③其他支出，如补贴国有企业和向国外捐款等。具体而言，在社会性支出中，养老金支出所占比重长期超过70%，几乎为发达国家中的最高水平。[1] 另外，利息支出也是一项沉重负担，最高时（1993年）曾达到GDP的13%，虽然在加入欧元区后随利率下降而显著减少，但是2014年仍高达GDP的2.7%。[2]

基于上文，可归结出有关意大利公共支出结构与经济增长之间关系的若干基本认识。从总需求的角度看，该国公共支出中超过45%用于转移支付，这部分支出只是将资金的使用权由公共部门转移到特定领受者手中，对GDP的分配有直接影响，但是对生产、就业和总需求的影响是间接的，也不计入GDP。转移支付比重偏高必然使得公共支出对经济增长的拉动作用大打折扣。[3] 从总供给的角度看，该国公共支出结构对长期经济增长的负面影响也不容忽视：首先，公共投资支出占比过低，公共基础设施与科技研发投入不足，限制了必要的资本积累与全要素生产率的提升；其次，社会性支出中养老金给付过于"慷慨"，抑制了劳动力市场的参与率与活力，造成高素质人力资本长期不足，不利于经济可持续增长。

---

[1] Daniele Franco and Pietro Rizza, "Ensuring a Sustainable Fiscal Consolidation", in Marco Buti (ed.), *Italy in EMU – The Challenges of Adjustment and Growth*, Palgrave Macmillan, 2008, p.143.

[2] Banca d'Italia, *Bollettino Economico n. 1 – 2015*, 16 gennaio 2015.

[3] 有关公共支出对总需求的影响，可参见高培勇编著《公共经济学》，中国人民大学出版社，2004，第85~99页。

综上所述，虽然意大利公共支出膨胀迅速，但是从结构上看非生产性和弱生产性支出占比过重，因而对经济增长的拉动作用并不明显，甚至还在诸多方面形成了抑制效应。尤其是，当公共支出需要依靠发行公债来维持时，利息支出又会进一步加剧公共支出结构的扭曲，从而放大后者对经济增长的抑制作用。[①] 应该说，公共支出结构不尽合理是近年来欧洲福利国家普遍存在的问题，然而，不可否认，这一问题在意大利表现得尤为明显，产生的后果也更加严重。

（二）悖论二："庞大政府"与"弱政府"长期并存

意大利公共财政问题的另一个突出特点是"庞大政府"与"弱政府"长期并存。所谓"庞大政府"有两层含义：其一，顾名思义，指政府机构臃肿，冗员严重，这一点毋庸赘述；其二，从公共经济学的角度看，政府规模大小取决于由公共部门支配的经济资源的相对数量，通常用公共支出占 GDP 的比重来衡量。1980 年代之前，意大利的公共支出比重与其他欧洲国家相比并不算高，而后增速加快，于 1983 年超过欧洲国家的平均值，此后一直处于较高水平。2006～2013 年，意大利的年均公共支出比重为 49.2%，明显高于德国（44.8%）、英国（46.3%）和西班牙（43.3%），在欧洲大国中仅低于法国（55.1%）。[②] 可见，相对于欧洲其他国家而言，意大利政府是名副其实的"庞大政府"。

然而，意大利政府又是典型的"弱政府"。何为"弱政府"？可从两个角度阐释。从公共经济学的角度看，对于市场经济国家

---

① 纵观公债理论的演进与发展，无论是反对还是支持政府发行公债的理论，对于已发行公债的用途都有所强调，且都不反对甚至明确主张，出于保持经济健康的需要，公债应优先用于生产性支出。有关公债理论的演进与主要观点，可参见高培勇编著《公共经济学》，中国人民大学出版社，2004，第 251～257 页。
② 此处各国公共支出年均比重根据欧盟统计局（Eurostat）的数据计算得来。

的政府而言，其职能可多可少，但是"最小化的政府"应确保履行两项职责：①对竞争性市场的保护与监督；②确保法治。当市场无法达到效率状态或无法保证社会公正时，积极有为的政府还应进一步拓展职责，包括纠正市场失灵、通过再分配缩小社会不公平、积极制定国家经济发展战略，等等。①反观意大利，在以上各方面都存在明显的政府功能缺位。首先，在纠正市场失灵方面，其干预力度明显弱于其他发达国家，尤其体现在支持科技研发与提供公共产品（如基础设施）方面。以科技研发为例，2005～2012年，意大利政府预算中公共研发投入比重平均为1.25%，远低于德国的1.85%，美国的2.51%，日本的1.88%，也不及近年来同样进行财政紧缩的法国（1.54%）和西班牙（1.66%）。②其次，在缩小社会不公平方面，社会性支出过度向养老金体系倾斜，挤占了失业救济、家庭贫困救济等其他必要的社会开支，造成整个社会保障体系的综合效率相对较差。③再次，在制定国家经济发展战略方面，也明显逊于其他发达国家。例如，对于国际金融危机爆发后欧美多国掀起的新工业革命浪潮，意大利政府直到2015年底才出台了相应的工业发展战略。最后，即便是"最小化的政府"的职责，意大利政府做得也不够好，如保护市场竞争秩序不力、司法体系效率低下、偷税漏税现象严重，等等。综上，从经济上看，意大利政府的确是典型的"弱政府"，与其作为西方发达国家重要一员的经济地位极不相称。正如该国著名经济学家保罗·萨沃纳（Paolo Savona）所言，意大利是一个仍保留着大量"前工

① 有关从公共经济学角度对政府职责的深入剖析，可参见〔以〕阿耶·L. 希尔曼著《公共财政与公共政策——政府的责任与局限》，王国华译，中国社会科学出版社，2006，第1章和第9章。
② 此处各国政府预算中公共研发投入所占比重年均值根据欧盟统计局（Eurostat）的数据计算得来。
③ L. Federico Signorini e IgnazioVisco, *L'economia Italiana*, Terza Edizione Aggiornata, il Mulino, Bologna, 2002, pp. 119 – 200.

业化体制特点"的工业化国家。[①] 虽已时隔多年，如今这一总结似乎仍然适用。

从政治上看，意大利的"弱政府"特征更加明显。这又具体体现于相互联系的两个方面：第一，政府缺乏稳定性与连续性，二战结束至今的七十余年里，意大利平均每届政府执政期不足两年，最短的政府甚至仅存续了1个月，频繁的政府更迭导致政策连续性较差；第二，政府缺乏推进改革的勇气与魄力，涉及公共财政领域的改革尤其如此。究其原因，若暂时抛开历史与文化因素，战后以来的政治体制能够在很大程度上给出有力的解释。二战结束后，基于对法西斯时期独裁政治的深刻反思，意大利实行了以多党制为基础的议会共和制。然而，由于选举制度与议会结构设计不尽合理，该国长期深受议会内党派众多、小党林立、党派结盟随意、执政联盟脆弱等问题困扰，历届政府都不得不以寻求党派利益平衡为主要目标，因而怯于或根本无暇顾及真正的经济改革。

可见，无论从经济还是政治上看，意大利政府之"弱"都是难以否认的，而政治之"弱"既可在很大程度上解释经济之"弱"，又通过政策渠道不断强化着后者。近年来，随着经济全球化的加速，意大利面对激烈的国际竞争所表现出的"力不从心"，更加凸显了其"弱政府"的弊端。而"庞大政府"与"弱政府"长期并存又造成其公共财政问题具有独特的复杂性。

应该说，在不同国家的不同历史时期，上述两个悖论（或其中之一）都曾不同程度地存在过，然而，两者并存于一个发达国家长达四十多年之久，且表现得极为突出与"顽固"，恐怕非意大利莫属。长期的经济低迷与"弱政府"特征决定了意大利很难积

[①] 转引自〔意〕路易吉·德罗萨著《战后意大利经济》，罗红波等译，中国经济出版社，1999，第345页。

极自主地解决公共债务问题,只有在承受强大的外部压力时,才有可能严肃整顿公共财政。1970年代以来的历次财政整顿过程都说明了这一点。

三 意大利解决公共债务问题的核心待解难题

总体而言,目前意大利的公共财政状况正趋于改善,自2012年以来赤字比重已连续多年保持在3%以内,削减公债比重是其当前及未来一段时期的核心任务。鉴于其债务规模之巨与经济地位之重要,无论是债务违约,还是大规模的债务重组,都难免对欧元区造成剧烈乃至致命性的冲击,而这不仅会遭到其他欧元区成员国的反对,也有悖于意大利积极参与和推动欧洲一体化这一最重要的国家利益。可见,就中长期而言,意大利要解决公共债务问题,仍须致力于持续渐进地降低债务比重这一稳妥方式,具体又要通过影响决定公债比重走势的各项关键因素来落实。

基于公债累积的成因,可将影响公债比重走势的因素分解为四个方面:①初级财政平衡状况;②债务成本,即利息支出;③债务存量的短期调整空间;④经济增长。[①] 1970年代以来意大利两次比较成功地降低公债比重,都不同程度地得益于上述因素的积极作用。[②] 就当前形势而言,上述因素的具体表现与影响各不相同。首先,虽然赤字比重已控制在3%之内,也实现了初级财政盈余,但是若要降低债务比重,须进一步压低赤字水平,而实现预算平衡的目标仍需更多努力。其次,公债利率已相当低,债务成

① Daniele Franco and Pietro Rizza, "Ensuring a Sustainable Fiscal Consolidation", in Marco Buti (ed.), *Italy in EMU – The Challenges of Adjustment and Growth*, Palgrave Macmillan, 2008, p. 146.
② 例如,1990年代意大利公债比重的削减主要得益于其实现了较高的初级财政盈余、加入欧元区后债务成本降低,以及大规模的私有化迅速削减了其债务存量,而相对较低的经济增长率则抑制了上述有利因素的积极效应。

本的潜在压缩空间极为有限。① 再次，债务存量的短期调整通常指变现国有资产以迅速偿还债务的可能性，考虑到当前适宜出售的国有企业与资产已相当有限，借此削减债务的潜在空间不可高估。最后，经济难以强劲复苏已越来越成为削减债务的最大障碍。综上，意大利要持续稳固地降低债务比重，关键在于进一步压低赤字水平和实现可持续的经济增长，换言之，此两者是该国解决债务问题的核心待解难题。

然而，要同时实现继续压低赤字与保持经济增长这两个时常相互冲突的目标并不容易。具体而言，从压低赤字的角度看，若要兼顾经济增长，就不能继续倚重增税的方式，而必须致力于控制公共支出。考虑到投资支出不仅已无压缩空间，还有适度增加的必要，因而控制支出只能由控制经常性开支入手，尤其是控制占比过重的养老金与公共部门雇员工资支出。从经济增长的角度看，为兼顾财政目标，除适度增加公共投资支出外，只能求助于结构性手段，诸如激发市场活力、提高公共部门效率、改善生产运营环境，等等。基于此，可将意大利政府为破解上述难题所面临的重要而迫切的政策选择归结如下。

第一，继续推进养老金体系改革。意大利 1990 年代进行的养老金体系改革侧重于控制增量支出，并未从根本上触及原有支出结构，养老金支出始终居高不下，也严重抑制了相关人群的就业积极性。根据欧盟统计局的数据，2001～2010 年，意大利 55 岁至 64 岁人口的平均就业率仅为 32.2%，远低于欧元区的平均水平（40.8%），更远低于里斯本战略设定的目标（50%）。近年来，随着人口老龄化问题日趋严重，养老金给付与缴费关联度低、领取

---

① 自 2012 年下半年以来，意大利十年期国债收益率一路走低，曾于 2015 年 3 月降至约 1.1%，为 1991 年该国开始发行十年期国债以来的最低水平。此后，虽然在希腊公投与意大利宪法改革公投等重大事件的冲击下有所回升，但是至 2017 年初仍处于 2% 以下的水平。

养老金门槛低等弊端进一步暴露出来。近两年，以降低养老金替代率①和提高退休年龄为主要内容的改革仍在推进当中，未来仍需进一步加大力度。

第二，继续推进劳动力市场改革。意大利自 1990 年代起开始启动劳动力市场改革，也取得了一些成绩。然而，总体上看，劳动力市场僵化的问题仍较为突出，表现为高度的就业保护、劳动力市场二元化、不同年龄段人口的劳动力市场分割、在职者与新进入者的待遇差距大，等等。② 伦齐政府 2014 年推出的改革方案主要针对就业保护，旨在修改《劳动法》第 18 条，放宽对雇主解雇员工的限制，以减少企业的投资顾虑，促进经济增长。这项改革的落实虽在一定程度上提高了就业灵活度，但是由于缺乏配套的就业支持措施，尚难以对劳动力市场产生根本性影响。未来针对劳动力市场其他问题的后续改革仍有待推进。

第三，增加公共投资支出，尤其是公共基础设施与研发支出，提高经济潜在增长率。伦齐政府上台后，开始有计划地增加基础设施方面的公共支出。近两年被意大利政府列为重点的投资计划包括修建北方威尼斯至米兰的高速铁路，以及修建南方多个大区之间的高速铁路。这些计划的资金来源主要有两个渠道：其一，优化公共支出结构，将节省的经常性开支转用于投资；其二，借助欧盟层面的投资计划，尤其是欧盟 2014 年底出台的总金额达3150 亿欧元的投资项目，拉动国内私人投资。此外，意大利政府还需进一步增加公共研发支出。

第四，继续缩减政府规模，减少行政性规制，提高公共部门

---

① 养老金替代率指劳动者退休时的养老金领取水平与退休前工资收入水平之间的比率。替代率过高会加重政府的养老金支出负担。

② Daniele Franco and Pietro Rizza, "Ensuring a Sustainable Fiscal Consolidation", in Marco Buti (ed.), *Italy in EMU – The Challenges of Adjustment and Growth*, Palgrave Macmillan, 2008, p. 146; Ignazio Musu, *Il Debito Pubblico*, Terza Edizione Aggiornata, Il Mulino, 2012, p. 147.

效率。自蒙蒂政府起，意大利已开始了精简公共机构的努力，包括不再签署新的雇佣合同，裁并一些政府派出机构等。然而，机构重复设置与冗员现象仍较严重。实际上，早在金融危机爆发前，就有不少意大利学者指出该国四级行政区（中央、大区、省、市镇）的划分导致行政成本过高，建议取消省级行政区，同时通过合并减少市镇数量。① 此外，为保证公共服务的质量，在精简机构的同时，还须配合减少行政规制与简化审批程序的措施。

第五，支持欧洲一体化，充分利用欧洲内部市场深化的机遇。意大利是高度外向型的经济体，在经济上与欧元区其他成员国高度融合，欧洲经济一体化前景对其经济增长至关重要，而意大利也有意依托欧洲内部市场深化为自身的改革与增长创造有利条件。例如，建立能源联盟是新一届欧盟委员会的优先日程之一，其内容既包括成员国能源基础设施的互联互通，也包括规制的统一与协调，而这对降低意大利的能源成本显然是有利的。②

目前，上述政策有的正在艰难推进之中，有的则迟迟没能正式启动。究其原因，主要在于这些政策大多属于结构性改革的范畴或与之密切相关，其落实必然触碰到方方面面的既得利益，会引起强烈的社会乃至政治抵制，而"弱政府"的特点又决定了意大利政府在面对强烈抵制时的决策与执行能力难以适应现实需要。为从根本上改变这一局面，伦齐政府上台伊始即明确提出了两项关键的政治改革计划：选举法改革与议会结构改革。具体而言，目前的选举法几乎无法在议会产生稳定多数，因而无法产生稳定持续的政府，改革旨在对此做出修正，主要办法是给予超过一定

---

① 这方面的代表性文献可见 Vito Tanzi，"Comment on Chapter 4"，in Marco Buti（ed.），*Italy in EMU – The Challenges of Adjustment and Growth*，Palgrave Macmillan，2008，pp. 185 – 194.

② 例如，法国和西班牙都存在输气管道长期闲置的问题，意大利希望能尽快与之实现互联互通，从而大幅降低国内天然气价格，促进经济增长。

比例选票的政党（或政党联盟）更大额度的"多数奖励"，保证其在众议院的多数席位，同时提高政党进入议会的门槛。议会结构改革的主要内容则是大幅削减参议院的立法权，改变之前立法决策过程漫长、低效的状况。在笔者看来，这两项改革的出发点都在于"强化"政府，为结构性改革的持续推进创造必要的前提，整体而言是务实且着眼于未来的。

中长期而言，考虑到"强化"政府的努力难以取得立竿见影的成效，适度的外部压力仍必不可少。基于该国过去几十年的历史经验，最强大有效的外部压力莫过于对于被欧洲一体化"边缘化"甚或成为导致一体化倒退的"罪魁祸首"的担忧。目前来看，意大利的公共债务问题仍为德国等其他欧洲伙伴所关注，而相应的"压力传导"对其持续改善公共财政与实现经济增长是重要且必要的。

上文基于意大利持续稳步降低公债比重的目标、国内经济状况以及政策选择上面临的约束，推演出了其解决公共债务问题的核心待解难题（进一步压低赤字水平与实现可持续的经济增长）、破解难题的途径（以结构性改革为主的一系列政策选择）以及必要的政治前提（"强化"政府和适度的外部压力）。将上述推演过程逆向表述出来，即形成了该国解决公债问题的简单"逻辑链"，可用图1-2表示。可以说，自2014年伦齐政府上台以来，意大利政府的努力主要集中于创造政治前提的阶段。然而，随着2016年12月4日举行的宪法改革公投以失败告终，意大利政治体系改革被迫放缓。这意味着未来推行重要经济改革将面临更多困难，要从根本上解决公债问题仍任重道远。

四 结论与展望

基于前文对意大利公共债务问题的由来、特点与解决前景的梳理与分析，可简要归结出以下结论性认识。

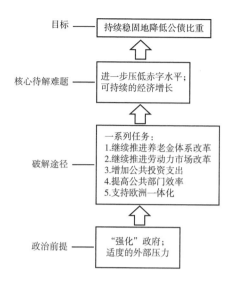

目标 ———— 持续稳固地降低公债比重

核心待解难题 ———— 进一步压低赤字水平；
可持续的经济增长

破解途径 ———— 一系列任务：
1.继续推进养老金体系改革
2.继续推进劳动力市场改革
3.增加公共投资支出
4.提高公共部门效率
5.支持欧洲一体化

政治前提 ———— "强化"政府；
适度的外部压力

图 1 – 2　意大利解决公共债务问题的"逻辑链"

第一，意大利的公共债务问题是长期累积而成的，需要用历史的眼光看待和理解。虽然也有改善的成功经验，但是由于缺乏设计连贯的结构性改革，始终没能从根本上扭转公共债务问题恶化的总体趋势。债务累积时间之久造成经济体系失衡严重，也大大增加了解决问题的难度。

第二，意大利公共财政问题的突出特点可归结为两个悖论，即公共支出膨胀与经济增长乏力长期并存，"庞大政府"与"弱政府"长期并存，而这也是其公共债务问题久拖不决的关键所在。长期的经济低迷与"弱政府"的特征决定了意大利很难积极自主地解决公共债务问题，只有在承受强大的外部压力时，才有可能严肃整顿公共财政。这与 1970 年代以来该国公债问题演变的历史经验是吻合的。

第三，当前及未来一段时期，意大利解决公债问题的核心待解难题在于进一步压低赤字水平与实现可持续的经济增长，在改善公共财政与可持续的经济增长之间形成良性循环。要破解上述难题，关键在于尽快推进一系列重要的结构性改革，而"强化"
政府与适度的外部压力又是推进改革的必要政治前提。就"强化"
政府而言，虽然宪法改革公投失败使得此前诸多努力付之东流，
但是改革选举法与议会结构仍将是未来其政治改革的主要方向；
从外部压力来看，积极支持并参与欧洲一体化进程，适当地借助
"外力"推动国内改革也是必要的。

　　总之，意大利公共债务问题仍是影响该国经济前景的最重要
因素之一，同时也在很大程度上关乎欧洲经济与欧洲一体化的未
来。从意大利解决公共债务问题的"逻辑链"上看，迄今该国的
努力仍主要集中于创造政治前提这一环节，且因 2016 年 12 月举行
的宪法改革公投失败而遭遇到重大挫折，不难预见，未来的改革
还会遭遇更多阻力。未来意大利能否克服重重困难，切实推进必
要的政治与经济改革，将在很大程度上决定着公共债务问题的解
决前景，同时决定着该国将以何种姿态参与后危机时代的国际经
济竞争。

第三节　意大利公共养老金制度的发展和改革①

　　19 世纪前后，意大利出现了以缴费为前提且具有收入替代作
用的真正意义上的养老保险方案。这些养老金方案表现为三种类
型：第一种类型是国家作为雇主，提供带有职业养老金属性的公
共部门养老金；第二种类型是由大型私有企业雇主提供的公司职

---

① 本节作者：邓大松、杨东。邓大松系武汉大学社会保障研究中心主任、教授，长期从
事经济学、保险学和社会保障学的教学和研究。主要代表作：《中国社会保障若干重大
问题研究》（海天出版社，2000），曾获教育部"第三届人文社会科学优秀成果奖"一
等奖。另，本节主要内容曾以"意大利公共养老金制度改革和发展研究"为题发表于
《社会保障研究》2013 年第 3 期，收入本书时略作修改。

业养老金；第三种类型是由友伴性社团转变而成的保险公司所提供的个人储蓄性质的养老金。无论是职业养老金还是个人储蓄养老金都不具备公共的属性，养老金的公共属性主要来自于国家的直接立法或是政府的明确指令。养老金的契约安排要赋予人们保障经济收入的社会权，必须有相关法律的支撑。① 基于上述发展规律，在公共养老金制度建立以前，意大利经历了以公共部门和大型私有企业的职业养老金为主的先期发展阶段。经过相关立法之后，意大利的公私部门职业养老金才转变形成了公共养老金的主体部分。随后的公共养老金改革是在政治、经济、人口等多方面背景的变迁下通过相关法律来推进的养老金制度的适应性调整。

一　意大利公共养老金制度的发展

（一）意大利公共养老金建立以前的养老保险制度发展

在建立公共养老金制度以前，意大利养老金制度的发展基本上沿着储蓄积累的职业养老保险的道路发展。意大利具有确切记录的最早的养老金制度成立于 1898 年，是一个为大型私有制造业企业雇员建立的自愿的基金式职业养老金，被称作"工人伤残年老保险国家基金（CNAS）"。② 也有学者认为意大利的第一个养老金制度实际上先于这一记录，可追溯到为公共部门雇员建立的基金式职业养老金。③ 然而，由于没有立法保障和政府公共财政兜底，两者都从属于职业养老金的范畴，并不是真正意义上的公共养老金。在发展过程中，基金式职业养老金制度逐渐被推广至制

---

① Esping Andersen G., *The Three Worlds Of Welfare Capitalism*, New Jersey: Princeton University Press, 1990.

② 王朝才、刘军民：《意大利养老金制度改革考察报告》，《地方财政研究》2012 年第 10 期。

③ Franco D., "A Never‑ending Pension Reform: Coping with the Pension Crisis‑Where Does Europe Stand？" NBER‑KielInstitute Conference, 2000, pp. 1‑28.

造业和公共部门以外的人群当中，包括商业部门、银行等，使得这些行业先后拥有了各自的基金式职业养老金项目。同时，农民、手工业者、个体小商人等从业群体则将保险公司提供的个人储蓄养老金作为主要的养老保险选项。这些制度在第二次世界大战以前运作良好。[①]

(二) 意大利公共养老金制度的结构

在第二次世界大战导致的高通货膨胀率与金融市场混乱的背景下，与地产项目和政府债券相比，基金式职业养老金项目的收益率显得极低。为了避免大规模的突然性养老金耗损，意大利政府决定以立法方式将过去积累的完全基金式的职业养老金制度逐渐转变为现收现付的公共养老金制度。1947 年，意大利宪法第 38 条规定了一揽子社会保险条款，明确了国家在劳动者年老、残疾、患病和工伤事故等情况下的保障责任，将公共养老金管理和运行的责任赋予了政府相关部门和非政府的行业协会。[②] 至此，意大利的公共养老金制度开始正式创立。

经过四十多年的发展，到 1990 年代初，意大利已建成覆盖全民的、多层次的、分割的公共养老金制度。这一制度可概括为两个层次与四大体系。

第一个层次保障水平较低，是一个普遍性的、有限的转移体系。它建立于 1960 年，称作"国家分类方案"，具有社会救助的功能。由于意大利没有正式的国家救助制度，因此政府在制定公共养老金政策时以远低于普通养老保险的水平设计了一个分类救

---

① Mare, M. and Pennisi, G., "Financial Constraints and Policy Options: The Pension Reform Process in Italy and its Relevance to Asian Countries", *Social Policies to Cope With Economic Instability – Lesson From Europe and East Asia*, Charlemagne Building, European Commission Room S2, Rue de la Loi 170, B – 1040 Brussels, Belgium. ASEM TRUST FUND WORKSHOP, 2001, pp. 1 – 23.

② 王朝才、刘军民：《意大利养老金制度改革考察报告》，《地方财政研究》2012 年第 10 期。

助项目。该项目依据社会特殊群体的分类来确定养老金的受益对象与受益资格。这些特殊群体可以是低收入农业劳动者、贫穷地区的职业群体、残疾人群体、退伍老兵以及缴费年限严重不足者。国家分类方案具体又可以分为：社会养老金（Pensione Sociale）、残疾养老金（Pensione di Inabilità）、退伍老兵养老金等。国家分类方案接受国家一般税收的资助，无需缴费，管理机构为国家社会保险局（INPS）。①

第二个层次由依据职业不同处于分割状态的三个体系组成，它们都以缴费为基础，具有收入替代功能，是保障水平较高的养老金。其中主要的两个体系继承了第二次世界大战之前企业和公共部门基金式职业养老金的核心内容，并以现收现付方式对其进行了改造，被统称为年资养老金，② 是意大利公共养老金的主体组成部分。其中较早的一个体系建立于 1956 年，针对政府公共部门雇员，覆盖对象主要是国家公务员、警察、教师、医生等。该体系以政府和雇员的共同缴费为主要收入来源，其中政府缴费是雇员缴费的近 3 倍，合计缴费为个人收入的 32.95%。对于该体系，国家建立了专门的管理机构国家雇员保险局（INPDAP）。时间上稍晚的另一个公共养老金体系建立于 1969 年，针对企业雇员。这一体系覆盖了除公共部门雇员之外的绝大多数雇佣劳动者，人数超过 2000 多万人，是覆盖人数最多的公共养老金体系。该体系以企业雇主和雇员的共同缴费为主要收入来源，基本上也是雇主缴费是雇员缴费的近 3 倍，合计为 32.7%，管理机构是国家社会保

① Gough, I., "Social Assistance in Southern Europe", *South European Society & Politics*, Vol. 1, No. 1, 1996, pp. 1 - 23.

② 年资养老金（Seniority Pension）是一种与收入关联的、待遇优厚的现收现付的公共养老金系统。该系统没有退休年龄的限制，只有最低缴费年限的要求（企业：男女均 35 年。公共部门：男，25 年，后改为 20 年；女，20 年，后改为 15 年）。该系统的养老金待遇参照职业生涯中收入最高或最后几年的标准，并与在职人员工资增长进行指数化挂钩。

险局（INPS）。[1] 由于以上两大公共养老金体系均为年资养老金，因此下文中将其分别称为公共部门年资养老金和企业年资养老金。成立时间在公共部门年资养老金和企业年资养老金之间的是针对非雇佣劳动关系或者自我雇佣劳动者的公共养老金体系，被称作"特殊强制保险"。该体系由成立于不同时间的小型养老保险计划组成，这些计划分别针对农民（1957 年）、手工业者（1959 年）、个体小商人（1966 年）而建立。[2] 后来又增加了针对各种特殊职业人群（律师、会计师、工程师、公证员、演员、运动员）的小型养老保险计划。特殊强制保险是各自独立的行业协会组织管理下的小型分割统筹子体系的正式统称。虽然这一体系并非由政府直接参与组织管理，但是具有立法强制性，同时有政府的财政担保，因此也具有公共养老金的属性。

（三）意大利公共养老金制度的主要特点

1. 公共养老金体系的主导性和分割性

意大利公共养老金制度的设计受到俾斯麦和冯·塔弗的福利制度建设思想的影响，强调国家在福利建设中的主导作用。因此，意大利养老金体系主要由性能单一的、成熟的、分割的俾斯麦式的公共养老金组成，基于现收现付制，待遇优厚，覆盖几乎所有国民。[3] 这样的制度安排极大地限制了基于个人储蓄和职业附加福利的养老金的发展空间。因此，直至目前，意大利的个人储蓄和职业养老金仍旧得不到充分发展。[4] 另外，俾斯

① 王朝才、刘军民：《意大利养老金制度改革考察报告》，《地方财政研究》2012 年第 10 期。

② Franco, D., "A Never-ending Pension Reform: Coping with the Pension Crisis-Where Does Europe Stand?", NBER-KielInstitute Conference, 2000, pp. 1-28.

③ Alti, T., Social Assistance and Minimum Income in Italy, Thesis (PHD), University of Bath, 2005.

④ Esping-Andersen, G., *The Three Worlds Of Welfare Capitalism*, New Jersey: Princeton University Press, 1990.

麦提倡公共福利主要是为了取得两个分层的效果：①针对不同阶层和职业群体设计不同的公共福利方案，以强调个人在生活中的适当定位；②奖励忠于君主制度或中央政府的职业群体，如公共部门雇员。[①] 在现实中，意大利居于主导地位的三大养老金制度体系（公共部门年资养老金、企业年资养老金和特殊强制保险）的整体分布体现了一种职业分割的特点。而在三大公共体系中，公共部门年资养老金成立时间最早，待遇也最为优厚。最后，居于最低保障水平的国家分类方案体系虽然只是立足于社会救助的功能，但是分类救助的方式仍然是一种分割性理念的延伸。

2. 公共养老金待遇和缴费关系上的权利义务不对等

待遇和缴费关系上的权利义务不对等在意大利的公共养老金制度上表现得非常突出。一方面，作为权利的养老金待遇给付十分慷慨，养老金替代率曾一度达到95%。即使在财政紧缩开始后的1990年代初，养老金的替代率也高达78.8%，远高于OECD国家56.9%的平均水平。[②] 造成如此高替代率的主要原因在于养老金待遇变相地成为一种劳动力市场最优表现的奖励，完全忽视了待遇缴费对等这一养老保险财务运行的基本规律。作为主体的公共部门和企业的年资养老金在计发待遇时主要参照职业生涯中收入最高或最后几年的标准并与在职人员工资增长进行指数化挂钩。另一方面，体现养老金义务的缴费原则却被显著地弱化了。不管是企业还是公共部门的年资养老金都没有退休年龄的限制，只有最低缴费年限的标准（企业：男女均35年。公共部门：男，25年，后改为20年；女，20年，后改为15年）。这意味着大量的年

---

① Esping – Andersen G. , *The Three Worlds of Welfare Capitalism*, New Jersey: Princeton University Press, 1990.

② 王朝才、刘军民：《意大利养老金制度改革考察报告》，《地方财政研究》2012年第10期。

资养老金享受者在 40～50 岁的年龄段就可以退出劳动力市场，享受与在职工作者收入水平几乎相当的养老金收入。这种权利义务不对等的制度安排同样在非雇佣关系的特殊强制保险公共养老金体系中得到了推广。权利义务的不对等造成了公共养老金体系入不敷出，给公共财政造成了极大的压力，成为日后改革的主要原因之一。

3. 公共养老金管理的政府与非政府方式混合

在意大利公共养老金体系中，国家分类方案和企业年资养老金的管理主体都是国家社会保险局。国家雇员保险局管理公共部门的年资养老金。非雇佣关系或自我雇佣劳动者所属的特殊强制保险采取了非政府方式的管理，其管理主体是各自群体所属的行业协会。因此，意大利的公共养老金管理是一种政府与非政府混合的方式。

二　意大利公共养老金制度的改革

由于公共养老金系统在意大利养老保险体系中居于绝对主导地位，因此对意大利整个养老保险体系的改革实际上主要是针对公共养老金进行的。当然，改革也涉及少量私有属性的个人储蓄和职业养老金的内容，然而，这些内容也与公共养老金制度有着重要关联。1945～1975 年，意大利经历了经济和人口发展的黄金时期。在这三十年中，经济快速增长，就业稳步攀升，人口不断增加。这一时期也是意大利养老保险制度发展的黄金年代。① 然而，进入 1970 年代末，生育率下降、人口老龄化和经济增长放缓的状况开始出现。这一状况的不断发展对于养老保险体系的可持续性是不利的。更为重要的是，对于未来不乐观的预期使得当前

---

① Ferrera, M., "The 'Southern Model' of Welfare in Social Europe", *Journal of European Social Policy*, Volume 6 Number 1, 1996, pp. 15–22.

养老保险待遇和缴费的权利义务不对等矛盾显得更为突出。以公共养老金为主导的意大利养老保险支出占 GDP 的比重由 1960 年的 5.0% 上升到 1992 年的 14.9%，并预计至 2030 年将达到 25%，在工业化国家中高居榜首。① 尽管如此，意大利的养老保险改革在整个 1980 年代并未取得多大的进展。到了 1990 年代，两个重要变化直接促成了意大利政府对公共养老金体制的正式改革。其一，1992 年《马斯特里赫特条约》的签署以及意大利向欧洲货币联盟的靠拢要求该国政府对公共预算进行严格控制。同时，日益增加的来自国际金融市场的压力，要求政策制定者采取紧急措施恢复国内公共金融系统的健康发展。其二，这一时期意大利经历了由"第一共和国"向"第二共和国"的转变，政坛上一些有着 40 余年倡导高福利政策传统的左翼政党衰落，消除了一些关键的"否定点"。这促成了意大利能够较为彻底地改革旧系统。② 于是，多种形式的养老金保险改革走到了前台。根据不同阶段的主要改革举措，意大利的养老金制度改革可以分为两个阶段："参数"调整为主的改革阶段和养老金筹资模式转变为主的改革和完善阶段。总体开始于 1970 年代末，终止于 2011 年，历时三十余年。先后有五位总理（阿马托、迪尼、普罗迪、贝卢斯科尼、蒙蒂）推动相关立法，对公共养老金制度进行了改革。

（一）"参数"调整为主的改革阶段（1992～1995 年）

所谓"参数"调整是指对于涉及养老金缴费和待遇的主要影响因素的调整。它们分别是退休年龄、缴费年限、缴费率、养老金待遇计发参考标准等因素。"参数"调整是这一时期的主要内容，但并不仅限于这一时期，它贯穿改革的整个过程。"参

---

① 王朝才、刘军民：《意大利养老金制度改革考察报告》，《地方财政研究》2012 年第 10 期。
② Ferrera, M., "The 'Southern Model' of Welfare in Social Europe", *Journal of European Social Policy*, Volume 6 Number 1, 1996, pp. 15－22.

数"改革阶段的代表是 1992 年的"阿马托改革"(503/1992 号法案与 124/1993 号法令),其主要内容是:①用 10 年的时间,整体性地将男性退休年龄提高到 65 岁,女性提高到 60 岁;②年资养老金最低缴费年限(主要针对公共部门)由过去的 15 年变为 20 年,以后逐步提高到 35 年;③养老金待遇计发参考年限由最后 10 年转变为完全的工作年限,同时考虑通货膨胀对于收入的影响和 1% 的真实增长;④养老金待遇计发指数与物价指数的增长而不是与真实工资的增长挂钩,同时预留将来立法调整的可能性;⑤企业年资养老金的缴费率(2/3 由雇主负担)设定为收入的 26.5%,特殊强制保险缴费率(完全由个人负担)设定为收入的 15%;⑥预留 15% 的工薪税作为基金式个人储蓄养老金的储备,另外,为两种补充性职业养老金(行业封闭性的契约型职业养老金和开放式的职业养老金)创立司法框架;⑦针对不同养老金项目的产出系数平衡的设定为 2% 的年金现值(p. a)(少数退休金项目可以有显著的不同)。这些改变推动产生了两个主要结果:其一,提高退休年龄、延长缴费年限、修改养老金待遇计发参考标准有效地减少了未来养老金的支出;其二,逐步取消了针对公共部门和企业的优越的年资养老金制度安排。与以往相比,"阿马托改革"的巨大进步主要是在"参数"层面上提高了养老金权利义务的对等性,但是并没有将改革推广到深层次的制度筹资模式层面。

(二)养老金筹资模式转变为主的改革和完善阶段(1995 ~ 2011 年)

在以筹资模式转变为主的改革和完善方面,意大利经历了五次改革,分别是 1995 年的"迪尼改革"(335/1995 号法案),1997 年的"普罗迪改革"(449/1997 号法案),2004 年的"马洛尼改革"(贝卢斯科尼第二总理任期)(243/2004 号法案),2007 年的"达米阿诺改革"(普罗迪第二总理任期)和 2011 年的"蒙蒂改革"。① 这一系列改革不仅延续了前期改革中的"参数"调整，更为重要的是，实现了由现收现付筹资模式向名义账户筹资模式的根本转变，并进行了完善。

在这一阶段中，最为重要的是 1995 年的"迪尼改革"。"迪尼改革"对于意大利以现收现付为主的公共养老金系统进行了实质上的重组。这次改革包括以下主要内容。①建立以缴费为基础的名义个人账户，替代以收入计发待遇的现收现付制度。新制度仍以现收现付的方式运作，个人账户余额只是个人未来养老金待遇的计发参数，并不体现真实的资产。②个人未来养老金待遇等于个人账户余额乘以与年龄相关的转换系数。转换系数反映了个人未来养老金收入的资本化现值（以 5 年移动 GDP 增长率为指数的资本化）。转换系数由人均预期寿命和经济增长率两个变量来决定。③退休年龄变得更加灵活，劳动者可以在 57 岁 ~ 65 岁任何一年选择退休，晚退休的给予待遇奖励，早退休的给予待遇惩罚。由于新旧制度之间需要一定的过渡，因此"迪尼改革"只能逐步实施。改革将养老金覆盖者分成三组不同的受益人群：1995 年改革以前已经具备 18 年工龄的人群，沿用旧的现收现付制度；低于18 年工龄的人群，最终待遇分为两部分计算，1995 年以前的工龄沿用旧制度计算，1995 年以后的工龄启用新制度计算；1995 年以后参加工作的人群一律采用新制度计发待遇。② "迪尼改革"的最大意义在于废除了旧的待遇确定型（DB）现收现付的筹资模式，以渐进的方式引入了缴费确定型（DC）养老金筹资模式，最终在制度层面强化了权利义务的对等性。

"迪尼改革"以后，"普罗迪改革""马洛尼改革""达米阿诺

---

① 王朝才、刘军民：《意大利养老金制度改革考察报告》，《地方财政研究》2012 年第 10期。

② 王朝才、刘军民：《意大利养老金制度改革考察报告》，《地方财政研究》2012 年第 10期。

改革"和"蒙蒂改革"主要是对此前改革成果的巩固和完善。"普罗迪改革"主要着眼于推进不同公共养老金制度的协调一致和企业补充养老保险的发展。"马洛尼改革"对于养老金最低缴费年限提出了更高的要求。"达米阿诺改革"强化了退休年龄的约束，同时取消了两院议员的养老金待遇特权。"蒙蒂改革"进一步提高了最低缴费年限和退休年龄。一系列改革深刻地改变了意大利公共养老金制度的传统面貌，而改革也不完全局限在公共养老金体系内，两项发生在公共养老金体系之外的改革也对公共养老金产生了一定的影响。其一，"马洛尼改革"决定将 TFR"退职金"① 进行积累制改造。工人在 6 个月内需要选择将 TFR 留给雇主，或是转移到职业养老金计划中，或是转移到公共养老金制度中。结果是 36.6% 的 TFR 转入了职业养老金，31.7% 的 TFR 转入了公共养老金，31.7% 的 TFR 仍留给了雇主。TFR 的改造不仅扩充了职业养老金，也为公共养老金提供了一笔体制外的收入。其二，"蒙蒂改革"决定对首套房进行征税，对于年收入超过 30 万欧元的富人的收入超出部分征收 3% 的资产税，并提高一般商品税率、食品增值税率等。上述增税措施虽然不是以工薪税的形式直接补充到公共养老金制度当中，但是多种形式的税收增量实际上会为公共财政的最大支出项目之一——公共养老金制度提供更多的支持。

三 意大利养老金制度发展与改革的启示

（一）非政府方式的公共养老金管理是应对非雇佣关系或自我雇佣劳动者的较好选项

意大利公共养老金体系中针对农民、手工业者、个体商人以

---

① TFR"退职金"是 1982 年意大利法律确定的个人收入延迟支付制度，即雇主预留雇员工资的 6.91%，在劳动合同解除后一次性支付给雇员。TFR 的积累增值为 1.5% 的固定利率加 75% 的通货膨胀率。

及各种特殊职业人群（律师、会计师、工程师、公证员、演员、运动员）的"特殊强制保险"的行业协会式的组织管理是以非政府方式提供公共物品的典型事例。尽管基于市场失灵的理论，政府应当是公共物品的提供者，然而政府也同样会失灵。因为不同的社会成员对公共物品的需求有很大差别，政府在提供公共物品时只能从中性的角度做出选择，这就会造成一部分成员的需求得不到满足。意大利非雇佣关系群体不同于雇佣关系下的企业雇员或国家公共部门雇员，其收入方式和水平差别很大，对公共福利需求的意愿和层次也不尽相同。各行业协会由于熟悉本行业成员的收入特点和福利需求，因此能够在缴费征收、待遇发放、组织宣传等诸多方面提供优化和便利化服务。此外，如果公共物品都由政府来提供，必然会导致政府机构膨胀，加大公共物品的提供成本。① 意大利以非营利性的行业协会组织管理公共养老金，可以减少由于政府参与而造成的管理成本的增加。同时，意大利公共养老金改革并没有触及公共养老金的非政府行业协会管理机制，这进一步说明了非政府方式管理是针对非雇佣关系或自我雇佣劳动者的公共养老金制度的合适选择。

（二）多种方式应对公共养老金权利义务对等性改革

无论意大利公共养老金改革是来自预期的人口经济压力、国际或区域的金融压力，抑或是国内政治环境的变迁压力，这些外在的驱动因素均在一定程度上指向一个重要的改革议程，即公共养老金待遇和缴费的权利义务不对等，以及由此造成的公共养老金入不敷出。这方面，"阿马托改革"以及随后一系列政府的"参数"调整改革通过改变退休年龄、缴费年限、待遇计发参考标准等养老金重要变量，部分地提高了权利义务的对等性。不过，"参数"调整毕竟不如制度本身的变化来得深刻和彻底。用以缴费积

---

① 张礼祥：《试论非政府组织在公共管理中的作用》，《理论界》2004 年第 6 期。

累确定待遇的缴费确定型机制（DC）来替代以收入确定待遇的待遇确定性机制（DB）才是从根本上解决权利义务不对等的方法。值得注意的是，虽然现收现付制到基金积累制的转变可以解决权利义务不对等的矛盾，但是派生出的转制成本或双重缴费问题却有可能令改革成果大打折扣。在实践中，"迪尼改革"选择了以个人名义账户来替代旧的现收现付的筹资模式，既以名义记账的方式实现了缴费确定（DC）的改革目标，同时也没有改变现收现付的养老金运行方式，从而在很大程度上避免了转制成本的负面影响。因此，意大利公共养老金权利义务对等性改革的实践表明，养老金"参数"调整尽管很重要，如何选择合适的养老金筹资模式更为重要。

（三）公共养老金的可持续发展需要多样化的福利融资渠道

权利义务对等性改革的确是解决意大利公共养老金入不敷出问题的重要途径，然而并不是唯一的途径。在"马洛尼改革"和"蒙蒂改革"中，以 TFR"退职金"和增加多种形式税收来充实公共财政的方法也直接或间接地填补了当前和未来的养老金缺口。对此，皮尔森认为，无论是现收现付的筹资模式还是基金积累的筹资模式，只要不改变依赖工薪税筹资的现状，就无法回避回报率随人口结构和实际工资变化影响的现实。因为工薪税只是部分国民收入的税收，而且其以工资负担的形式仅限于收入分配中位于底部一半或 2/3 收入的人。[1] 埃斯平 - 安德森进一步指出，不论经济条件如何，现有养老金体制的人口压力始终存在。[2] 因此，意大利在公共养老金体系之外的"退职金"改造和增税措施体现了政府拓宽养老金融资收入渠道的努力。这两项改革与公共养老金

① Pierson, P., *The New Politics of Welfare State*, Oxford: Oxford University Press, 2001.

② Esping - Andersen G., *The Three Worlds of Welfare Capitalism*, New Jersey: Princeton University Press, 1990.

体系的整体改革相比虽然并不起眼，但是有着重要意义，也是立足于长远解决公共养老金可持续性问题的有益探索。

（四）私有属性养老金制度的发展可以提高公共养老金的灵活性

由于深受俾斯麦式福利思想的影响，意大利公共体系外的私有属性的养老金制度一直没有大的发展。这一状况在改革的推动下有了一定程度的改观。"阿马托改革"以预留工薪税的方式鼓励了基金式个人储蓄养老金的建立，同时为两种补充性职业养老金创立了司法框架。"普罗迪改革"也以协调公私部门养老金计划的方式支持企业补充养老保险制度的发展。"马洛尼改革"更是以 TFR 改造的方式在资金上直接支持了私有属性的职业养老金计划。事实上，意大利政府鼓励私有属性养老金制度的发展并不是对现有的公共体系失去了信心，而是认识到私有养老金制度的发展对现有公共体系是有益的补充。职业和个人养老保险计划的发展可以降低人们对于公共养老金制度的依赖，使得公共系统养老金的待遇水平有了灵活调整的可能性。这样一来，一旦公共养老金面临财务危机，假如待遇是可以灵活调节的，就可以避免采用传统的增加工薪税收进而扭曲劳动力市场的解决手段。意大利鼓励私有属性养老金制度的发展表明，公共体系外的养老金力量的发展有利于提高公共养老金制度的灵活性。

第四节 意大利国家能源战略与结构性改革①

过去几年，在危机的重压下，意大利终于开启了拖延已久的

---

① 本节作者：孙彦红，中国社会科学院欧洲研究所副研究员，欧洲科技政策研究室副主任。主要研究领域为欧洲经济、意大利经济、欧洲科技政策、中欧/中意经济关系。主要代表作：《欧盟产业政策研究》，社会科学文献出版社，2012。另，本节主要内容曾以"试析意大利国家能源战略——一个结构性变革的视角"为题发表于《欧洲研究》2016 年第 3 期，收入本书时略作修改与更新。

结构性调整与变革进程，针对劳动力市场、能源部门、养老金体系、税制、公共管理体系等重要领域的调整与改革纷纷提上日程。在这些领域中，能源既是重要的基础性与战略性部门，又因涵盖节能环保与可再生能源等前沿领域而对经济结构升级具有先导性意义，因而是影响经济前景的关键的结构性因素。2013 年 3 月，意大利政府颁布了一份国家能源战略。这是二战结束以来意大利首次立足于国家战略层面制定的能源发展规划，可谓近年来该国力推的最重要的结构性变革之一。应该说，对意大利国家能源战略进行较为深入的考察，理解该国经济体系正在发生的深刻变化，无疑有助于我们更加全面客观地把握其经济现状与前景。此外，研究意大利国家能源战略，对于中国在新形势下培育以"新技术、新产业、新业态加快成长"为特征、涵盖绿色能源环保与互联网等重要领域的"新经济"形态也具有现实意义。

鉴于此，本节拟从经济角度对意大利国家能源战略进行较为深入系统的剖析，包括其出台动因、实施框架与特点、落实进展与前景等。为透过能源战略的出台与实施洞察当前及未来一段时期意大利经济的走向，做到"以小见大"，本节将尽力以经济结构性变革这一视角贯穿始终。

一 意大利出台国家能源战略的动因

虽然位居西方发达国家之列，但就政府的经济职能而言，意大利却有着典型的"弱政府"特征。如本章第一节所述，与其他发达国家相比，意大利政府在纠正市场失灵、通过再分配缩小社会不公平以及制定国家经济发展战略方面，都存在较明显的功能缺位。尤其是，由于在制定经济发展规划方面鲜有作为，意大利几乎被公认为最缺乏中长期战略的发达国家。这一特征在能源政策上亦有明确体现。虽然能源部门的重要性不言而喻，但是二战结束后直至 2008 年国际金融危机爆发前，意大利仅出台过两份

"国家能源计划"。第一份于 1975 年发布，旨在应对石油危机冲击，促进能源类型多样化。第二份于 1988 年发布，主要目的在于加快推进能源市场的自由化进程。此后的二十多年时间里，虽然国内能源消费结构与世界能源格局均发生了深刻变化，但是意大利始终未曾制定新的中长期能源发展规划。直到 2013 年，在危机期间上任的蒙蒂技术政府终于出台了战后第一份国家能源战略，全称为"意大利国家能源战略：打造更具竞争力与可持续的能源部门"，① 由经济发展部和环境、国土与海洋部以部际法令的形式联合颁布，体现出该国对能源部门的空前重视。

那么，意大利在危机中出台国家能源战略主要出于何种考虑？或者说受到哪些重要因素的推动呢？在笔者看来，除保障能源供给安全这一传统考虑之外，以下三个方面亦不容忽视。

第一，促进能源部门发展与转型，为尽快摆脱危机、实现可持续的经济增长与就业开辟新空间，是意大利出台国家能源战略的重要动因。

近几年，意大利经历了二战结束以来最为严重的经济衰退，失业率也随之一路攀升。2011 年底蒙蒂技术政府上台后，尽快摆脱经济困境、开启新的可持续增长通道以及缓解失业问题，成为其首要任务。考虑到能源部门自身发展状况及其在整个经济体系中的地位，意大利政府将之视为撬动经济增长与促进就业的重要支点。

第一，对于意大利而言，能源不仅是支持经济社会运转的基础性部门，也是为数不多的在危机中就业人数不降反升的工业部门之一，以特有的"反周期"作用为抵御危机做出了积极贡献。根据意大利经济发展部的数据，2011 年该国能源部门总就业人数

---

① Ministry of Economic Development, *Italy's National Energy Strategy: For a More Competitive and Sustainable Energy*, March 2013.

约为 47.2 万人，比 2010 年增加了 3.6 万人，这主要得益于可再生能源部门的迅速发展。[①] 其次，国际金融危机爆发后，促进实体经济结构升级受到世界各国的普遍重视，而以节能环保与发展可再生能源为核心内容的绿色经济则成为公认的新的经济增长点。基于自身既有优势，意大利对于发展绿色经济颇为重视。2012 年，时任该国经济发展部部长的帕塞拉（Corrado Passera）在一次访谈中强调："（意大利）若充分挖掘绿色经济的发展潜力，不仅能拉动经济增长，还有望创造 100 万 ~ 200 万个新的就业岗位"。[②] 最后，自 1990 年代以来，意大利传统能源部门（包括传统电力行业、天然气行业与炼油业等）越来越受到缺乏协调规划、竞争力不足、效率低下等结构性问题的困扰，金融危机爆发后产能过剩问题也突显出来。实际上，这些问题大多是该国经济体系的结构性弱点在能源部门的具体体现。因此，推动能源部门的结构性变革，无疑有助于提高整个经济体系的效率，进而挖掘新的经济增长潜力。

简而言之，正是急于摆脱经济困境的压力促使意大利重新审视能源部门的角色，也决定了其国家能源战略带有明确的经济增长导向。正如时任意大利总理蒙蒂在 2012 年的一次能源政策高层咨询会上所言："（国家能源战略）将推动能源部门角色的转变，不仅不再拖累经济竞争力，还会成为拉动经济增长乃至挽救意大利的关键部门"。[③]

---

① 有关意大利能源部门规模与就业人数等信息，可参见意大利经济发展部网站：http://www.sviluppoeconomico.gov.it/index.php/it/energia/fonti-rinnovabili-e-georisorse/poi-energie-rinnovabili-e-risparmio-energetico.

② Andrea Curiat, "Il Comparto non Sente la Crisi: crescita record degli occupati", Rapporto Energia, Il Sole 24 Ore, 21 febbraio 2012, http://www.ilsole24ore.com/art/economia/2012-02-20/comparto-sente-crisi-crescita-142547.shtml? uuid = Aa7fdkuE, last accessed on 15 April 2016.

③ Silvana Santo, "Strategia Energetica Nazionale, Ecco il Testo. Al via la Consultazione Pubblica", Eco dalle Città, 16 ottobre 2012, http://www.ecodallecitta.it/notizie/113716, last accessed on 15 April 2016.

　　第二，降低能源价格，挖掘能源关联行业的发展潜力，提升工业竞争力，适应欧盟推进"再工业化"战略的新趋势，是意大利出台国家能源战略的另一重要动因。

　　意大利虽位居西方七大工业国之列，但是能源短缺始终是拖累其经济发展的一大短板。由于境内煤炭、石油与天然气资源很少，核能在 1987 年与 2011 年的两次全民公投中又遭到彻底摒弃，意大利的能源自给率一直非常低。2010 年，意大利初级能源消费总量为 1.65 亿吨油当量（见图 1-3），其中 84% 依赖进口，远高于欧盟整体 53% 的能源对外依赖度。[1] 能源短缺的直接后果就是能源价格过高，拖累工业与整体经济的竞争力。如果说二战结束至 1980 年代，意大利凭借长达二十年的"经济奇迹"以及此后"第三意大利"的崛起勉强克服了"能源短板"的话，那么自 1990 年代以来，随着经济步入低迷期，能源成本过高对其工业与经济竞争力的负面影响则逐步突显出来。近几年，对于遭受危机重创的意大利工业体系而言，高昂的能源价格无异于雪上加霜。2012 年，意大利的平均零售电价比德国高出 77%，比法国和西班牙高出约 60%。[2] 如此高昂的能源成本导致其工业复苏乏力，也难免会削弱其他结构性变革的积极效应。鉴于此，为保持与提升工业竞争力，巩固"意大利制造"的国际地位，尽快降低能源成本成为该国无法回避的艰巨任务。

　　此外，适应欧盟推进"再工业化"的新趋势也对意大利能源部门的发展提出了挑战。为抢占新工业革命先机，欧盟委员会于 2012 年出台"再工业化"战略，提出了未来优先发展的六大领域：旨在清洁生产的先进制造技术、关键使能技术、生

---

[1] Ministry of Economic Development, "Italy's National Energy Strategy: For a More Competitive and Sustainable Energy", March 2013, p. 20.

[2] Ministero dello Sviluppo Economico, *Elementi Chiave del Documento di Strategia Energetica Nazionale*, Marzo, 2013, p. 43.

态型产品、可持续的建筑材料、清洁运输工具与智能电网。[①] 作为欧盟最重要的工业国之一，[②] 意大利对欧盟"再工业化"战略持积极态度，除进一步强调工业与制造业的核心地位外，也明确将上述领域作为本国发展重点。鉴于这些领域涵盖的节能环保、新能源、新能源汽车、循环经济、能源基础设施等大多属于能源部门或与其密切相关，全面理顺能源部门的发展显得尤为关键。

可见，无论是降低能源成本，还是发展相关的新兴产业，意大利若想提升工业竞争力，制定一套旨在"扬长避短"的能源发展战略都是重要且必要的。

第三，积极适应乃至引领欧盟能源与气候战略的新趋势，把握欧洲能源市场一体化带来的新机遇，是意大利出台国家能源战略的另一重要目的。

近年来，出于在新形势下保障能源供给安全、应对气候变化、提高经济竞争力等多重考虑，欧盟密集出台了一系列重要的能源与气候战略，包括 2008 年的"能源与气候一揽子计划"，2010 年的"欧盟能源 2020 战略"，2011 年的"欧盟能源 2050 年路线图"，以及 2014 年的"欧盟 2030 年气候与能源政策框架"，等等。通过上述战略，欧盟提出了三个方面的阶段性目标：①以 1990 年为基准年，到 2020 年实现温室气体减排 20%，到 2030 年减排 40%，到 2050 年减排 80%~95%；②到 2020 年将可再生能源占最终能源消耗的比重提升至 20%，到 2030 年至少提升至 27%，到 2050 年提升至 55%；③提高能效，到 2020 年初级能源消耗量比

---

① 有关欧盟"再工业化"战略的详述，可参见孙彦红《欧盟"再工业化"战略解析》，《欧洲研究》2013 年第 5 期。
② 虽然经济总量在欧盟成员国中位列第四，但是从工业增加值及其占国内生产总值（GDP）的比重上看，意大利是仅次于德国的欧盟第二大工业国。

1990 年减少 20%，到 2030 年至少减少 27%。[1] 对于落实欧盟能源
与气候政策，意大利一向颇为积极，相继就发展可再生能源与提
高能效出台了多个国家行动计划。[2] 然而，随着国家行动计划的制
定与落实，意大利逐渐认识到，要适应进而引领欧盟能源与气候
战略发展的新趋势，仅依靠被动地出台"碎片式"的计划并不够，
还必须立足于国家层面，积极主动地出台一套旨在全面协调能源
部门发展的战略规划。另外，随着电力与天然气部门一体化不断
取得实质性进展，[3] 近几年全面推进欧洲能源市场一体化逐步提上
日程。在此背景下，抓住欧洲能源市场一体化的新机遇，通过基
础设施互联互通与规制规则协调统一促进本国能源部门的发展与
转型，也成为推动意大利制定国家能源战略的重要因素。

　　此外，从成员国方面看，德国于 2010 年公布了"能源方案长
期战略"，提出至 2030 年将可再生能源占最终能源消耗的比重提
升到 30%，至 2040 年提升到 45%，至 2050 年提升到 60%，从而
正式进入以可再生能源为主导的后碳时代。[4] 英国于 2011 年发布
"向绿色经济转型"计划，提出至 2020 年将可再生能源比重提升
到 15%，同时温室气体排放比 1990 年减少 34%。[5] 德国与英国的
能源转型战略无疑会对意大利形成"鞭策效应"，迫使其重新审视

<hr>

[1]　近年来欧盟出台的能源与气候战略文件及其内容简介，均可在欧盟委员会能源总司网站 https：//ec. europa. eu/energy/en/topics/energy - strategy 与环境总司网站 http：//ec. europa. eu/clima/about - us/mission/index_ en. htm 上查看。

[2]　例如 Ministero dello Sviluppo, *Piano di Azione Nazionale per le Energie Rinnovabili dell'Italia*, 30 giugno 2010；Ministero dello sviluppo, *Il Piano d'Azione per l'Efficienza Energetica*, luglio, 2011。

[3]　例如，在电力部门，自 1990 年代中期以来，欧盟先后颁布了三个电力改革指令，旨在启动与深化成员国电力市场化改革，进而推进欧盟统一电力市场建设。

[4]　德国"能源方案长期战略"的具体内容可参见德国联邦政府网站：http：//www. bundesregierung. de/Content/DE/StatischeSeiten/Breg/Energiekonzept/dokumente. Html.

[5]　英国"向绿色经济转型"计划参见 The UK Government, "Enabling the Transition to a Green Economy：Government and Business Working Together", 2011, http：//www. official - documents. gov. uk。

能源部门的发展前景，并积极思考制定国家能源战略的必要性。

综上所述，正是力图重启可持续增长的紧迫感，提升工业竞争力的压力，以及积极适应乃至引领欧盟能源与气候战略的现实需要等重要的"结构性"因素，共同推动意大利在危机中出台了国家能源战略。如果说之前意大利的能源政策以追随和落实欧盟政策为主的话，那么危机中制定的国家能源战略则更加注重能源部门对本国整体经济的影响，经济增长与竞争力指向更加明确。可以说，危机一方面使得能源部门存在的问题与蕴藏的潜力进一步突显，另一方面也迫使意大利政府开始认真应对经济体系中的结构性问题，从而为国家能源战略的出台创造了契机。从这个意义上说，出台国家能源战略的确是近几年意大利推进结构性变革的关键举措，是其努力改变自身"弱政府"形象的重要尝试。

二 意大利国家能源战略的实施框架

虽然意大利国家能源战略于危机中出台，但并不是应对经济紧急状况的短期举措，而是着眼于中长期的发展战略，带有明显的结构性变革的色彩。该战略由蒙蒂技术型政府制定，而蒙蒂本人及其他多位时任内阁成员均为知名经济学家或经济法学家，熟知经济政策传导机制以及各经济要素之间的逻辑联系，因而在制定战略时能够做到立足于能源部门而又不囿于能源部门本身，尤其重视以能源部门的变革促进整个经济体系效率的提高。应该说，这一考虑恰是结构性变革的题中之意。

正是基于上述出发点，意大利国家能源战略一改此前两份国家能源计划在目标上相对单一、在内容与实施框架上相对"模糊"的风格，强调兼顾多个目标，且注重多重目标之间以及目标与行动计划之间的逻辑关系，力求更具系统性。具体而言，在内容上，该战略除针对近年来能源部门面临的挑战之外，还着力推动能源部门与整体经济的良性互动，将竞争力与经济增长置于优先地位。概言之，可将该战略的实施框架归纳为"四个核心目标"、"五个预期成果"与"七个优先行动方向"。

（一）四个核心目标与五个预期成果

基于前述多重考虑，意大利国家能源战略确定了至2020年要实现的四个核心目标：第一，大幅降低与其他欧洲国家的能源价差，减少能源消耗，提高经济竞争力；第二，实现进而超越欧盟气候与能源战略的目标；第三，保障能源供给安全，减少进口依赖；第四，促进能源部门的投资与技术创新，挖掘绿色经济的发展潜力，实现更具可持续性的经济增长。

为了使上述四个目标更加明确具体，该战略还设定了五个基于量化指标的预期成果：第一，进一步减少能源消耗，改善能源消费结构，提高可再生能源比重。提出到2020年初级能源消耗比1990年减少24%，高于欧盟设定的20%的目标。在初级能源消耗中，可再生能源所占比重将由2010年的11%提升至2020年的22%~23%，化石能源比重则由87%降至76%（参见图1－3）。此外，2020年可再生能源发电所占比重将达到35%~38%，有望赶上甚至超过天然气成为第一大发电来源。

第二，推动能源价格大幅下降，降低经济社会运行成本。该战略提出到2020年将能源零售价格降至欧盟国家平均水平。其间，随着能源价格下降与能耗总量减少，全国年均电力与天然气消耗支出将有望减少90亿欧元（2013年约为700亿欧元）。

第三，实现进而超越欧盟为其设定的2020年能源与气候目标。该战略提出到2020年温室气体排放比2005年减少21%，超过欧盟为其设定的18%的减排任务；可再生能源在最终能源消耗中占比将达到19%~20%（相当于在初级能源消耗中占比22%~23%），高于欧盟为其设定的17%的目标；在能效方面，如前所述，提出初级能源消耗比1990年减少24%，也高于欧盟为其设定

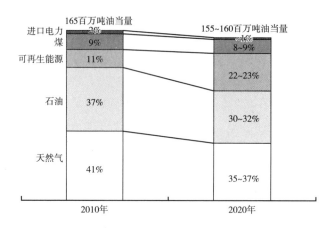

图 1 – 3　意大利国家能源战略设定的初级能源消耗总量与结构目标

数据来源：Ministero dello Sviluppo Economico, *Elimenti Chiave del Documento di Strategia Energetica Nazionale*, p. 9。

的 20% 的目标①（参见图 1 – 4）。

　　第四，提高能源供给安全，减少对外依赖。该战略提出通过提高能效与发展可再生能源等途径，将能源对外依存度由 2010 年的 84% 降至 2020 年的 67%。其间，全国年均进口能源支出将有望减少 140 亿欧元（2013 年总额约为 620 亿欧元），接近于其国内生产总值（GDP）的 1%，从而有助于实现经常账户平衡。

　　第五，大幅增加投资，推动能源部门发展与转型。2013 ~ 2020 年，能源部门新增投资将达到 1700 亿至 1800 亿欧元，其中属于绿色经济的可再生能源与节能投资将占到 70%，而传统能源部门（包括天然气输送与分销网络、液化天然气接收与存储、发电与输配电、石油与天然气开发、炼油业等）提质增效的投资将占 30%。从资金来源上看，政府与私人部门投资各占约 50% 的比重。

----

　　① 2008 年的"能源与气候一揽子计划"出台后，欧盟委员会根据人均 GDP 水平、能源消费结构、各项指标的起点等方面的差异，为各成员国设定了不同的减排、发展可再生能源与能效任务。

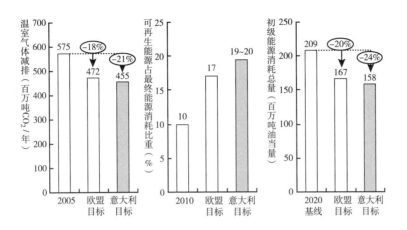

图 1 - 4　意大利国家能源战略与欧盟为其设定的 2020 年目标对比

资料来源：Ministero dello Sviluppo Economico，*Elimenti Chiave del Documento di Strategia Energetica Nazionale*，p. 8。

（二）七个优先行动方向

为实现上述核心目标与预期成果，意大利国家能源战略制定了七个优先行动方向。总体上看，这七个行动方向既涵盖了此前出台的多个国家行动计划的内容，又增加了针对能源部门其他领域的若干举措，并进行了系统性整合。以下逐一简要评介。

第一，持续提高能效。提高能效对实现四个核心目标均具有重要意义，因此被置于七个优先行动方向之首。实际上，近年来意大利已引入了可交易节能证书机制（又称白色证书机制）、税收优惠以及能效最低标准等一系列节能激励与规制措施。从侧重点上看，国家能源战略除继续重视提高建筑物能效外，还特别强调提高工业与交通部门的能效，并提出以下行动：①在建筑与交通部门实行更加严格的能效标准，制定并切实执行惩罚措施；②将之前仅适用于工业企业的节能税收优惠推广至民用建筑领域；③在公共部门引入专门的"热力账户"制度（Conto Termico），实行合同制节能管理；④将白色证书机制由能源供应部门推广至工业、服务业与基础设施等领域。

第二，提高国内天然气市场竞争性，打造南欧天然气输送枢纽。天然气在意大利初级能源消费结构中所占比重长期高于40%，为欧盟大国中最高水平，且90%以上的天然气消费依赖进口，这也是造成其国内能源价格高的主要原因之一。为持续压低天然气价格，把握欧盟能源市场一体化的机遇，国家能源战略提出以下行动：①进一步放开国内天然气市场，提高竞争性；②建设天然气输送与存储设施以及液化天然气接收终端等基础设施，保证一定的储量以应对紧急状况；③促进意大利与其他欧洲国家天然气管道的互联互通，逐步打造天然气由南欧进入中北欧的门户；④促进天然气进口来源地多样化，降低能源供应的地缘政治风险。

第三，持续发展可再生能源。近年来意大利的可再生能源发展较快，但是也出现了补贴高加重财政负担、过于偏重发电、基础设施相对落后等问题。国家能源战略一方面强调可再生能源发电的可持续性，另一方面也开始重视可再生能源在制热制冷与交通部门的应用，主要行动包括：①随着技术进步推动成本下降，将逐步减少太阳能光伏发电上网补贴，并于2015年起终止针对其他可再生能源发电的绿色证书机制；①②增加对可再生能源发电技术创新与建设智能电网的投资；③通过提供部分启动资金等措施支持小规模可再生能源制热制冷项目，为大区建设可再生能源制热制冷网络提供担保基金；④支持第二代生物燃料的技术创新与应用。

第四，发展电力市场与电力基础设施。近年来意大利电力部门面临着紧迫的转型压力，除电价偏高外，还出现了电力需求下降、热电发电过剩、可再生能源发电局部过剩等新问题。对此，国家能源战略提出要发展一个自由高效且兼容各类可再生能源发

---

① 意大利针对太阳能光伏发电采取固定上网电价的补贴方式，针对其他类型可再生能源发电采取强制性配额制度，也即绿色证书交易与回购机制。

电的国内电力市场，同时积极推动欧洲电力市场一体化，具体行动包括：①除压低天然气价格外，还通过减少可再生能源发电补贴、打破大区间电力市场条块分割、提高电网运营效率等方式降低电价；②提高电力服务质量，探索面向不同类型用户的供电模式，尤其要降低中小企业的用电成本；③发展具有高级控制系统与储能功能的智能电网，使可再生能源发电入网更加方便快捷；④推动欧洲电网运营规则的协调与跨境联网。

第五，重组炼油业与燃料分销部门。近年来意大利炼油业面对来自新兴国家的竞争压力，出现了产能过剩，同时燃料分销部门规制过严、效率低下的问题也日益突显。为推动这两个部门的现代化转型，国家能源战略提出以下行动方向：①提高对炼油业战略地位的认识，制定专门的结构调整规划，引导企业在优化生产周期与提高产品质量上增加投资；②推动欧盟实行石油产品"绿色认证"制度，提高意大利与欧盟产品的竞争力；③提高燃料分销部门的自由化水平，包括逐步推广自助服务模式，取消对加油站服务项目的限制，提高价格透明度等；④精简燃料分销网络，关闭多余网点；⑤逐步打破燃料分销商附属于石油公司的僵化的运营模式，提高经销商自主权。

第六，实现国内石油天然气的可持续生产。意大利国内的石油天然气储量虽然不高，但在欧盟国家中仍居前列。[①] 在国家能源战略中，意大利政府提出要逐步将国内石油天然气生产恢复至1990年代的水平，满足7%~8%的国内能源消费，并提出以下行动：①严格执行欧盟安全生产标准，继续保持低事故发生率；②提高石油天然气开采与生产的审批效率；③近海开采执行等同

---

① 2011年，意大利已探明的石油天然气储量在欧盟成员国中位列第五，虽远低于英国，却高于法国和德国。参见 Ministero dello Sviluppo Economico, *Elimenti Chiave del Documento di Strategia Energetica Nazionale*, p. 56。

于或高于欧盟标准的环境保护措施，同时注重保护自然景观；④投资建设相关基础设施，挖掘石油天然气行业的经济与就业潜力；⑤立足于既有技术与产业优势，促进艾米利亚－罗马涅与西西里岛等大区相关产业区的发展。此外，该战略特别强调，出于安全与环保的考虑，意大利不在敏感领域开采能源，尤其是不在本土与近海开采页岩气。

第七，推动能源部门管理体系的现代化。针对能源部门管理体系长期存在的条块分割、权力过于分散、决策效率低等一系列问题，国家能源战略从不同层面提出以下努力方向：①在国际层面，既要形成明确的国家立场，又要加强与欧盟机构的沟通与协调，更加积极主动地参与欧盟乃至全球能源与气候规则的制定；②在国家层面，明确政府各部委职责，加强相互间沟通协作，简化部级立法程序，同时加强议会、政府与审批机构之间的协同行动；③进一步明确中央、大区与市镇间的权责分工，通过修改宪法相关条款，将涉及国家利益的能源基础设施项目的审批权收归中央，同时缩短各级政府审批能源项目的时间表。实际上，出台国家能源战略已经是该国能源管理体系向现代化迈出的重要一步。

综上所述，涵盖竞争力、气候、能源安全、经济增长等内容的四个核心目标和相应的五个预期成果，以及各有侧重而又相互联系、互为补充的七个优先行动方向，共同勾勒出一套较为全面系统的战略实施框架。总体而言，这一实施框架务实且着眼于未来，符合结构性变革对于"系统性"的要求，充分体现了意大利试图弥补战略缺失进而强化政府职能的切实努力。

三 意大利国家能源战略的落实进展与前景评估

虽然推进结构性变革是近几年意大利政府的首要任务，但是由于变革往往触及经济体系长期累积的"沉疴"，且涉及利益方众多，总体推进过程并不顺利。那么，作为一项重要的结构性变革，意大利国家能源战略在过去几年取得了哪些进展？未来进一步落实的基础与优势有哪些？又面临着哪些困难与挑战？这些对于该国推进经济结构性变革的全局有何影响与启示？本小节将对此做出分析与评估。

（一）意大利实施国家能源战略的进展

意大利国家能源战略承载着竞争力、气候、能源安全、经济增长等多重目标，涉及领域与内容庞杂，加之实施时间仅三年，目前要全面评估其落实效果难度较大，亦为时尚早。然而，参照该战略设定的目标与预期成果，基于可得数据对几个关键领域的进展做出评估已具备一定的可行性。总体上看，虽然过去几年意大利历经多次政府更迭，但是其国家能源战略一直处于稳步推进当中，尤以三个方面的成绩最为显著。①

第一，可再生能源发展迅速，提前完成了欧盟为其设定的2020年目标。在持续多年的补贴激励、技术成本迅速下降、电网升级改造等因素的推动下，过去几年意大利可再生能源发展明显加速。2014年，该国可再生能源占最终能源消耗的比重已升至17.1%，提前六年完成了欧盟为其设定的17%的2020年目标，2015年继续升至17.5%。表1-2标出了2010~2015年欧盟整体及其主要成员国可再生能源比重的变化，从中不难发现，当前意大利可再生能源比重既高于欧盟整体水平，也高于其他欧盟大国水平，是最早完成欧盟设定的2020年目标的大国。此外，2010~2015年，意大利可再生能源发电占总发电量的比重由22%升至33.5%，不仅提前完成了欧盟为其设定的任务，也有望提前实现其国家能源战略设定的35%~38%的目标。值得注意的是，过去几年，意大利太阳能光伏发电获得了长足发展，2014年

---

① 本小节对意大利国家能源战略进展评估所引各项数据，如无特殊说明均来自欧盟统计局（Eurostat）网站。

装机量已位居世界第二，仅次于德国。尤其是，随着该国光伏发电成本大幅下降，于 2014 年大体实现了"市电平价"（grid parity），① 其生产模式正在由政府补贴推动逐步转向自主发展，企业自生能力大大提高。这无疑为其太阳能光伏发电的可持续发展奠定了基础。

表 1 - 2　欧盟及其主要成员国可再生能源占最终能源消耗比重（2010～2015 年）

单位：%

国家\年份	2010	2011	2012	2013	2014	2015	欧盟为各国设定的2020 年目标
意大利	13	12.9	15.4	16.7	17.1	17.5	17
德国	10.5	11.4	12.1	12.4	13.8	14.6	18
法国	12.6	11.1	13.4	14	14.3	15.2	23
英国	3.7	4.2	4.6	5.6	7	8.2	15
西班牙	13.8	13.2	14.3	15.3	16.1	16.2	20
欧盟 28 国	12.8	13.1	14.3	15	16.1	16.7	20

数据来源：根据欧盟统计局（Eurostat）数据制作。

第二，能效稳步提高，在欧盟主要成员国中表现最佳。近年来，在严格的能效标准、白色证书机制与公共部门"热力账户"等制度以及大规模安装智能电表的积极推动下，意大利在提高能效方面取得了令人瞩目的成绩。图 1 - 5 标明了 2005 年、2010 年和 2015 年欧盟及其主要成员国能效的变化趋势，其中能效表现以国际通用的能源强度（energy intensity，即生产单位 GDP 的能源消耗）来表示。从图 1 - 5 中可以发现，近年来欧盟整体及其主要大

---

① 2008～2012 年，意大利太阳能光伏发电成本下降约 70%，至 2014 年降至与市场电价相当的水平，即"市电平价"。参见 Zachary Shahan, "Commercial Solar Grid Parity: Now Reality in Italy, Germany & Spain", *Clean Technica*, March 23, 2014, http://solarlove.org/commercial - solar - grid - parity - now - reality - italy - germany - spain/, last accessed on 8 April 2016。

国的能源强度均呈稳步下降趋势，其中意大利的表现颇为突出。
2005 年与 2010 年，意大利的能效表现不仅明显优于欧盟整体水
平，也居欧盟五大国之首。近两年，随着国家能源战略的实施，
其能效提高进一步加快。2015 年，意大利生产 1000 欧元 GDP 的
平均能耗仅为 100.5 千克油当量，远低于欧盟整体水平（120.4），
也明显低于德国（112.6）、法国（120.7）和西班牙（113.7），
略高于英国（94.3）。考虑到意大利的工业比重较高，其综合能效
表现可谓欧盟大国中最佳。

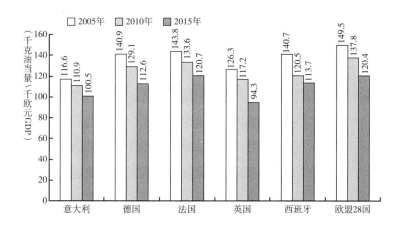

图 1-5　2005 年以来欧盟及其主要成员国能源强度变化

资料来源：根据欧盟统计局（Eurostat）数据制作。

第三，国内能源市场竞争性增强，电价显著下降，逐步接近
欧盟平均水平。过去两年，意大利相继放开了配电部门与天然气
分销部门的市场定价权，同时加强了大区之间电网与输气管道的
互联互通。受此推动，其国内电力与天然气市场的竞争性持续增
强，至 2015 年已高于欧盟的平均水平。[1] 在能源市场竞争性增
强、能源结构逐步改善、可再生能源发电成本下降等因素的共同

---

[1]　European Commission, "Country Report Italy 2016", Commission Staff Working Document, SWD（2016）81 final, Brussels, February 26, 2016, p. 86.

作用下，近几年意大利国内电价持续下降。图 1 - 6 标注了近年来意大利与欧盟整体以及德国、西班牙等国工业平均电价的变化对比。2010～2016 年，意大利国内工业用电平均价格由 11.89 欧分/千瓦时降至 8.42 欧分/千瓦时，降幅高达 29%。同期，意大利与欧盟整体工业电价差额由 2.75 欧分/千瓦时降至 0.3 欧分/千瓦时，与德国工业电价差额由 2.68 欧分/千瓦时降至 0.54 欧分/千瓦时，与西班牙的价差更是由正转负，工业电价已明显低于后者。总之，意大利国内电价正朝着向欧盟平均水平看齐的目标稳步迈进。

可见，虽然意大利国家能源战略出台时间不长，但确实在诸多关键领域取得了重要进展。基于这些进展，该国的能源对外依赖度也明显下降，由 2010 年的 82.6% 降至 2015 年的 77.1%，能源安全状况有所改善。

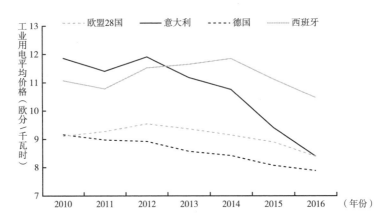

图 1 - 6   意大利与欧盟整体及其他成员国工业电价走势

数据来源：根据欧盟统计局（Eurostat）数据制作。

（二）进一步落实战略的基础与困难

就未来几年意大利进一步落实国家能源战略的基础与优势来看，以下两个方面值得关注。

首先，在发展可再生能源与节能减排方面，既具备坚实的民意基础，又积累了一定的技术优势。由于能源短缺以及对环境保护的长期关注，节能环保的理念在意大利早已深入人心。即使在近几年经济危机的困难形势下，仍有越来越多的意大利工业企业倾向于在节能环保方面增加投资。[①] 目前意大利在太阳能聚热发电、第二代生物燃料、地热发电、生物质能制热制冷、储能等前沿技术上均处于国际领先地位。尤其是，意大利的智能电网技术水平与建设水平位于世界前列，目前其智能电表覆盖率高达85%以上，居欧盟乃至世界各国之首。此外，虽然传统能源短缺，但是意大利在清洁煤、碳捕捉与封存（CSS）、石油与天然气开采、石油精炼等领域也具备较强的技术优势。[②]

其次，在节能环保的规制与制度方面，意大利积极探索与创新，积累了丰富的经验。1990年代以来，意大利不断强化环境政策与立法，目前已是环境与低碳立法最为严格的欧盟成员国之一，长期执行高于欧盟要求的节能环保标准。[③] 此外，意大利还引入了一系列节能环保促进机制，并逐步形成了独特的制度创新，其中尤以白色证书机制取得的成就最为引人关注。意大利于2005年引入白色证书机制，是最早实施这一机制的欧盟成员国之一，并以其设计与执行之规范、效果之显著而受到欧盟委员会的肯定。[④] 该机制依靠政府确定节能目标并进行初次配置，依靠市场机制实现节能目标并进行再次配置，这种将政府主导与市场激励相结合的方式规避了单纯依赖行政干预的弊端，大大提升了节能的效率与

① La Federazione dei Distretti Italiani, *Rapporto* 2014 – *Osservatorio Nazionale Distretti Italiani*, 2014, pp. 48 – 49.

② Ministry of Economic Development, "Italy's National Energy Strategy: For a More Competitive and Sustainable Energy", March 2013, pp. 75 – 76.

③ European Commission, "Country Report Italy 2016", p. 87.

④ Julia Currie, "Energy Savings Certificates: Toward Best Practices and Standards", Institute for Building Efficiency, Johnson Controls, February 2011.

效果。[①] 为适应新的节能需要，近年来意大利一直密切关注白色证书机制运行中遇到的问题，不断对其进行调整与完善。[②]

当然，意大利进一步推进国家能源战略也面临着困难与挑战，以下两个方面较为突出。

首先，国内投资复苏缓慢，拖累能源部门投资。近几年，在危机的冲击下，意大利的商业信心始终难以提振，国内投资也一直在低谷徘徊。根据意大利国家统计局（ISTAT）的数据，2014年该国国内投资率（即投资占 GDP 比重）仅为 16.61%，与危机前峰值 21.56% 相比仍低了约 5 个百分点。同年，该国非金融部门（其中工业部门占绝大部分比重）的整体投资率为 18.99%，远低于 2007 年危机前的峰值 23.6%，仅相当于 1990 年代初的水平。虽然 2015 年该国终于摆脱持续三年的经济衰退，实现了 0.8% 的经济增长，但是投资并未明显回暖。考虑到近期该国的经济复苏仍较为温和，同时银行体系也出现了不稳定迹象，[③] 预计公共与私人投资短期内都难以出现强劲反弹，能源部门投资增长也难免会受到抑制，这对发展智能电网与输气管网等需大规模投资的能源基础设施尤为不利。

其次，能源部门研发投入低，研发活动缺乏协调，不利于技术创新与应用。意大利的研发投入长期低于欧盟其他主要大国，能源部门也是如此。根据欧盟统计局（Eurostat）的数据，2014年，意大利能源部门的研发总投入为 13 亿欧元，远低于德国

---

① 有关意大利白色证书机制的运行情况，可参见 Davide Valenzano，"I Certificati Bianchi：stato dell'arte"，Gestore Servici Energetici，Roma，giugno 2014。

② See Dario di Santo，Daniele Forni et al.，"The White Certificate Scheme：The Italian Experience and Proposals for Improvement"，ECEEE 2011 Summer Study，2011.

③ 2015 年 11 月意大利政府批准救助四家小银行以及 2016 年初多家大银行股票遭抛售等情况使得该国银行体系的不良贷款问题浮出水面。2007～2016 年，意大利银行系统不良率由 5.8% 一路攀升到 18%。至 2016 年 10 月，该国银行业不良贷款累计额已高达约 3600 亿欧元，占欧元区银行业不良贷款的近 1/3，其中坏账高达 2100 亿欧元。有关意大利银行业不良贷款的数据来自意大利央行网站 http：//www. bancaditalia. it/。

（40亿欧元）和法国（38亿欧元），也低于英国（15亿欧元）。从构成上看，私人研发投入偏低尤为突出。2014年，德国能源部门的私人研发投入为26亿欧元，法国为29亿欧元，英国为12亿欧元，均明显高于意大利的9亿欧元。此外，国家层面缺乏指导与协调导致国内研发活动割裂也是意大利能源部门技术创新的一大软肋。受此影响，近年来意大利在全球低碳技术领域专利中所占份额也呈现下降趋势。这一状况显然不利于能源部门的中长期发展与转型。

综上所述，目前意大利整体上正朝着国家能源战略制定的目标稳步迈进，未来该战略的进一步落实，既具备了较为坚实的基础，也面临着不少挑战。具体而言，可从三个层面对该战略的落实前景做出简单展望：①对于发展可再生能源、提高能效、温室气体减排等"单项指标"，意大利不仅能够提前完成欧盟为其设定的任务，而且有望提前实现其国家能源战略的目标；②在改善能源结构与提高能源安全等"总量与结构指标"方面，意大利正在稳步推进当中，如期实现预设目标的可能性较大；③要实现推动能源部门投资与技术创新进而促进经济可持续增长、降低能源价差以提高经济竞争力等"宏观经济目标"，既有赖于继续落实其能源战略，也离不开国际经济环境的改善以及其劳动力市场改革、公共管理体系改革等其他重要结构性改革的协同推进。换言之，该战略在促进能源部门自身转型与发展方面的确成就显著，但是若从结构性变革的视角看，在促进整个经济体系提质增效方面仍存在诸多不确定性，具体效果有待观察与深入分析。

四　总结与展望

前文从经济结构性变革的视角对意大利国家能源战略做了较为详尽系统的剖析，以下从三个方面对该战略及其与结构性变革的关系做一总结与探讨。

第一，虽然 2008 年底爆发的国际金融危机导致意大利陷入二战结束以来最为严重的经济衰退，但是也的确迫使该国开启了拖延已久的结构性调整与变革进程，而这一进程恰是转"危"为"机"的必经之路。意大利国家能源战略的出台与实施进展即充分说明了这一点。

意大利于 2013 年出台的国家能源战略是二战结束以来该国首次立足于国家战略层面制定的能源发展规划，也是近年来该国力推的最重要的结构性变革之一。正是力图摆脱危机、实现可持续的经济增长的紧迫感，提高工业竞争力的压力，以及积极适应乃至引领欧盟能源与气候战略的现实需要等重要"结构性"动因，共同促成了该战略的出台。也正是基于推进结构性变革这一出发点，该战略立足于能源部门而又不囿于能源部门本身，尤其重视以能源部门的变革促进整个经济体系效率的提高。具体而言，在内容上，该战略除针对能源部门自身的问题与挑战外，还特别注重促进能源部门与整体经济的良性互动，将经济竞争力与经济增长置于优先地位。包括竞争力、气候、能源安全、经济增长在内的"四个核心目标"和相应的"五个预期成果"，以及各有侧重又相互联系的"七个优先行动方向"，共同勾勒出一个较为全面系统的战略实施框架。这一实施框架务实且着眼于未来，充分体现了意大利试图弥补战略缺失进而强化政府职能的切实努力。

第二，考虑到当前意大利推进结构性变革整体上并不顺利，国家能源战略能够适时出台并取得明显成效确实令人感到鼓舞，而这对推进其他重要领域的变革也具有积极的示范效应与启示意义。

虽然意大利国家能源战略出台时间不长，但是已在诸多关键领域取得了显著成绩，整体上正朝着既定目标稳步迈进。尤其是发展可再生能源、提高能效、温室气体减排等"单项指标",以及改善能源结构与减少能源消耗等"总量与结构指标",意大利均有望如期乃至提前完成。基于前文的分析不难发现,该战略之所以能取得显著成绩,有两个方面的原因不容忽视。其一,该战略由蒙蒂技术政府制定,注重多重目标之间以及目标与行动计划之间的逻辑联系,实施框架设计合理;此外,技术政府在政策执行过程中能最大限度地避免复杂政治因素的掣肘,可为后继政府持续推进该战略打下良好基础。其二,将能源部门作为经济结构性变革的重要突破口,是符合意大利国情的明智之举。推进结构性变革的通常做法是先易后难,也即先由已达成变革共识或易达成变革共识的关键部门入手,以该部门变革的积极效果和示范效应推动其他部门乃至整个经济体系的变革。意大利国内能源价格高早已广受诟病,而国家能源战略的首要目标即是大幅降低能源价格,这符合工业界与民众的利益,自然会获得普遍的认可与支持。目前来看,国家能源战略的落实对于推动劳动力市场改革与公共管理体系改革方面的积极作用已开始显现。意大利的经验表明,选择合适的部门作为突破口对于系统性推进结构性变革至关重要。

第三,虽然目前尚难以计量意大利国家能源战略究竟在多大程度上促进了该国经济增长或提升了该国经济竞争力,但是可以肯定,该战略的落实已从多个方面为此做出了重要贡献。未来该国要继续朝着这两大目标迈进,既有赖于国家能源战略的进一步落实,也离不开其他重要结构性变革的协同推进。

从结构性变革的视角看,迄今国家能源战略至少从两个方面为意大利的经济增长与竞争力提升做出了实质性贡献:一方面,能源价格降低与能源公共管理体系效率提高减少了经济社会的运行成本;另一方面,也是更重要的,能源部门发展取得的成绩为推进该国经济发展模式向绿色化转型打下了坚实的基础。尤其值得强调的是，意大利国家能源战略体现出该国力图借助能源部门发展与转型培育自身绿色经济优势与特色的深层次思考。虽然意大利在制定中长期发展战略方面鲜有作为，但是其国家能源战略的制定却充分显示出政府立足于能源部门而又高于能源部门本身的"战略性"眼光。该战略基于对本国能源部门与经济状况的客观翔实的分析，注重扬长避短，力图以节能环保与发展可再生能源的先行优势逐步抵消传统能源短缺的劣势，最终将"能源短板"转化为独具特色的"绿色经济亮点"。近几年该国在发展可再生能源与提高能效方面取得的显著成绩表明，上述战略意图正在逐步变为现实。

然而，仅依靠国家能源战略这一项结构性变革并不足以支撑该国经济增长与经济竞争力提升等宏大目标。鉴于意大利经济体系的现状，若不针对劳动力市场仍然僵化、投资信心萎靡、研发投入长期不足、经济竞争机制不充分、税制不合理等一系列掣肘因素尽快推进相应的结构性变革，国家能源战略的积极效应恐也难以充分发挥。当前仍较为脆弱的经济复苏态势正在对该国继续加快结构性变革的步伐提出新的要求。换言之，唯有系统性地推进结构性变革，才能最大限度地优化资源配置进而促进经济可持续增长与提升经济竞争力。实际上，这一结论不仅适用于意大利，也适用于诸多正面临结构性变革压力的其他欧洲国家，对于肩负经济结构转型与升级重任的中国亦有重要的启示意义。

总之，意大利国家能源战略的确为我们更加全面客观地理解该国正在推进的经济结构性变革提供了一个重要的分析样本。值得注意的是，意大利国家能源战略虽然设定了 2020 年要实现的各项目标，也对 2020～2050 年能源部门的整体发展方向做了简单展望，但是并未依照欧盟能源与气候战略的要求为 2030 年与 2050 年设定具体目标。预计随着国家能源战略各项目标的逐步实现，该国还会依据现实状况对 2020 年之后其能源部门的发展与转型做出新的规划。

第五节　近年来意大利产业区的
转型与创新①

本节将通过考察产业区这一意大利制造业经济的"硬核",试图以小见大,加深对近年来意大利实体经济发生的深刻变化的理解,从而为更好地把握意大利经济及其国际竞争力的现状与前景提供一个重要视角。

中小企业、产业区和所谓的"传统"部门是意大利制造业体系中相互联系且同等重要的三个方面。这三个方面从不同角度共同勾勒出了意大利产业经济的大致轮廓与重要特征:在生产组织形式上高度基于中小企业,在结构布局上以拥有众多产业区而闻名于世,在产品结构上又高度集中于已被其他发达国家放弃(或认为已不再重要)的相对低技术部门。② 如果从产业区的角度观察,上述特点则更加清晰。根据意大利国家统计局(ISTAT)2005年更新的统计结果,意大利共有 156 个制造业产业区,区内以雇员在 250 人以下的中小型企业为绝对主体,就业人数超过 490 万人,占全国总就业人数的 25%,其中制造业就业人数超过 190 万

---

① 本节作者:孙彦红,中国社会科学院欧洲研究所副研究员,欧洲科技政策研究室副主任。主要研究领域为欧洲经济、意大利经济、欧洲科技政策、中欧/中意经济关系。主要代表作:《欧盟产业政策研究》,社会科学文献出版社,2012。另,本节主要内容曾以"试析近年来意大利产业区的转型与创新"为题发表于《欧洲研究》2012 年第 5期,收入本书时略作修改与更新。

② Marco Fortis, *Le Due Sfide del Made in Italy: Globalizzazione e Innovazione – Profili di Analisi della Seconda Conferenza Nazionale sul Commercio con l'Estero*, Il Mulino, 2005, prefazione.

人，占全国制造业总就业人数的 40%。① 156 个产业区从事的专业
化领域绝大多数属于典型的"意大利制造"部门，包括服装与时
尚、家庭装修装饰、自动化与机器设备、食品饮料四大制造业门
类，即所谓的"4A"部门。② 另外，156 个产业区的出口占意大利
全部产品出口的 50%，在"意大利制造"部门的出口中甚至占到
了 70%。③ 从地域上看，北部和中部的产业区分布较南方要密集得
多。2011 年的数据显示，在产业区最密集的马尔凯大区，制造业
就业的 80% 和出口的 70% 都集中于产业区。④ 鉴于此，以产业区
为切入点观察意大利产业经济的整体走向至少有两点便利：其一，
可以兼顾生产组织形式与产品结构问题，也即意大利制造业经济
的另外两个重要方面；其二，从就业、生产和出口等多方面看，

---

① 意大利国家统计局此前曾依据 1991 年工业与服务业普查结果确认了 199 个"中小企业制造业区"，之后又依据 2001 年普查结果将一些区域做了合并统计，确认了 156 个产业区。需要指出的是，虽然早在 19 世纪末英国经济学家马歇尔即提出了"产业区"的概念，到了 1970 年代又为意大利学者重拾且沿用至今，但是由于产业区是活生生的实践，几乎每个产业区都各有特点，同时又都处于不断的发展变化当中，因此，学术界至今仍难以就产业区的定义达成广泛共识。意大利学者斯福齐（F. Sforzi）的定义具有一定的代表性：产业区是在轻型工业中由一些独立的中小企业所组成的地方生产体系，这些中小企业在单一的产品或生产环节上实现专业化，人们在产业区中积极合作。而意大利国家统计局大体上是基于这一定义，同时辅以具体的统计标准来确认产业区的。本节也将采用这一定义，实证研究的具体对象则是由意大利国家统计局和意大利产业区协会确认的产业区，重点关注其近年来的发展变化。斯福齐的产业区定义可参见 Fabio Sforzi, "The Districts in the Italian Economy: Features and Trends", Paper Presented at the ASEM Conference on Industrial Districts and International Transfer of Technology as Means to Promote Trade in Goods and Services, Bari (Italy), October 5, 1999.

② 上述四大制造业部门的意大利文名称分别为：Abbigliamento - Moda（服装与时尚）、Arredamento - Casa（家庭装修装饰）、Automazione - Meccanica（自动化与机械）、Alimentari - Bevande（食品与饮料），都是以字母"A"开头，故常被简称为"4A"部门。

③ ISTAT, *I Distretti Industriali - Censimento 2001*, a cura di F. Lorenzini, 16 dicembre, 2005; ISTAT, *I Sistemi Locali del Lavoro - Censimento 2001*, a cura di A. Orasi e F. Sforzi, 21 luglio, 2005.

④ La Federazione dei Distretti Italiani, *Osservatorio Nazionale Distretti Italiani - Rapporto III*, 2012, p. 25.

产业区都构成了意大利制造业的关键部分，便于以小见大。

实际上，从事欧洲经济和区域经济研究的国内学者对意大利经济的上述特点和产业区并不陌生。1980 年代初以来，国内相关学者开始关注意大利产业区，并积极向国内介绍产业区理论和意大利的发展经验，其中不乏较为详尽深入的研究。[①] 进入 21 世纪后，随着中意两国经贸往来的不断深入，加之中国沿海省份也出现了专业化产业区蓬勃发展的局面，有关意大利产业区的研究逐渐引起国内的更多关注。但总体而言，出于诸多原因，迄今为止国内大多数相关研究仍以介绍意大利产业区的发展经验为主，针对其近年来遇到的困难及正在进行中的转型与创新的研究尚很缺乏。鉴于此，本节拟在国内外学者研究的基础上，重点关注近年来意大利产业区的转型与创新，包括转型与创新的背景、方式与途径、绩效，转型过程中遇到的困难，转型与意大利经济前景的关系等多个方面。大致结构如下：第一部分总结意大利产业区的大致发展历程，而后重点分析 1990 年代初以来其面临的挑战及转型压力；第二部分归纳分析近年来意大利产业区转型与创新的努力；第三部分考察意大利产业区的转型绩效，并简要评述其转型进程中的困难；第四部分是评价与展望。

一　意大利产业区的发展历程及近年来面临的挑战

虽然其初具雏形与缓慢积累阶段可以追溯到更早，但是直到 1970 年代，意大利才出现了产业区大规模兴起的局面，并因生产与出口上的成功而引起广泛关注。当时，最为外界所熟知的包括卡尔皮（Carpi）和普拉托（Prato）的纺织服装业、卡西纳

[①] 北京大学王缉慈教授对国内的意大利产业区研究做过专门梳理，参见王缉慈《中国产业区的发展概况与经验总结》，载罗红波、〔意〕巴尔巴托主编《产业区直面经济全球化——中意比较研究》，社会科学文献出版社，2008，第 29 ~ 30 页。

（Cascina）的家具制造、维杰瓦诺（Vigevano）的制鞋业等。此阶段，意大利的机械工具产品开始出口到全欧洲，博洛尼亚（Bologna）生产的包装机械甚至远销到了日本。[①] 到 1970 年代中后期，在被称为"第三意大利"的东北部地区，产业区数目已超过 50 个。[②]

对于这一时期意大利产业区获得发展机遇的重要推动因素，可从外部经济环境与产业区自身特点两个方面加以归结。就外部经济环境来看，国际与国内经济环境的变迁为意大利产业区创造了发展契机。首先，1970 年代初，以大规模大批量生产为特点的"福特制"遭遇严重危机，面对技术进步引起的规模经济的重要性下降、标准化产品的市场趋于饱和、需求差异化趋势加强、生产与管理模式缺乏灵活性、劳动力成本上升、石油危机导致的能源成本上升、布雷顿森林体系终结后的宏观经济不稳定等诸多压力，大企业进入艰难的转型期。在意大利，由中小企业群聚形成的产业区作为一种能较好地将生产灵活性与产品差异化结合起来的替代性生产组织形式，得以脱颖而出。[③] 其次，1960 年代末意大利产业区崭露头角之时，恰逢其他西欧国家进行工业结构调整，纷纷退出资本密集度较低的制造业部门，这使得高度专业化于"传统"

① Sebastiano Brusco, "The Idea of Industrial District: Its Genesis", in F. Pyke, G. Beccattini and W. Sengenberger eds., *Industrial Districts and Inter - firm Cooperation in Italy*, International Institute for Labor Studies, Geneva, 1990, pp. 13 - 14.

② 就相关研究而言，在这一时期，意大利著名产业经济学者贝卡蒂尼（G. Beccattini）重拾英国经济学家马歇尔于 19 世纪末提出的"产业区"概念，用以描述意大利的地区产业集聚现象，这一概念沿用至今，参见 Giacomo Beccattini, "Dal 'Settore Industriale' al 'Distretto Industriale'. Alcune Considerazioni sull'Unità d'Indagine dell'Economia Industriale", *L'Industria*, *Rivista di Economia e Politica Industriale*, No. 1, 1979；也是在这一时期，另一位学者巴尼亚斯科（A. Bagnasco）在研究意大利产业区发展时提出了"第三意大利"的说法，参见 Arnaldo Bagnasco, *Tre Italie: La Problematica Territoriale dello Sviluppo Italiano*, Bologna, Il Mulino, 1977。

③ See Luigi Burroni, "The Emerging of Different Patterns of Local Development in the Third Italy", in Fabio Sforzi ed., *The Insitutions of Local Development*, Ashgate, 2003, p. 175.

部门的意大利产业区获得了开拓国际市场的重要机遇。①

　　就产业区自身而言，也存在多方面的有利因素：第一，产业区多为传统手工工艺积累丰富的地区，至 1970 年代时，其传统手工工艺与现代工业技术的结合已达到可生产质量较高的专业化、差异化产品的水平，而这恰好突出了其与"福特制"大批量生产相比的优势；第二，产业区大多发端于农村地区，之前的小农经济提供了适宜中小企业发展的丰富且成本低廉的劳动力，这是其与劳动成本不断上升的大企业相比的另一优势；第三，依托于典型的地方文化、共同价值观、行为体间的相互信任等非经济因素，区内企业之间形成了广泛的横、纵向一体化，进而发展成为一种相对稳固的经济社会共同体。基于这种共同体，一方面区内企业不以追求短期利益最大化为目标，而是努力在竞争与合作之间寻求平衡状态，另一方面，区内劳资关系也更加灵活融洽。②

　　总体上看，整个 1970 年代与 1980 年代，意大利产业区经历了形成—快速扩张—平稳发展的大致历程，直至成长为意大利制造业经济的"硬核"，其特征可大体概括为"灵活的专业化模式"和"积极的自发式增长"。这一成功至少具有两方面的重要意义：其一，挖掘了意大利经济的潜力，奠定了"意大利制造"的国际竞争地位；其二，也是更重要的，作为根植于地方特殊社会文化关系的一种生产组织形式的创新，产业区为现代工业生产模式的多样化做出了重要贡献。意大利前总理、时任欧盟委员会主席罗马诺·普罗迪（R. Prodi）曾于 1999 年专门对此做出评价："产业区是本世纪我们这个国家为（人类）经济社会发展做出的唯一真

---

①　Fabio Nuti，"Italian Industrial Districts：Facts and Theories"，in Giulio Cainelli & Roberto Zoboli eds.，*The Evolution of Industrial Districts - Changing Governance*，*Innovation and Internationalisation of Local Capitalism in Italy*，Physica - Verlag，2004，p. 63.

②　See Filippo Chiesa，"I Distretti Industriali e la Sfida dell'Internazionalizzazione"，articolo alla conferenza "Centro Congressi Torino Incontra"，marzo 2005，p. 7.

正的创新性贡献"。①

　　然而，伴随着经济全球化的加速、知识经济的兴起、技术的突飞猛进以及国内经济政策环境的不断变化，上述多方面有利因素也在发生着深刻变化，结果是自 1990 年代初开始意大利产业区体系遇到了困难，面临着前所未有的多重挑战。

　　第一，从生产组织形式上看，大企业重新焕发活力，产业区优势不再突出。经过近 20 年的结构调整，加之 1990 年代初新技术（包括自动化、计算机、信息通信技术等）的迅速应用，大企业在生产与管理上的灵活性明显提高。相比之下，虽然产业区也一直坚持产品创新，但是其机械与手工导向的生产传统不利于新技术的应用，区内小企业在技术更新上也普遍资金不足。同时，随着新兴经济体的崛起，世界市场的消费能力显著扩大，为大企业提供了更广阔的市场空间。另外，新的市场需求形势明显提升了产品设计、营销、分销、资金管理等非生产性因素的重要性，这恰好是大企业的优势，而产业区的中小企业长期偏重于生产，缺乏关注市场的传统与实力。②

　　第二，从产品结构上看，意大利产业区在日趋激烈的国际竞争中表现出诸多不适应。产业区生产大多属于"意大利制造"的"4A"部门，而"4A"部门中有三个部门生产最终消费品，其重要特点之一是技术含量较低，而这至少产生了两个方面的不利影响：首先，行业进入门槛低，尤其是一些标准化的产品与生产环节容易受到来自新兴经济体的竞争威胁，而国内劳动成本的逐年上升使产业区企业逐步处于不利地位；其次，技术含量较低的

---

① 转引自 Franco Amatori e Andrea Colli, "Il Volo del Calabrone – Fatti e Misfatti di Una Storia di Successo Tutta Italiana: Il Distretto Industriale", materiali per insegnamento Storia Economia, Università Commerciale Luigi Bocconi Milano, Anno Accademico 2000 – 2001。

② Carlo Trigilia, "Italian Industrial Districts: Neither Myth Nor Interlude", in Frank Pyke and Werner Sengenberger eds., *Industrial Districts and Local Economic Regeneration*, International Institute for Labour Studies, 1992, p. 40.

"意大利制造"部门大多是近年来世界贸易增长缓慢的部门，这使得产业区难以抓住国际市场的新机遇。1998～2001年，世界贸易中增长最快的五大类产品（增速均超过了10%）为汽车、其他交通工具、家具、化学产品和电子电器产品，而意大利只在家具的世界市场份额上超过了4%，在其他四类技术含量高的产品领域均表现欠佳。[①]

第三，从国际化模式上看，意大利产业区通过参与国际分工获取优势的能力面临挑战。一方面，意大利国内市场狭小，产业区从早期阶段就偏重于出口导向模式，而当传统贸易伙伴（尤其是西欧各国和美国）在1990年代和21世纪初陆续出现经济增长放缓趋势时，产业区自然会遇到困难。另一方面，以中小企业为绝对生产主体、集中于"传统部门"、出口导向模式的"锁定效应"等因素造成产业区对外投资水平相当低，在1990年代时不仅远低于其他发达国家，甚至低于非产业区的国内企业。[②] 这显然不利于产业区及时抓住全球产业链重组的机遇。

第四，国内政策环境的变化也使得产业区以往的"自发式增长"遭遇瓶颈。自1991年签署《马斯特里赫特条约》确定加入欧洲货币联盟的目标之后，意大利开始丧失货币政策自主权，财政政策亦受到诸多限制。之前倚重信贷扩张、货币贬值与公共支出增长的经济发展模式难以为继，产业区的生产与出口环境也不再宽松。[③] 此外，1990年代初以来欧盟层面及意大利国内环境政策的加强，也在一段时期内加重了产业区企业的生产成本与转型压力。

---

① Filippo Chiesa，"I Distretti Industriali e la Sfida dell'Internazionalizzazione"，pp. 11 – 12.

② Sergio Mariotti and Marco Mutinelli，"Small Multinational Groups in the Italian Industrial Districts：Interpretations and Empirical Evidence from the Mechanical Engineering Industry"，in Giulio Cainelli & Roberto Zoboli eds.，*The Evolution of Industrial Districts – Changing Governance，Innovation and Internationalisation of Local Capitalism in Italy*，Physica – Verlag，2004，pp. 336 – 339.

③ Filippo Chiesa，"I Distretti Industriali e la Sfida dell'Internazionalizzazione"，p. 9.

　　总之，在上述诸多因素的共同作用下，加上意大利"国家体系"的低效问题逐渐凸显，产业区遇到发展瓶颈。以纺织服装业为例，规模最大的普拉托产业区在经历了 1990 年代的增长停滞后，自 21 世纪初开始甚至出现了衰退。2000～2005 年，区内共减少了 2000 多个工作岗位。同期，规模位居第二的科莫（Como）产业区的年营业额下降了 20%，就业人数减少了 9%。[①] 产业区遭遇困难的外部表现是"意大利制造"在国际市场上辉煌难再：1995～2002 年，意大利在世界市场上的出口份额由 4.6% 下滑至 3.7%，同时有多达 13 个"传统"部门均丧失了超过 4% 的世界市场份额。[②] 可见，作为意大利制造业的关键部分，产业区的可持续发展问题不仅关乎自身命运，也在很大程度上决定着意大利经济及其国际竞争力的整体走向。

二　近年来意大利产业区转型与创新的努力

　　作为一种独特的工业生产组织形式，意大利产业区并非静态事物，而是始终处于自身积累的"内生动力"与竞争环境变化带来的"外力"共同作用的发展过程之中。1990 年代初以来，外部环境的变化日益迅速而深刻，对产业区的发展轨迹产生了重要影响。具体而言，近年来意大利产业区转型与创新的步伐明显加快，方向似乎也更加明确。归结起来，主要有三大方面：区内企业的集团化趋势；生产网络的外向化与国际化趋势；"专注于产品"与"绿色经济"理念的切实践行。

（一）区内企业的集团化趋势

　　实际上，意大利产业区内的企业集团化趋势在 1980 年代时已

① Filippo Chiesa, "I Distretti Industriali e la Sfida dell'Internazionalizzazione", p. 12.
② Prometeia, *La Dinamica Settoriale della Domanda Mondiale e l'Andamento delle Esportazioni*, Rapporto di Previsione, Bologna, Marzo 2003.

现端倪，且引起了一些学者的关注。① 从产业区内部演化的角度
看，出现这一趋势有其必然性。首先，随着产业区模式的不断成
熟，区内企业的平均规模逐渐壮大，往往会出现个别规模较大的
领军企业，而后者出于自身发展的考虑又有进一步稳定与区内其
他企业（供应商或者竞争对手）经济关系的动机，从而引领了区
内企业集团的形成；其次，产业区企业通常具有高度专业化的特
征，虽然大多属于同一部门，但是由产品差异化衍生出来的生产、
组织、营销模式的差异化水平仍相当高，这促使企业在向同部门
其他产品或生产环节扩张时往往倾向于另办企业或收购其他企业，
进而形成企业集团的方式。② 进入 1990 年代以来，集团化逐渐发
展成为大部分产业区的普遍现象。表 1-3 给出了 2001 年意大利产
业区企业的集团化比例，涵盖了当时意大利国家统计局确认的全
部 199 个产业区和"意大利制造"的所有专业化部门，同时给出
了与非产业区的对比。观察该表发现：首先，在 21 世纪初，产业
区内的企业集团化程度已达到较高水平，尤其是机械和家具部门，
已有超过 1/4 的股份制企业从属于某一企业集团；其次，在所有
"意大利制造"部门，产业区的企业集团化程度都显著高于非产业
区。2006 年，TeDIS 研究所对 45 个代表性产业区做了相关调研，
结果显示，在年营业额超过 250 万欧元的企业中，属于某一集团
成员的比例高达 37%。③

① P. Bianchi & G. Gualtieri, "Emilia - Romagna and Its Industrial Districts: the Evolution of a Model", in R. Leonardi, R. Y. Nanetti eds., *The Regions and European Integration*, Pinter Publishers, London, 1990.

② Donato Iacobucci, "Groups of Small and Medium - sized Firms in Industrial Districts in Italy", in Giulio Cainelli & Roberto Zoboli eds., *The Evolution of Industrial Districts - Changing Governance, Innovation and Internationalisation of Local Capitalism in Italy*, p. 150.

③ 〔意〕姜卡罗·科洛、斯特法诺·米切利：《作为地方创新体系的产业区：领航企业及意大利工业新的竞争优势》，肖天佑译，载罗红波、〔意〕巴尔巴托主编《产业区直面经济全球化——中意比较研究》，第 253~254 页。

表 1 - 3　从属于某一集团的企业比例（2001 年）

单位：%

所属部门 （产业区个数）	产业区企业		非产业区企业	
	（c）/（a）　%	（c）/（b）　%	（c）/（a）　%	（c）/（b）　%
食品（17）	5.67	20.61	2.69	17.7
纺织与服装（68）	5.01	21.82	3.09	17.43
皮革与制鞋（28）	4.06	15.92	2.83	14.73
家具（39）	4.91	25.33	2.39	18.66
机械（33）	7.46	25.77	5.43	22.31
其他部门（14）	7.23	20.99	9.27	26.27

注：（a）为所有企业；（b）为股份制企业；（c）为从属于某一集团的股份制企业。

数据来源：Giulio Cainelli, "I Grouppi di Imprese nei Distretti Industriali Italiani", PPT, Università di Bari e CERIS - CNR, Milano, 2007, http://195.128.234.47/aisre/doc/news/cainelli.ppt.

　　为便于分析集团内部结构及企业间关系的演变，一些学者将意大利产业区内的企业集团划分为多种类型，包括"伪集团""聚合式集团""产业区集团""国际化集团"等。[①] 值得注意的是，近年来基于区内企业间长期合作与信任关系的"产业区集团"已发展成为主导类型。布里奥斯奇（F. Brioschi）等学者的调研显示，2004 年艾米利亚 - 罗马涅大区的产业区中共有 211 个企业集

---

① "伪集团"一般仅包括一家生产型企业，另有一家（或多家）雇员很少（甚至无雇员）的金融或/和不动产型企业，目的在于将企业所有者的经营活动与附带财产分离开。"聚合式集团"由运营于不同部门的两家或更多企业构成，另有一家（或多家）金融/不动产型企业，旨在强化企业的多样化投资能力。"产业区集团"由总部位于产业区内、从事产业区所属专业化部门的多家企业（可涵盖不同生产环节）构成，也可能另外包括一家（或多家）金融/不动产型企业。"国际化集团"是一种高度外向化与多样化的组织结构，一般由产业区内的一家（或多家）生产型企业和一家（或多家）国外的销售/金融型企业构成。参见 Francesco Brioschi, Maria Sole Brioschi and Giulio Cainelli, "Ownership Linkages and Business Groups in Industrial Districts：The Case of Emilia Romagna", in Giulio Cainelli & Roberto Zoboli eds., *The Evolution of Industrial Districts - Changing Governance*, *Innovation and Internationalisation of Local Capitalism in Italy*, pp. 161 - 166。

团，其中超过半数（112 个）属于"产业区集团"的类型。"产业区集团"一般由一家领军企业主导发展战略，而其他大多数企业仍保持较强的运营和管理自主性，往往也保留原有品牌。① 虽然"产业区集团"的盛行是产业区自然演变的结果，但是集团的战略导向反过来又会影响产业区内部结构。具体而言，如果企业集团以水平一体化为主导战略，就会提高区内的工业集中度；如果企业集团以垂直一体化为主导战略，必然会加强区内企业间的"等级化"程度。无论哪种情况，都意味着产业区内部组织与治理结构的深刻变化。

（二）生产网络的外向化与国际化

近年来，随着全球价值链重组的加速，意大利产业区之前的"封闭式"生产网络难以为继，越来越呈现出明显的外向化与国际化趋势。另外，欧元启动也降低了对外投资的相对成本，增强了产业区企业将生产链扩展至国外的动机。总体上看，这一趋势一般是由产业区内的领军企业引领的，试图通过建立超出本地范围的更广阔的生产网络，不断合理化成本并持续优化生产能力。

产业区企业向区外扩张生产网络、融入国际分工链条的形式有多种，包括发展外部供应商网络、对外转包生产、对外直接投资生产等。迄今为止，发展最快、成效最为显著的是供应商网络的扩张与不断完善。根据意大利商会联合会（Unioncamere）对全国 101 个产业区内中小企业所做的调研，近年来产业区企业的供应商网络在地域分布上已相当分散。2007年的平均数据显示，仅有 20.2% 的供应商位于受访企业所在的

---

① Francesco Brioschi, Maria Sole Brioschi and Giulio Cainelli, "From the Industrial District to the District Group: An Insight into the Evolution of Local Capitalism in Italy", *Regional Studies*, No. 9, 2002.

产业区，另有 27.4% 的供应商位于受访企业所在大区，但不属于该产业区，35.2% 的供应商位于受访企业所在大区之外，还有 17.2% 的供应商来自国外。[1] 近几年，在经济危机的冲击下，产业区国际化的发展步伐被迫放缓。但是，根据意大利商会联合会对上述 101 个产业区所做的跟踪调研，2014 年，供应商位于受访企业所在大区之外的比例仍高达 36%，国外供应商比例略有下降，但是仍为 11%。[2]

科洛（G. Corò）等人依照生产国际化与掌握销售市场的程度差异将意大利产业区内领军企业的国际化模式分为四种类型，并依照 TeDIS 研究所公布的 2006 年调研数据做了专门研究。表 1 - 4 的左下模块显示的是传统型企业，即继续将生产集中在产业区内的企业，仅依靠传统渠道向国外销售产品。这些企业的数量仍占多数（48.4%，接近被调研企业的 50%），但是其营业额比重已明显降低（略多于 30%）。27.9% 的企业遵循产业区企业扩大生产的传统做法，即以各种方式增加在国外销售的投资。11.3% 的企业处于价值链上游，实行生产国际化，主要是转包和对外直接投资，旨在降低生产成本。另有 12.4% 的企业已形成一种开放性的国际化网络，能够同时在价值链的高端与低端向国际市场开放，虽然企业数量占比不高，但是营业额却占到 33%。近年来，开放性网络型企业越来越成为意大利各部门、各地区产业区变化的实质特征，标志着产业区模式不可逆转的发展方向。[3]

---

[1] La Federazione dei Distretti Italiani, *Osservatorio Nazionale Distretti Italiani - Rapporto III*, 2012, pp. 72 - 73.

[2] La Federazione dei Distretti Italiani, *Osservatorio Nazionale Distretti Italiani - il nuovo respiro dei distretti tra ripresa e riposizionamento*, Rapporto 2015, pp. 10 - 11.

[3] 参见〔意〕姜卡罗·科洛、斯特法诺·米切利：《作为地方创新体系的产业区：领航企业及意大利工业新的竞争优势》，肖天佑译，载罗红波、〔意〕巴尔巴托主编《产业区直面经济全球化——中意比较研究》，第 254 ~ 257 页。

表1-4　产业区企业国际化的四种类型

供应链的地理分布	全球	对外开放的价值链高端企业（11.3%）	开放式网络型企业（12.4%）
	局部地区	传统型企业（48.4%）	在国外建有销售链的企业（27.9%）
		单纯出口	结构型国际化

在国际市场上的结构呈现形式

资料来源：〔意〕姜卡罗·科洛、斯特法诺·米切利：《作为地方创新体系的产业区：领航企业及意大利工业新的竞争优势》，肖天佑译，载罗红波、〔意〕巴尔巴托主编《产业区直面经济全球化——中意比较研究》，第256页。

　　总体而言，产业区生产网络的外向化与国际化必将在一定程度上改变之前紧密复杂的区内供应网络乃至社会关系。但是，目前看来不仅未从实质上削弱产业区的本地网络化性质，而且有助于其内部活力与整体功能的提升。领军企业在从外部采购或将一些标准化生产环节外包的同时，会把产品设计、样品制作等更重要的任务委托给本地企业，这一方面意味着最重要的合作关系仍留在本地，另一方面也因更严格的筛选本地合作伙伴的标准而激励了区内企业间的竞争，有助于提高产业区内部的经济活力。另外，开展国际化经营提高了企业对区内服务质量的需求，这也推动了区内专业化服务（设计、技术培训和研发、物流、金融、通信、营销等）的发展，进而会提升产业区的整体运营环境。

（三）"专注于产品"与"绿色经济"理念的切实践行

　　意大利产业区大多从事轻型工业，其所属的"4A"部门中有三个部门以生产最终消费品为主。基于此，区内企业长期将"专注于产品"理念置于战略地位,而这一战略定位又通过企业间的竞争与合作产生示范与放大效应,进而成为整个产业区的竞争战略。从实践上看,产业区企业将现代工业生产技术与自身传统手工工艺及设计艺术相结合,持续不断地在产品质量、设计、品牌信誉等方面下工夫,力图在细分市场的高端寻找立足点,获得高附加值。值得注意的是,即便在近年来营销等服务环节的重要性受到普遍认可的情况下,产业区企业仍将产品视为其竞争力源泉,坚持主要从制造能力而非商业活动中挖掘优势。图1-7给出了意大利商会联合会2014年做的产业区企业竞争要素的调研统计结果,其中将产品质量与设计视为竞争要素与战略方向的企业比例高达44.6%,将产品性价比视为竞争要素的企业比例为11.7%,将个性化定制视为竞争要素的企业比例为10.2%,将企业品牌视为竞争要素的企业比例为8.2%,对比各项竞争要素的占比,不难得出产业区企业"专注于产品"战略的直观印象。

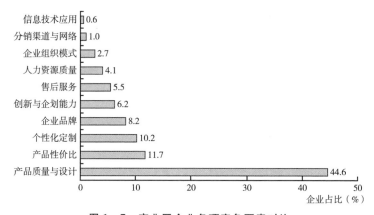

图1-7 产业区企业各项竞争要素对比

数据来源:根据以下数据制作:La Federazione dei Distretti Italiani, *Osservatorio Nazionale Distretti Italiani – il nuovo respiro dei distretti tra ripresa e riposizionamento*, Rapporto 2015, p. 26。

此外,"绿色经济"的发展也成为近年来意大利产业区转型的重要内容,并逐渐成为产业区经济的新特色。虽然1990年代初产业区企业对环境规制导致的生产成本上升普遍不满，但是，随着企业间示范、竞争、合作等各种效应的相互作用，至 21 世纪初，产业区已逐步形成从整体上应对环境规制的新模式，区内企业也较快地适应了"绿色"生产方式。具体而言，在本地中介机构的牵头和政府的支持下，企业间确立了联合投资建设环保基础设施、联合开发环保生产技术、与规制机构签订"自愿减排协议"等多种形式的产业区层面的合作。这样，大多数企业在承受环境规制成本的同时，也从合作的正外部效应中逐步获益。据统计，2001年，产业区企业已达成的国家层面的"自愿减排协议"有 15 个，另有 27 个大区层面的协议。① 尤其值得关注的是，近几年"绿色经济"已不再被企业视为负担，而越来越被公认为一种管理、组织、生产与营销的新方式，是企业活力与竞争力的新源泉。根据意大利商会联合会的调研，2011 年，即便在经济危机的困难形势下，仍有超过 1/3 的产业区企业在"绿色"技术上增加投资：其中 53.8% 的投资用于采用降低能耗的设备与技术，30.5% 用于改造设备以减少环境污染，另有 15.7% 投资于生态型产品的研发与生产。②

三 意大利产业区转型与创新的绩效与困难

在上述意大利产业区转型与创新的三个方面，企业的集团化趋势和生产网络的外向化与国际化体现了产业区组织结构上的转型，而"专注于产品"和"绿色经济"则更多地体现了产业区在产品与生产流程上的持续创新。在实践中，这三个方面相辅相成，

① Anna Montini and Roberto Zoboli, "Environmental Impact and Innovation in Industrial Districts", in Giulio Cainelli & Roberto Zoboli eds., *The Evolution of Industrial Districts - Changing Governance, Innovation and Internationalisation of Local Capitalism in Italy*, pp. 302 - 303.

② Unioncamere, "Le Nuove Formule Organizzative Distrettuali e Le Strategie Attuale di Fronte alle Modificazioni dello Scenario Competitivo", in La Federazione dei Distretti Italiani, *Osservatorio Nazionale Distretti Italiani - Rapporto III*, 2012, pp. 34 - 35.

从不同维度保持和重塑着产业区的活力与竞争力。那么,上述转型与创新的绩效如何?对于产业区的中长期竞争力有何影响?转型与创新过程中存在哪些困难?鉴于产业区的转型——尤其是组织结构转型是一个较长期的动态过程,各种要素的演化重组至今仍相当活跃,不同产业区的转型与演化路径存在差异,加之近几年经济危机的冲击等一系列事实,要回答上述问题并不容易。即便如此,本小节仍试图归纳分析现有资料,从自身特征与市场表现两个角度做出有关意大利产业区转型绩效的大致判断,并对其转型与创新道路上的困难做简要评述。

第一,就自身特征而论,如今的产业区不仅在"量"上仍不失为意大利制造业经济的"硬核",而且在"质"上也焕发出新的活力,引领着意大利制造业的整体转型与创新。

从企业规模上看,早期的产业区以小型及微型企业占绝对主导地位,近年来随着区内企业自身的积累及企业集团化的推进,企业平均规模不断壮大。相应地,企业法人形式也向更高级化发展。根据意大利产业区协会(La Federazione dei Distretti Italiani)的调研,2013 年,就业人数为 1~9 人的微型企业数目占产业区全部企业的 86%,明显低于 95% 的全国平均水平;就业人数为 10~249 人的中小型企业数目占 13.6%,远高于 5% 的全国水平;产业区具备法人资格的企业比重也明显要高,其中资本组合公司(società di capitali,简称资合公司)数目占比 30%,明显高于 22% 的全国平均水平。[①] 由此可见,对于培育组织良好、合作紧密的中型企业而言,产业区仍是一个有活力的环境。

在国际化与创新能力这两个联系紧密且直接关乎竞争力的重要方面,产业区如今已代表着意大利制造业的前沿水平。表 1-5

---

① La Federazione dei Distretti Italiani, *Osservatorio Nazionale Distretti Italiani – Rapporto* 2014, 2014, pp. 54 – 55.

给出了意大利东北基金会（Fondazione Nord Est）关于国内企业国际化水平与创新能力的调研分类结果。[①] 观察该表可发现，首先，经过约二十年的结构转型，产业区企业的国际化程度较 1990 年初时已大为改观。2010 年，产业区企业的整体国际化水平已明显高于非产业区，高达 34.7% 的产业区企业属于"国际化水平高"类别，而非产业区这一类别企业占比仅为 27.0%。尤其是，虽然尚未走出经济危机阴影，但是近几年产业区的国际化进程非但未减弱，反而呈现出加速与加强的趋势。[②] 其次，"专注于产品"战略使产业区企业的整体创新能力明显高于非产业区。另外，近年来，豪华轿车、航空航天产品、化学与制药、化妆品、电子元器件、诊疗与生物医学产品等领域的产业区在技术与产品创新上进步很大，且形成了能在细分市场上与其他发达国家竞争的"高技术"产业区，如瓦雷泽（Varese）的航空航天产品产业区和米兰多拉（Mirandola）的生物医学产业区等。

表 1-5　国际化水平与创新能力：产业区与非产业区企业占比对比（2010 年）

单位：%

	国际化水平高企业占比	国际化水平低企业占比	无国际化企业占比	总和	创新型企业占比	低创新型企业占比	无创新企业占比	总和
产业区	34.7	9.3	56.0	100.0	45.4	21.0	33.6	100.0
非产业区	27.0	10.5	62.5	100.0	36.7	30.9	32.4	100.0
全部	27.7	10.4	61.9	100.0	37.5	29.9	32.5	100.0

数据来源：转引自 La Federazione dei Distretti Italiani，*Osservatorio Nazionale Distretti Italiani – Rapporto III*，2012，pp. 253，256。

[①] 其大致统计方法是，创制一套企业国际化指数与创新指数，依照指数的高低将对象企业归为不同类别，统计出全国平均水平，并专门将产业区与非产业区企业进行对比。

[②] Unioncamere，"Le Nuove Formule Organizzative Distrettuali e Le Strategie Attuale di Fronte alle Modificazioni dello Scenario Competitivo"，in La Federazione dei Distretti Italiani，*Osservatorio Nazionale Distretti Italiani – Rapporto III*，p. 69.

从创新能力上看，"绿色经济"这一产业区经济的新亮点尤为值得关注。如今，一些率先在"绿色经济"上投资的产业区已逐步实现了生态可持续发展的良性循环，并且开始获得节能环保方面的竞争优势，这也对其他产业区形成了积极的示范效应。总体上看，目前"绿色经济"发展迅速的产业区主要集中在北方，尤以伦巴第和维内托两个大区最为典型。从发展路径上看，"绿色"导向的产业区大致可分为两类：一类专业化于"意大利制造"的传统部门，主要在节能减排上下工夫，努力利用新的节能环保技术，最大限度地降低各生产环节的能源成本与环境污染，如维琴蒂诺（Vicentino）的鞣皮产业区；另一类则相对更加高端，主要从事旨在提高能源效率、开发节能新技术、开发新能源与新材料等创新领域，如贝卢诺（Belluno）的创新能源产业区。总之，作为一种新的生产方式与理念，"绿色经济"已成为产业区创造附加值与提升竞争力的新源泉。[1]

第二，就市场竞争力而论，产业区的转型过程与绩效突出体现在出口方面。近年来，由产业区引领的出口再度成为拉动意大利经济增长的重要引擎，"意大利制造"的国际竞争力亦得以巩固。意大利产业区自早期阶段就具有高度出口导向，如今这一特征并未发生明显改变。根据意大利联合圣保罗银行（Intesa Sanpaolo）2009 年发布的一项调研结果，虽然自 1990 年代初以来产业区遇到了困难，但是区内企业的平均出口倾向仍呈整体上升态势，近十年来一直在 50% 左右，且明显高于区外企业。[2]

表 1-6 给出了爱迪生基金会（Fondazione Edison）有关 1991~

---

[1] Unioncamere – Fondazione Symbola, "I Distretti Industriali e la Green Economy – il Caso del Veneto", in La Federazione dei Distretti Italiani, *Osservatorio Nazionale Distretti Italiani – Rapporto III*, 2012, p. 232.

[2] Giovanni Foresti, Fabrizio Guelpa e Stefania Trenti, "'Effetto Distretto' – Esiste Ancora?", collana ricerche di INTESA SANPAOLO, gennaio 2009.

2008 年意大利产业区出口的研究结果。该基金会依照其创制的出口表现指数长期跟踪评估选定的 101 个代表性产业区，并将其划分为五大专业化部门：服装与时尚、家庭装饰装修、自动化与机械、高技术、食品与酒类。观察该表可发现，2001 年是个分水岭。1991~2001 年，虽然不少产业区已遇到困难，但是在自身发展惯性及外部市场需求增长的共同作用下，整体出口表现仍较为强劲，几乎所有部门产业区的出口表现指数都实现了超过 100% 的增长。2001 年 "9·11" 事件之后，多数发达国家陷入经济低迷，而同年中国加入世界贸易组织（WTO）又给专注于 "传统" 部门的意大利产业区带来了前所未有的挑战。2001~2005 年，产业区出口明显放缓，整体出口表现指数几乎未有增长。但是，自 2006 年起，产业区出口再度出现持续增长态势，且于 2008 年前后达到出口额的历史峰值。从专业化部门上看，表 1－6 还传达了以下信息：其一，经历 2001~2005 年的低迷之后，"服装与时尚" 和 "家庭装饰装修" 部门的出口再度焕发活力，至少在一定程度上说明 "传统" 部门产业区的转型初现成效；其二，在整个考察期，"食品与酒类" 及 "自动化与机械" 部门产业区的出口都呈持续增长态势，国际竞争力相对较为稳固；其三，虽然 "高技术" 产业区数目不多，但是近年来出口增长颇为抢眼，竞争力稳步提高。

国际金融危机爆发以来的出口表现更加有助于说明意大利产业区的转型与创新绩效。2009 年产业区出口额同比大幅下滑了 20%，但是明显好于全国出口额下滑 30% 的状况；之后两年产业区出口持续强劲复苏，2010 年同比增长 10.5%，2011 年又增长了 11.3%。尤其抢眼的是，2011 年，有 48 个产业区的出口额超过了 2008 年的同期水平，而后者是此前产业区出口的历史最高水平；其中又有 11 个产业区的出口增速超过了 20%，增速最快的是特雷

表 1 - 6　产业区出口表现指数变动趋势（1991 ~ 2008 年）

所属部门 （产业区个数）	1991	2001	2005	2008	1991 ~ 2001		2001 ~ 2008		2001 ~ 2005		2005 ~ 2008	
					变化值	变化%	变化值	变化%	变化值	变化%	变化值	变化%
服装与时尚(31)	11.8	28.7	24.8	25.6	16.9	142.5	-3.1	-11.0	-4.0	-13.8	0.8	3.3
家庭装饰装修(16)	3.6	9.7	8.8	9.2	6.0	165.8	-0.5	-5.6	-0.9	-9.0	0.3	3.7
自动化与机械(32)	6.2	17.4	20.1	23.3	11.2	179.5	5.9	33.8	2.7	15.4	3.2	16.0
高技术(7)	0.9	4.1	5.7	6.7	3.2	352.2	2.6	62.5	1.6	39.3	1.0	16.6
食品与酒类(15)	1.2	3.8	4.5	5.5	2.6	223.0	1.7	45.7	0.7	19.5	1.0	21.9
总计	23.7	63.7	63.9	70.3	39.9	167.7	6.5	10.2	6.5	0.3	6.3	9.9

数据来源：Fondazione Edison，"L'Analisi dell'Export Distrettuale Italiano e la sua Dinamica Congiunturale"，in La Federazione dei Distretti Italiani，*Osservatorio Nazionale Distretti Italiani - Rapporto I*，2010，p. 155.

维索（Treviso）的机械工业产业区（增长 70%）、帕尔玛（Parma）的食品产业区（60.4%）以及奥梅尼亚（Omegna）的水龙头产业区（31.8%）。① 虽然 2012 ~ 2015 年产业区出口增速有所放缓，但是仍保持了年均 3% ~ 4% 的增长率，高于全国出口增长约为 2% 的水平。② 此外，由于近年来传统出口市场——欧美国家经济持续低迷，积极开拓新兴国家市场成为意大利产业区出口的重要推动力，其中尤以对中国出口增长最为强劲。2010 ~ 2014 年，产业区企业对中国出口额占产业区对外出口总额的比重由不足 4% 跃升至 6.5%。③ 另外，向俄罗斯、巴西、罗马尼亚、波兰、沙特阿拉伯等国的出口增长表现也可圈可点。

在关注产业区成绩的同时，其转型与创新道路上的困难也不

① Antonio Riccardi，"I Distretti dell'Osservatorio：Sintesi dei Fenomeni più Elevanti Emersi da III Rapporto"，in La Federazione dei Distretti Italiani，*Osservatorio Nazionale Distretti Italiani - Rapporto III*，2012，pp. 29 - 30.
② La Federazione dei Distretti Italiani，*Osservatorio Nazionale Distretti Italiani - il nuovo respiro dei distretti tra ripresa e riposizionamento*，Rapporto 2015，p. 40.
③ La Federazione dei Distretti Italiani，*Osservatorio Nazionale Distretti Italiani - il nuovo respiro dei distretti tra ripresa e riposizionamento*，Rapporto 2015，pp. 62 - 63.

容忽视与回避，其中最令人担忧的莫过于意大利"国家体系"的长期低效与当前挥之不去的经济危机困扰。

首先，意大利"国家体系"长期缺乏效率，对产业区的公共政策激励明显不足，是产业区当前与未来发展活力的长期羁绊。众所周知，前几小节述及的诸多"国家体系"的无效率因素（官僚机构过度臃肿、基础设施不足且运营不善、能源成本过高、税收过高、教育与研发投入不足等）是整个意大利工业多年来面对的"头疼问题"，对于走在国际化与创新前沿的产业区而言，其负面影响无疑更加严重。另外，近年来意大利产业区转型与创新的种种努力，更多的是企业面对激烈市场竞争的自发行为，而政府（尤其是中央政府）的政策激励明显不足。自1991年首次颁布针对产业区的规定（1991年第317号法令《扶植中小企业创新与发展法》）后，意大利政府至今未将产业区作为国家产业政策优先考虑的重点，而是将政策制定权下放到大区层面，而各大区的政策则以确认产业区为主，激励措施明显不足，且大多各自为政，这导致整个国家的产业区政策呈现"碎片化"特征，整体效应难以发挥。①

其次，挥之不去的危机阴影加重了产业区转型的困难。2008年国际金融危机爆发以来，产业区企业的经营环境空前困难。首当其冲的是就业。早在危机爆发前，产业区即已存在结构性失业问题，而危机明显加重了这一困难。2008年和2009年，产业区共丧失9.2万个工作岗位，尤以就业人数在10～49人的小企业受冲击最为严重，至今就业下滑趋势仍未扭转。另外，危机固然有加

---

① Giacomo Beccatini, "Per una Maggiore Attenzione ai Distretti Industriali Italiani", in La Federazione dei Distretti Italiani, *Osservatorio Nazionale Distretti Italiani – Rapporto I*, 2010, pp. 15 – 16；〔意〕姜卡罗·科洛·斯特法诺·米切利：《作为地方创新体系的产业区：领航企业及意大利工业新的竞争优势》，肖天佑译，载罗红波、〔意〕巴尔巴托主编《产业区直面经济全球化——中意比较研究》，第282～285页。

快优胜劣汰的作用，但是其持续时间之久及演变之复杂导致经济预期的不确定性有增无减，低迷的国内消费需求复苏乏力，自然也会限制企业在结构转型上的投资。

四　总结与展望

正如本节开篇所述，中小企业、产业区和所谓的"传统"部门是意大利制造业经济中相互联系且同等重要的三个方面。纵观最近几十年意大利经济的发展历程，不难发现，恰恰是产业区这一重要维度的存在，弥补了其他两个维度的劣势，才得以成就并保住了意大利作为西方重要工业国的地位。在经历了"积极的自发式增长"阶段之后，自1990年代初以来的产业区发展遇到了困难，但是其转型与创新的努力也颇为值得关注。总结前文，可以给出有关近年来意大利产业区转型与创新的几点结论与评价。

第一，意大利产业区并非静态事物，而是处于不断发展演化的进程当中。它曾是一种重要的工业生产模式创新，如今其前途在很大程度上仍取决于组织结构方面的适应能力。早期相对封闭的地方生产体系逐渐被打破，如今企业集团化和生产网络的外向化与国际化已成为意大利产业区不可逆转的发展趋势。然而，形态的改变并未在实质上削弱以至瓦解产业区的组织内涵，其依托地区社会文化联系的特点依然鲜明，坚固的合作网络仍是其独特优势。总体而言，基于产业区这一综合性功能平台，区内企业在生产与经营上较之"单兵作战"的非产业区企业仍然更有优势。

第二，"专注于产品"战略是意大利产业区转型与创新的另一值得关注之处。正是这一战略成就了"意大利制造"的特色，即将现代工业技术与自身手工工艺与艺术设计优势相结合，持续在产品质量、设计和品牌信誉上下工夫，在差异化与专业化的细分市场中寻找立足点。这一战略固然会减少从商业性活动中获利的机会，却也使企业得以集中精力持续提升产品品质，对于以中小企业为主的意大利产业区而言不失为一个现实的选择。正是基于此，一方面，意大利并未像其他多数欧洲国家那样放弃所谓"劳动密集型"的服装、制鞋、家具等一系列部门，而是向世人展示了一国如何沿着"传统"部门的"质量阶梯"持续攀升的过程；另一方面，在航空航天、生物医学等中高技术部门，近年来意大利也在一些专业化产品上展示出令人瞩目的竞争力。此外，"绿色经济"的迅速发展也使得产业区"专注于产品"战略的内涵更加丰富。

第三，意大利产业区近年来的出口表现在很大程度上体现了其转型与创新成效。尽管遇到诸多困难，产业区仍保持了"灵活的专业化"模式，尤其在向外部市场渗透和适应经济周期变化方面表现突出。实际上，在金融危机爆发前，产业区出口即已摆脱了本世纪最初几年的低迷状态，重新焕发出活力。近几年，在危机不断演化的复杂背景下，产业区出口仍然能及时抓住国际市场复苏机遇，凭借其竞争力迅速收复失地后逆势增长，成为拉动意大利制造业乃至整体经济增长的重要引擎。

实际上，无论从经济理论还是实践层面看，产业区作为一种生产组织形式都未丧失生命力：从理论上看，经济全球化并未削弱（甚至反而提升了）企业间的横、纵向联系相对企业规模而言的重要性，而新技术的不断涌现与应用也增加了多种生产组织形式并存的可能性；从实践上看，如今越来越多的工业化国家将产业区视为促进工业发展与创新的重要工具。在国内生产运营环境几乎被公认为发达国家中最差的意大利，其产业区转型与创新所取得的成绩似乎更能说明上述观点。

总之，如今的产业区不仅在"量"上仍是意大利制造业经济的关键部分，其"质"的增长也远未达到极限，而且又开始步入了可持续发展的新轨道。作为巩固乃至复兴意大利经济的支柱，产业区的未来取决于能否继续调整自身，抓住全球价值链重组与

国内外市场变化的机遇。此外，当前及未来若干年，意大利国内
经济改革能否继续得以推进，"国家体系"的效率与国内经济运营
环境能否得以改善，将在很大程度上决定危机洗礼后的产业区以
何种姿态参与全球竞争。总体而言，在近几年西欧多国纷纷提出
"再工业化"的背景下，由产业区引导的意大利制造业的积极转型
使人们有理由对该国经济前景抱有些许乐观的期待。

参考文献

〔以〕阿耶·L. 希尔曼：《公共财政与公共政策——政府的责任与局限》，王国华译，中国社会科学出版社，2006。

高培勇编著《公共经济学》，中国人民大学出版社，2004。

〔意〕路易吉·德罗萨：《战后意大利经济》，罗红波等译，中国经济出版社，1999。

罗红波、〔意〕巴尔巴托主编《产业区直面经济全球化——中意比较研究》，社会科学文献出版社，2008。

罗红波、戎殿新主编《西欧公有企业大变革》，对外经济贸易大学出版社，2000。

孙彦红：《欧盟"再工业化"战略解析》，《欧洲研究》2013 年第 5 期。

王朝才、刘军民：《意大利养老金制度改革考察报告》，《地方财政研究》2012 年第 10 期。

张礼祥：《试论非政府组织在公共管理中的作用》，《理论界》2004 年第 6 期。

周弘主编《欧洲发展报告（2012～2013）》，社会科学文献出版社，2013。

Alti, T. (2005), "Social Assistance and Minimum Income in Italy", Thesis (PHD), University of Bath.

Amatori, F. e Colli, A., "Il Volo del Calabrone – Fatti e Misfatti di Una Storia di Successo Tutta Italiana: Il Distretto Industriale", materiali per insegnamento Storia Economia, Università Commerciale Luigi Bocconi Milano, Anno Accademico 2000 – 2001.

Bagnasco, A. (1977), *Tre Italie: La Problematica Territoriale dello Sviluppo Italiano*, Bologna, Il Mulino.

Banca d'Italia (2015), *Bollettino Economico n. 1 – 2015*, 16 gennaio 2015.

Beccatini, G. (1979), "Dal 'Settore Industriale' al 'Distretto Industriale'. Alcune Considerazioni sull'Unità d'Indagine dell'Economia Industriale", L'industria, rivista di economia e politica industriale, No. 1.

Brioschi, F., Brioschi, M. and Cainelli, G. (2002), "From the Industrial District to the District Group: An Insight into the Evolution of Local Capitalism in Italy", *Regional Studies*, No. 9.

Buti, M. (ed.) (2008), *Italy in EMU – The Challenges of Adjustment and Growth*, Palgrave Macmillan.

Cainelli, G. (2007), "I Grouppi di Imprese nei Distretti Industriali Italiani", PPT, Università di Bari e CERIS – CNR, Milano.

Cainelli, G. & Zoboli, R. (eds.) (2004), *The Evolution of Industrial Districts – Changing Governance, Innovation and Internationalisation of Local Capitalism in Italy*, Physica – Verlag.

Chiesa, F. (2005), "I Distretti Industriali e la Sfida dell' Internazionalizzazione", articolo alla conferenza "Centro Congressi Torino Incontra".

Curiat, A. (2012), "Il Comparto non Sente la Crisi: crescita record degli occupati", Rapporto Energia, Il Sole 24 Ore.

Currie, J. (2011), "Energy Savings Certificates: Toward Best Practices and Standards", Institute for Building Efficiency, Johnson Controls.

Dario di Santo, Daniele Forni et al. (2011), "The White Certificate Scheme: The Italian Experience and Proposals for Improvement", ECEEE 2011 Summer Study.

Esping Andersen, G. (1990), *The Three Worlds Of Welfare Capitalism*, New Jersey: Princeton University Press.

European Commission (2016), "Country Report Italy 2016", Commission Staff Working Document, SWD (2016) 81 final, Brussels.

Federico Signorini L. e Visco I. (2002), *L'economia Italiana*, terza edizione aggiornata, il Mulino, Bologna.

Ferrera, M. (1996), "The 'Southern Model' of Welfare in Social Europe", *Journal of European Social Policy*, Vol. 6, No. 1.

Foresti, G., Guelpa, F. e Trenti, S. (2009), " 'Effetto Distretto' – Esiste Ancora?", *collana ricerche di INTESA SANPAOLO*.

Fortis, M. (2005), Le Due Sfide del Made in Italy: Globalizzazione e Innovazione – Profili di Analisi della Seconda Conferenza Nazionale sul Commercio con l' Estero, Il Mulino.

Franco, D. (2000), "A Never – ending Pension Reform. Coping with the Pension Crisis – Where Does Europe Stand? *NBER Kiel Institute Conference*.

Gough, I. (1996), "Social Assistance in Southern Europe", *South European*

Society & Politics, Vol. 1, No. 1.

ISTAT, *I Distretti Industriali – Censimento* 2001, a cura di F. Lorenzini, 16 dicembre, 2005.

ISTAT, *I Sistemi Locali del Lavoro – Censimento* 2001, a cura di A. Orasi e F. Sforzi, 21 luglio, 2005.

La Federazione dei Distretti Italiani (2010), *Osservatorio Nazionale Distretti Italiani – Rapporto I*.

La Federazione dei Distretti Italiani (2012), *Osservatorio Nazionale Distretti Italiani – Rapporto III*.

La Federazione dei Distretti Italiani (2014), *Rapporto 2014 – Osservatorio Nazionale Distretti Italiani*.

La Federazione dei Distretti Italiani, *Osservatorio Nazionale Distretti Italiani* (2015) *– il nuovo respiro dei distretti tra ripresa e riposizionamento*.

Leonardi, R. and Nanetti, R. (eds.) (1990), *The Regions and European Integration*, Pinter Publishers, London.

Ministero dell'Economia e delle Finanze (2008), *Risanamento dei Conti Pubblici ed Evoluzione del Contesto Istituzionale: l'esperienza italiana*, servizio studi.

Ministero dello Sviluppo (2010), *Piano di Azione Nazionale per le Energie Rinnovabili dell'Italia*.

Ministero dello sviluppo (2011), *Il Piano d'Azione per l'Efficienza Energetica*.

Ministero dello Sviluppo Economico (2013), *Elimenti Chiave del Documento di Strategia Energetica Nazionale*, Marzo, 2013.

Ministry of Economic Development (2013), "Italy's National Energy Strategy: For a More Competitive and Sustainable Energy".

Münchau W. (2014), "Italy Debt Is a Problem for Us All", *Financial Times*, September 21, 2014.

Musu, I. (2012), *Il Debito Pubblico*, terza edizione aggiornata, Il Mulino.

Pierson, P. (2001), *The New Politics of Welfare State*, Oxford: Oxford University Press.

Prometeia (2003), *La Dinamica Settoriale della Domanda Mondiale e l' Andamento delle Esportazioni*, Rapporto di Previsione, Bologna.

Pyke, F., Beccattini, G. and Sengenberger, W. (eds.) (1990), *Industrial Districts and Inter – firm Cooperation in Italy*, International Institute for Labor Studies, Geneva.

Santo, S. (2012), "Strategia Energetica Nazionale, Ecco il Testo. Al via la Consultazione Pubblica", Eco dalle Città.

Shahan, Z. (2014), "Commercial Solar Grid Parity: Now Reality in Italy, Germany

& Spain", *Clean Technica.*

Sforzi, F. (1999), "The Districts in the Italian Economy: Features and Trends", Paper Presented at the ASEM Conference on Industrial Districts and International Transfer of Technology as Means to Promote Trade in Goods and Services, Bari (Italy).

Sforzi, F. (ed.) (2003), *The Insitutions of Local Development*, Ashgate.

The UK Government (2011), "Enabling the Transition to a Green Economy: Government and Business Working Together".

Valenzano, D. (2014), "I Certificati Bianchi: stato dell'arte", Gestore Servici Energetici, Roma.

第二章　意大利政治外交走向

第一节　概述

自 1990 年代，尤其是进入 21 世纪以来，意大利国内的政党政治格局发生了较大变化。观察与分析这些变化，有两个时间节点颇为重要。第一个时间节点是 1990 年代初，确切地说是 1992 ~ 1994 年，由"净手运动"引发了一场全国性的政治危机，并最终导致二战结束后持续了几十年的旧政党体系的终结，开启了所谓"贝卢斯科尼时代"。第二个时间节点是 2008 年国际金融危机爆发以来，尤其是 2011 年贝卢斯科尼政府被迫解散后，一方面中左翼政党民主党发展成为国内第一大党，作为执政党艰难地推进各项政治经济改革；另一方面，在经济持续低迷、失业率高企、难民问题愈发严重、恐怖袭击威胁加大等多重压力之下，对现状不满、不信任乃至"厌倦"传统政党与政客的民众情绪蔓延，反建制政党"五星运动"异军突起且发展势头迅猛，同时北方联盟等小党也趋向极端化，这些政党的崛起加剧了意大利政党碎片化、政治民粹化的趋势，未来政治走向的不确定性大增。

随着国内经济政治形势的剧烈变化，近年来意大利的外交政策也呈现出一些新特点。尤其是 2014 年民主党领导人伦齐担任总理之后，一方面意大利在外交政策上由贝卢斯科尼时代的单边主义进行回调，再次向欧洲一体化和多边主义倾斜；另一方面，意大利也试图加强在欧盟内外部政策中的影响力，特别是在欧盟整体经济政策取向、应对乌克兰危机、中东北非安全与难民问题等方面，期望以此强化自身在欧盟中的"大国地位"。然而，随着伦齐在2016年12月举行的宪法改革公投失败后宣布辞职，意大利的国内政局更趋复杂，未来外交政策的延续性如何值得关注。

本章将聚焦于"变化中的意大利"的政治外交领域，试图从不同层面与角度对1990年代以来，尤其是近几年意大利国内政治以及国内政治的延伸——外交政策的演变做出剖析，以期加深国内对意大利政治外交现状及未来走向的理解与把握。本章第二节将以"贝卢斯科尼时代"的开启与终结为主线来梳理与分析1990年代至今意大利政治生态的变迁，作者是徐力源。1994～2013的大约二十年，在意大利被称为"贝卢斯科尼时代"。在这二十年间，意大利的政治、经济、社会都发生了巨大变化，也对现今该国的政党政治格局产生了重大影响。可以说，正是"净手运动"后留下的所谓"政治真空"，为"贝卢斯科尼时代"的开启创造了条件，而"贝卢斯科尼时代"的终结也很可能意味着下一个政治时代的到来。这一节最后将对"后贝卢斯科尼时代"做出展望。

本章第三节的视角由"主线"转为"支线"，将重点关注1990年代以来意大利共产主义政党的发展，作者是李凯旋。1990年代初是意大利政党体系的大动荡大调整时期，其表现之一就是战后几十年一直扮演第一大反对党角色的意大利共产党分崩离析。意大利共产党早在1991年2月即决定更名为左翼民主党，朝社会民主党方向演变。此后左翼民主党在意识形态上不断淡化，并最终在2007年与雏菊党合并成为民主党，完成了由左翼政党向中左翼政党的转变。1991年，意大利共产党的少数派成立了重建共产党，1998年由后者又分离出意大利共产党人党。上述两个政党都带有鲜明的左翼色彩，但是在社会阶层结构呈现出新特点、西欧政党意识形态整体淡化的背景下，这些政党始终难以进入意大利政治的中心。这一节试图从意大利共产主义政党发展这一侧面考察近年来意大利政党政治的变迁，即可呼应上一节，也可算作必要的补充。

本章第四节将考察近年来意大利的外交政策及其在欧盟中角色的变化，作者是钟准。冷战结束后，影响意大利外交政策的主要因素由国际体系转变为国内政治。为了充分体现出国内政治变化对外交政策的影响，这一节的分析将主要基于政党政治的视角。2014 年伦齐上台担任总理后，其锐意进取的施政风格在外交政策上亦有明确体现。首先，适度回归中左翼政党的外交政策传统，支持欧洲一体化和多边主义；其次，基于本国国家利益，不断强化自身在欧盟中的话语权。此外，在伦齐支持下，意大利外交部长莫盖里尼就任欧盟外交与安全事务高级代表，欧盟对外政策中的意大利因素也随之而提升。这一节的分析将围绕不同时段的重大国际事件展开，包括应对乌克兰危机与中东北非局势、处理难民危机等，以此观察意大利外交政策的新特点与未来发展趋势。

本章第五节将聚焦于 2016 年意大利政治领域的最重大事件——宪法改革公投，剖析公投失败的原因及其对意大利政治经济形势乃至对欧洲一体化的影响，作者是孙彦红。虽然此次公投并未演变成真正意义上的"黑天鹅"事件，但是中长期而言，公投失败的确对意大利自身政治稳定与经济复苏造成了不小的冲击，也增加了欧洲一体化前景的不确定性。从结构性改革上看，公投失败后该国一系列后续改革计划将被迫放缓或停滞，此前已推行的部分改革甚至面临倒退风险。从政治上看，公投结果令意大利政党政治格局更趋复杂，下届大选结果难以预料。从经济上看，公投失败已经并且将继续对意大利经济造成负面冲击，令其复苏与长期增长前景不容乐观。

第二节　从"贝卢斯科尼时代"看意大利政治变迁①

1994年1月，贝卢斯科尼（Silvio Berlusconi）以企业家身份投身政治，组建自己的政党，两个月后在议会选举中一举赢得执政地位，由此开启了意大利政治的"贝卢斯科尼时代"。在此后的二十年中，贝卢斯科尼虽然三上三下，但始终是意大利政治舞台的主角，给意大利政治烙下深刻的"贝卢斯科尼印记"。2013年2月议会选举，新兴政治力量"五星运动"异军突起。同年11月，一度被视为贝卢斯科尼接班人的阿尔法诺与贝氏分道扬镳，宣布另建新党。此后，贝氏的意大利力量党（亦称"意大利加油"党）骨干邦迪、菲托、维尔迪尼先后脱党，元气大伤，传统盟友北方联盟质疑贝氏作为中右联盟盟主的领导地位，贝卢斯科尼时代走向终结。

一　"贝卢斯科尼时代"的开启

尽管有论者称贝卢斯科尼的崛起可以追溯到1980年代社会党领袖克拉克西（Bettino Craxi）担任总理时期，但贝氏作为政党领袖投身于政治无疑是在1993~1994年。

（一）旧政党体系瓦解

贝氏从政有其国内、国际背景，其中影响最深远的是被称为"净手"（Mani Pulite）的一系列司法调查。1992年2月17日，米兰社会党要人马里奥·基耶萨（Mario Chiesa）在办公室接受贿金时被当场抓获，米兰检察院由此揭开意大利广泛存在的政治腐败现象。在此后的两年中，反腐司法调查从米兰向全国扩展，调查

①　本节作者：徐力源，中国现代国际关系研究院欧洲所副研究员。

的范围越来越大，对象越来越多，牵扯到所有执政党。社会党、共和党、自由党、社会民主党等执政党的书记先后接到司法调查通知并辞职。天主教民主党（天民党）司库奇塔里斯蒂（Severino Citaristi）一人接到 74 份司法调查通知。时任政府总理阿马托（Giuliano Amato）坚持要求接到司法调查通知的政府成员离职，导致多名部长辞职。还有若干名涉嫌行贿受贿的政治家和企业家自杀。1993 年 3 月，"净手"司法调查如火如荼之时，鉴于大量调查对象并未将贿金装入自己腰包，而是上交给自己的政党，充作党的活动经费，政府就此推出一项法律，提出将此类行为构成的"非法政治献金"罪"非罪化"，也就是不再视其为刑事犯罪，对行为人不给予刑事处罚，而仅给予行政罚款处罚。然而由于总统斯卡尔法罗（Oscar Luigi Scalfaro）拒绝签批，该项法律未能出台。没过多久，政府再次遭受打击。4 月 18 日举行的全民公投以压倒多数否决了意大利长期实行的两项政治制度，即国家对政党的资助制度和比例制选举制度。以阿马托为总理的四党联合政府随即辞职。总统授权央行行长钱皮（Carlo Azeglio Ciampi）组建"技术政府"。在 1993 年 6 月举行的米兰市议会选举中，所有主流政党均遭重创：天民党得票率下降过半（从上次选举的 20.68% 降至 9.43%），议席减少 2/3 以上（从 17 席减至 5 席）；社会党及其他执政党则全军覆没，一个议席也没有拿到。北方联盟当时只是非主流的地方性政党，却赢得 40.86% 的选票和 26 个议席，并夺得米兰市长职位。传统执政党的衰落和相继消亡留下了所谓"政治真空"，贝卢斯科尼就在这样一个时刻"上阵"了。

（二）贝卢斯科尼建党并赢得大选

贝氏从一开始从政就充分利用其所拥有的商业资源。自 1992 年夏起，贝氏在其菲宁维斯特商业集团（Fininvest）内的几个亲信干将开始为其进行广泛的摸底调研，了解成立一个政党的可行性。据当年参与其事的卡尔托托（Ezio Cartotto）记述，贝氏 1993 年

4月初在征求了前总理克拉克西的意见之后下决心建立自己的政党，但没有马上公开其意图。1993年6月市镇选举后，贝氏的亲信和朋友依托菲宁维斯特集团所属企业在米兰成立了一个名为"意大利加油！良政协会"的组织，名称中的"意大利，加油！"是天民党在1987年大选中使用的口号。11月，"意大利加油俱乐部全国协会"成立，"意大利加油俱乐部"后来成为意大利力量党的地方和基层组织。1994年1月16日，总统宣布解散议会提前大选。两天之后，"意大利加油政治运动"宣告成立；10天之后，贝氏录制了一篇电视宣言，宣布他要参加大选，并简要介绍了他的政治纲领。宣言在菲宁维斯特集团旗下三家全国性电视台同时播放。与传统政党相比，贝氏的政党的确有其新奇之处。首先，他称自己建立的这个组织为"政治运动"（movimento politico），而非"政党"（partito），以此表明其与传统政党的区别。其次，政党的名称不使用传统政党通常使用的政治概念，如自由、共和、民主等，而采用"加油"这样一个日常用语。"意大利，加油！"让人耳目一新，极具鼓动性，同时可以赋予其多重政治含义。再次，组织结构与众不同：党的领袖不是书记（segretario），而是主席（presidente），传统政党书记的职责分别由"全国协调人"（coordinatore nazionale）和"全国行政管理人"（amministratore nazionale）履行，而主席大权在握，中央及后来陆续建立的中央各部门负责人，乃至大区一级协调人，均由主席任命。最后，没有明确的组织制度和组织系统：建党四年以后才召开首届党代会，颁布党章，而且党章规定设立的领导机关基本上都有名无实。例如按照党章规定，党代会"至少每三年召开一次"，但1998~2016年，仅召开过两次。

在1994年3月底举行的大选中，意大利力量党与北方联盟、民族联盟、民主天主教中心以及若干小党结成中右联盟，对阵中左政党结成的"进步联盟"（Alleanza dei Progressisti），并一举获胜。针对北方联盟和民族联盟这两个主要竞选盟友差异性大、地域性强的特点，贝卢斯科尼组建了两个竞选同盟：与北方联盟结成"自由联盟"（Polo delle Libertà）在中北部选区竞选，与民族联盟结成"良政联盟"（Polo del Buon Governo）在中南部选区竞选。在比例制选区，各个政党独自为战，意大利力量党得票率21.01%，略微超过主要竞争对手左翼民主党（20.36%），成为第一大党。

（三）"贝卢斯科尼时代"

中右联盟赢得执政地位，身为盟主的贝卢斯科尼出任政府总理。然而贝氏的执政地位并不牢固，主要原因在于：一是中右联盟在参议院仅获得相对多数席位（155席），差3席过半数，贝氏政府要得到参议院的信任须争取若干终身参议员的支持；二是盟友北方联盟独立性强，其主要政治诉求，如联邦制改革、北部地区独立等，与意大利力量党特别是民族联盟矛盾尖锐。事实上，贝氏首届政府执政仅8个月就垮台，也正是由于北方联盟撤销了对政府的支持。贝氏政府辞职后，总统并未解散议会、提前大选，而是授权贝氏政府的国库部长迪尼（Lamberto Dini）组建"技术政府"。迪尼政府自1995年1月执政至1996年4月大选。这次大选中，北方联盟独立竞选，没有参加贝氏的中右联盟，结果以普罗迪（Romano Prodi）为首的中左联盟"橄榄树"（L'Ulivo）战胜以贝氏为首的自由联盟。普罗迪政府执政两年半后因内部矛盾垮台，经前总统科西嘉（Francesco Cossiga）运作，橄榄树联盟得以继续执政，但5年间经历3次政府更迭、3个总理（普罗迪、达莱马、阿马托）。2001年5月大选，贝卢斯科尼组建"自由之家"（Casa delle libertà）联盟，北方联盟回归中右，结果大胜由"雏菊"党领袖鲁泰利挂帅的橄榄树联盟，再次赢得执政地位。5年以后，在2006年4月的大选中，贝氏的"自由之家"再次败给普罗迪的橄榄树联盟，但普罗迪的中左政府执政仅两年便重蹈因内部矛盾而垮台的覆辙。贝氏在 2008 年 4 月提前举行的大选中率中右联盟战胜由民主党与"价值意大利"组成的中左联盟，第三次上台执政。2011 年夏，主权债务危机逼近意大利，国内财政金融风险骤然加剧，面对国际国内的强大压力，贝氏被迫于 11 月 12 日辞职，总统授权经济学家蒙蒂（Mario Monti）组建"技术政府"应对危机。2012 年 12 月，贝氏的"自由人民"党撤销对蒙蒂政府的支持，蒙蒂被迫提前辞职。2013 年大选，中左联盟以微弱多数战胜中右联盟，但无力独自组建政府，与贝氏的"自由人民"党和蒙蒂的中间联盟共同组建"大联合"政府。

自 1994 年贝氏从政以来的大约二十年，意大利学界和新闻界普遍称其为"贝卢斯科尼时代"。但所谓"贝卢斯科尼时代"并非指贝氏执政的年代。在这二十年当中，贝氏三上三下，真正执政的时间也就 9 年多，但不论在朝在野，贝氏始终是意大利政治舞台的主角。在中右、中左两大阵营的对峙中，贝氏始终是中右阵营的盟主，而其对手中左阵营即使产生过像普罗迪这样两次战胜贝氏的盟主，但就影响力和持久力而言，仍无法与贝氏相比。

二　"贝卢斯科尼时代"的特征

1994 年大选被意大利新闻界称为"第一共和"与"第二共和"的分野，意思是战后形成的政党体系从此消亡，新的政党体系诞生。其实所谓"第一共和"与"第二共和"的说法并不科学，因为其间且不说国体，就是政体也没有任何变化，充其量只是对选举规则做了修改，政治舞台上涌现出新的角色以及由此带来政治格局及政治行为方式的变化。但 1994 年之前与之后的变化，的确带有时代变迁的意味。这个"贝卢斯科尼时代"主要具有如下特征。

第一个特征是政党体系的大动荡与大调整。1946 年 6 月 2 日，意大利通过全民公投选择了共和制。6 月 25 日立宪会议召开，并在此后一年半的时间里制定了共和国宪法，确定了意大利的政治体制。政党和议会是意大利政治体制的核心要素。议会的议员主要来自相互竞争的政党，政府的组建及政策的出台须经议会多数认可。宪法于 1948 年 1 月 1 日生效，同年 4 月举行议会选举，共 10 个政党进入议会，主要政党有天民党、共产党、社会党、民主社会党（民社党）、自由党、共和党、意大利社会运动等，形成以共产党和社会党为左翼，天民党、共和党、自由党、民社党为中间，意大利社会运动和保皇党为右翼的政党体系。然而 1992 年的"净手"司法调查断送了意大利这个长期稳定的政党体系。1993 年 6 月，122 个市镇举行地方选举，天民党、社会党、民社党、自由党、共和党等几个全国性执政党遭遇选票流失，其中天民党得票率与前一次地方选举相比下降近半，社会党得票率损失殆尽。与此相反，北方联盟和意大利社会运动两个"反体制"政党的得票率上升。旧的政党体系已现颓势。1994 年大选最终确认了旧政党体系的终结。最大的执政党天民党在选前瓦解，分裂成意大利人民党（PPI）和民主天主教中心（CCD），后者加入中右联盟，前者加入中间联盟"意大利公约"（Patto per l'Italia）。人民党后来在 1996 年大选中加入普罗迪领导的橄榄树联盟，2002 年 3 月召开末届党代会，宣布解散，融入雏菊党。最大的反对党意大利共产党早在 1991 年 2 月就举行末届党代会，决定更名易帜：放弃"镰刀锤子"党旗，改名为"左翼民主党"（左民党），朝社会民主党方向演变。少部分党员不愿更名易帜，与左民党分道扬镳，组建"重建共产党"（PRC）。1994 年大选前刚刚建立的意大利力量党一举成为第一大党，并赢得执政地位。北方联盟和民族联盟两党各自的政治诉求此前一直遭到主流政党的排斥，但在 1994 年大选中赢得执政地位。至此，新的政党体系大体形成。

第二个特征是意大利的政治由两党对立转变为两极对峙。与其他西方国家相比，意大利政党体系曾有一个非常鲜明的特色，

那就是长期超级稳定。1948～1992 年，意大利共举行了 11 次议会
选举，天民党始终是最大政党，一直是执政党；共产党始终是第
二大党，一直充当反对党。这种局面持续长达近半个世纪，两党
得票率相加基本保持在 60%～70%。早在 1966 年，意大利政治学
家加利就称之为"不完善两党制"（bipartitismo imperfetto）：两党
制是指天民党和共产党两党是最大的政党，是政治舞台主角，两
党对立争斗是意大利政治舞台的主要戏码；"不完善"则是指没有
政党轮替。诚然，意大利还有其他政党，在朝有社会党、共和党、
民社党、自由党，在野有意大利社会运动、意大利激进党等。由
于天民党除 1948 年大选外从未独自赢得议会多数席位，其执政需
要其他政党的合作。共和党、自由党、民社党等中间或中间偏右
的政党从一开始就或同时或分别成为天民党的执政伙伴。社会党
最初是反对党，1963 年天民党"向左开放"后也成为天民党的执
政伙伴。后来由于天民党得票率下降，社会党甚至成为天民党不
可或缺的执政伙伴，并因此拥有制约天民党的实力。社会党书记
克拉克西于 1983 年 8 月～1987 年 4 月连续担任两届政府总理。尽
管如此，社会党、共和党、民社党、自由党等党只能算是配角。
这种两党对决的局面持续了近半个世纪，到 1994 年让位于"两
极"对峙。在 1994 年大选中，参选政党形成三大阵营，即中右、
中左和中间阵营。最终中右联盟得票 42.84%，赢得众议院多数席
位，参议院接近多数席位。中左联盟得票 34.34%，中间联盟"意
大利公约"得票 15.75%。且不说竞选中主要是中右与中左两大联
盟相互为敌，单从得票率也可看出，真正的对决在中右与中左两
大联盟之间进行。意大利政治斗争形态由两党对决转变为两极对
峙，主要有两个原因。第一个原因是两大对立政党，即天民党和
共产党不复存在：天民党发生裂变，其最大一股残余势力人民党
在 1994 年大选中得票 11.07%，名列第四；共产党蜕变为左民党
后也一分为二，得票率一度大幅下降，尽管在 1994 年大选中仍名

列第二，但与第一大党得票率相加不足 42%。第二个原因也是更重要的一个原因，那就是选举制度发生变化。1993 年 4 月的全民公投否定了纯比例制选举制度，8 月议会通过新的选举法，将比例制改为混合制，主要内容包括 75% 的议会席位通过多数制产生，即每个政党在一个选区提出一名候选人，得票多者当选；25% 的席位按政党得票比例分配。单一候选人多数制促使政党在选举中最大限度地结成同盟，因为在主要竞争对手实力相近的选区，结盟可增加获胜把握，而在竞争对手实力悬殊的选区，弱者不结盟则根本没有取胜的可能。1996 年大选，北方联盟独立竞选，没有参加中右联盟，结果虽然在比例制选区得票率上升，但所获议席大大减少。失去北方联盟的中右联盟则败给了中左联盟。选举中"两极对峙"的局面一直持续到 2013 年大选。

第三个特征是政党意识形态淡化、虚化。1994 年以前，各个政党不论大小都有自己独特的意识形态。选战，特别是大选，基本上就是意识形态的对决。各种意识形态中，以天民党的天主教思想和共产党的共产主义最有号召力，二者之间的对决在意识形态斗争中占据主导地位。随着政党体系的调整和政党的演变，原有的意识形态体系也发生变化。意大利共产党最为典型。意共自 1991 年更名左翼民主党后，其意识形态经历两次较大调整。先是放弃共产主义，向民主社会主义转变，但左民党的党标中仍保留了意共的"镰刀锤子"，表明了与意共的传承关系，政党定位也是左 翼 政 党。1998 年 2 月，左民党更名为 "左 翼 民 主 人"（Democratici di Sinistra），党标中代表意共的"镰刀锤子"换成了代表欧洲社会主义的"红玫瑰"。此次改名只是表明该党向其他左翼政党开放，意识形态并无大的调整。2007 年，左民党与雏菊党合并成民主党，其意识形态进一步"虚化"。民主党的党章中不再有任何意识形态表述，《民主党价值宣言》则明确指出，"正因为意大利社会不再认同僵硬的意识形态归属，因而需要一个新的政治标杆"。民主党作为这样一个新的政治标杆"融汇这个国家各种改革的文化政治传统"，"'橄榄树'联盟是一个成熟的两极制中的中左主体和计划，民主党代表'橄榄树'的发展和成就"。这就是说，从左民党转化为民主党是从左翼政党到中左政党的转变。再看意大利力量党。贝卢斯科尼创建这个政党的背景是，天民党、社会党、民社党、自由党、共和党等执政党基本上被"净手"司法调查摧毁，分裂（如天民党分裂成人民党与民主天主教中心等）或再生（如社会党、共和党、民社党等党）后只能得到部分原选民的认同，另一部分选民则失去了政治方向。贝氏创建意大利力量党瞄准的就是这部分流失选民留下的政治真空，他要提供一个新的政治产品，以满足原执政党流失选民的需求。正因此，意大利力量党没有致力于建立自己的意识形态，其党章表明"认同自由民主、自由天主教、世俗派、欧洲改革派等传统理想，以自由、公正、团结为行动宗旨，捍卫人的首要地位"。2009 年 3 月，贝氏在"自由人民"党建党大会上将人民党（天民党的前身）领袖斯图尔佐（Don Luigi Sturzo）、天民党领袖德加斯贝里（Alcide De Gasperi）、社会党领袖佩尔蒂尼（Sandro Pertiti）和克拉克西、自由党领袖艾瑙迪（Luigi Einaudi）、共和党领袖拉马尔法（Ugo La Malfa）、民社党领袖萨拉加特（Giuseppe Saragat）、自由社会主义哲学家罗塞利（Carlo Rosselli）和克罗齐（Benedetto Croce）统统列为党的"思想先驱"。中右阵营另外一个重要政党民族联盟由意大利社会运动演变而来，其意识形态自 1995 年起开始调整，主要就是"去法西斯化"，由新法西斯主义向民族主义和"自由、温和"保守主义转化。总体来看，政党意识形态基本上是朝着温和、多元、包容的方向演变。意大利力量党从一开始就定位"中右"政党，自然要将从中到右的各种政治文化纳入其思想体系。民主党作为"中左"政党是从意共这个左翼政党演变而来，其意识形态也在演变过程中不断调整，变得越来越"温和"、越来越"开放"，甚至越来越模糊。既然要容纳不同的政治文化,那就难免要容纳那些文化之间的矛盾。于是党内对敏感问题模糊处理,无法求同就存异,成为这两个政党的共同做法。在议会审议涉及天主教教义的法案(如人工助孕、同性恋、非婚同居法律地位等)时,两党都放弃对本党议员的约束,让他们根据自己的道德观念投票。

第四个特征是,贝卢斯科尼始终是意大利政治舞台的主角。1994～2013年,贝卢斯科尼经历了六次大选,胜三败三。胜选,身为中右联盟的盟主顺理成章成为政府总理;败选,是最大的反对党领袖。在这期间,贝氏总共担任四届政府总理。首届总理任期仅8个月,但第二、第四届政府总理任期都超过3年,分别为1412天和1287天。这两届政府是自1948年大选以来60届政府中寿命最长的政府,贝氏则是迄今为止意大利共和国历史上担任总理时间最长的人。在朝自不必说,即使在野,他也有能量吸引世人关注。1997年在野期间,贝氏与左民党达成协议,建立议会修宪委员会,共商修宪大计。然而在该委员会如期拿出改革方案之后,贝氏却一改此前所持立场,节外生枝,提出新的要求,致使该委员会的工作半途而废。2006年大选后,贝氏拒不承认失败,要求复核部分有争议的选票。普罗迪政府就职后,贝氏联合其他反对党"倒普",在议会内收买、拉拢中左联盟议员倒戈,在议会外不停地组织反政府集会。2007年11～12月,贝氏接连两次组织全国性盛大反政府集会,还发起要求提前大选的民众请愿。虽然普罗迪政府后来倒台主要是中左联盟的内在矛盾所致,但也与贝氏的"倒普"努力不无关系。2011年11月,贝氏在主权债务危机逼近意大利的关头被迫辞职,让位给蒙蒂的"技术政府",但仍掌握对后者的"生杀大权"。2013年大选,中左联盟以微弱多数战胜中右联盟。按照选举法议席分配规则,中左联盟赢得众议院多数席位,但在参议院仅获123席,距离半数(168席)相差甚远。选前已有分析家预测,中左联盟将与蒙蒂的中间联盟联合执政,但中间联盟的选举成绩未能达到预期，二者参议院席位相加也不足半数。选举结果一公布，贝卢斯科尼就主动提议组建"大联合"政府。中左联盟的总理候选人贝尔萨尼（Pier Luigi Bersani）试图与五星运动联合组阁，遭到拒绝，随即因总统选举操作失利而辞职。最终，经过总统居中调停，由民主党副书记莱塔出面组建"大联合"政府。这样，虽然中右联盟败选，但贝氏的"自由人民"党仍获得执政地位。这是意大利自1947年意共被排斥于政府之外以来首届"大联合"政府。2013年12月伦齐当选民主党书记后，为了推动选举法改革，主动邀请已被参议院终止参议员资格的贝卢斯科尼到民主党党部谈判，双方达成协议，终于使选举法改革走出僵局。贝氏的主角地位还体现在强化意识形态斗争方面。贝卢斯科尼时代一个奇特的矛盾现象是，一方面广大选民的意识形态越来越淡薄，各个政党都在淡化、虚化自己的意识形态，另一方面贝卢斯科尼却始终没有降低意识形态斗争的调门。他自我标榜"自由主义"，同时虚拟了一个敌人——共产主义。他的逻辑是，共产主义是自由主义的大敌，共产党上台必然压制自由。每逢选战，贝氏必挥舞自由和反共大旗。尽管其主要政治对手已经从共产党演变为左民党，但仍被他称为共产党（后来是"前共产党"）。

三 贝卢斯科尼时代的终结

2016年9月，贝卢斯科尼年满80岁。单从这一角度来看，"贝卢斯科尼时代"的终结已经来临。然而到目前为止，尚不能下定论，因为贝氏仍健在，而且尚未也不愿意退出政治舞台。目前只能说贝卢斯科尼时代的终结是一个正在发生的过程，这个过程应该始于2010年。

（一）"自由人民"党的失败

贝氏早就有建立一个中右统一政党的想法，但一直未得到其他政党的认可。2006 年大选失败后,贝氏加快了实现这一目标的步伐,宣布打算说服中右联盟的所有政党融合成一个统一的政治主体。2007 年 11 月,贝氏在一次"倒普"群众集会上宣布解散意大利力量党,建立新党"自由人民",邀中右联盟其他政党加入。贝氏的号召得到众小党的响应,但受到大党的冷遇。北方联盟无动于衷,民族联盟和中间联盟则对贝氏这种独断独行的做派提出批评,明确表示拒绝加盟。然而 2008 年 1 月普罗迪政府垮台后,民族联盟领袖菲尼突然转变态度,与贝氏达成协议:两党均以"自由人民"党(自人党)的名义竞选,选后组建统一议会党团,召开建党大会。赢得大选后,民族联盟领袖菲尼担任众议院议长,没过多久就与担任总理的贝卢斯科尼发生矛盾,屡屡公开批评贝氏独断专行,迁就北方联盟。2010 年 4 月 21 日,两人在自由人民党全国领导局会议上发生激烈冲突,唇枪舌剑的视频传遍全国。7 月,该党主席团发表声明,宣布菲尼的行为"有违'自由人民'党的指导原则,有违向选民做出的承诺",因而"不再信任菲尼作为议长的担保作用"。声明还称将 3 名菲派议员交付党的纪检机关处置。追随菲尼的议员随即脱离自人党议会党团,另组自己的议会党团,取名"未来与自由"。脱离自由人民党的众议员 34 人,参议员 10 人,已经威胁到政府在参众两院的多数地位。12 月,"未来与自由"从自由人民党内部的反对派变为其反对党,联合其他反对党在众议院提出对政府的不信任动议。如果不是贝氏及时拉拢收买几名众议员在关键时刻"反正",贝氏政府就会提前一年垮台。虽然贝氏涉险过关,但自由人民党的分裂严重削弱了其执政地位,也严重损害了贝氏作为该党领袖的权威地位,为一年以后政府垮台埋下隐患。

(二)被迫放弃竞争总理

贝卢斯科尼年事已高,但在是否退隐问题上反反复复,摇摆不定。2012 年 6 月，自由人民党主席团发布政策文件，首次正式提出通过初选方式确定下次大选的总理候选人。10 月，贝氏发表声明，宣布自己不再竞选总理职务，要"让年轻人上场和进球"，并将通过初选方式选择其接班人。声明似乎表明，贝氏有意退隐，并为退隐布局。然而在贝氏发表声明之后，党内仍不断有人劝进，为其"复出"造势。12 月 6 日，"自由人民"党书记阿尔法诺（Angelino Alfano）宣布撤销对蒙蒂政府的支持，同时宣布贝氏将"上阵"参加大选，并取消原定的总理候选人初选。按照以往经验，贝氏"上阵"意味着他就是中右竞选同盟的盟主，当然的总理候选人。但这一次情况发生了变化。一方面，党内对取消初选不满的部分干部（主要来自原民族联盟）随即脱党，组建"意大利兄弟"（Fratelli d'Italia）党，进一步削弱了自由人民党的力量。另一方面，自由人民党与北方联盟的结盟谈判遇到困难。北方联盟要求贝氏放弃总理候选人资格，贝氏答应胜选后共同推举总理候选人。北方联盟仍不放心，又要求贝氏另行指定总理候选人。两党直到 2013 年 1 月才达成协议：北方联盟承认贝氏为中右联盟盟主，贝氏则声明无意竞争总理，并指定阿尔法诺（Angelino Alfano）为自由民主党总理候选人。关于贝氏为什么在 2013 年大选前夕改变主意亲自"上阵"，有分析认为其"恋栈"，他自己则辩解说，当时的民调表明，自由人民党支持率太低，难以与左翼抗衡，只有他亲自"上阵"才能挽回颓势。事实的确如贝氏所说。2012 年 12 月贝氏刚宣布"上阵"时，自由人民党的支持率为 16.8%，与民主党的 32.5% 相差甚远。最终投票结果，两党差距拉近到 5 个百分点，两大竞选同盟的得票率更是相差无几。

（三）意大利力量党领导层接连震荡

2013 年 8 月 1 日，意大利最高法院宣布维持对贝卢斯科尼的二审判决。9 月 19 日，参议院议员选举与豁免委员会否决确认贝氏议员资格的报告，从而为终止其参议员资格铺平道路。贝氏对联合政府的态度随即发生变化。9月28日，贝氏以总理莱塔不接受停止自动提高增值税为由要求在政府任职的自由人民党党籍部长、副部长辞职。以阿尔法诺为首、在政府中任职的自由人民党干部都不同意搞垮政府，与贝氏力争，最终迫使贝氏同意对政府投信任票，两人之间从此产生隔阂。2013年11月，自由人民党主席团会议决定终止该党活动，恢复意大利力量党。"阿尔法诺派"没有参加该会议，也没有加入重建的意大利力量党，还宣布另建"新中右"议会党团，继续支持联合政府。当时"新中右"参议院党团30人，足以保证政府在参议院的多数地位。意大利力量党在重建之际即遭重创。

2014年4月，意大利力量党主席委员会成员邦迪（Sandro Bondi）发表公开信，称该党的计划已经失败，随即辞去党内职务，并于一年以后脱党。2015年5月，主席委员会另一位成员菲托（Raffaele Fitto）脱党。7月又一位主席委员会成员维尔迪尼（Denis Verdini）脱党。邦迪和维尔迪尼曾任自由人民党全国协调人。至此，加上早在2013年大选时就已经脱党的拉鲁萨（Ignazio La Russa），当年自由人民党的三位全国协调人已全部脱党。菲托和维尔迪尼不仅自己脱党，还分别带走了一帮人，成立了自己的议会党团。2013年大选后，自由人民党在参众两院党团分别拥有98人和97人，如今众议院党团损失近半（剩50人），参议院党团损失过半（剩42人）。

总而言之，贝卢斯科尼时代正在落幕，其症候有二。其一，意大利力量党正在衰落。一方面，如上所述，该党骨干流失严重。另一方面，该党的民众支持率最近两年持续下降，目前不仅与民主党和"五星运动"相差甚远，而且落后于北方联盟。其二，贝氏日渐衰老。2016年6月，贝氏因心脏不适住院，接受了主动脉瓣更换手术。出院后，虽然贝氏本人表示"不会放手意大利力量党的事业",其医生也暗示,贝氏经过几个月的康复治疗仍可从事政治活动,但其家人和亲信都力劝他放弃。

四 "后贝卢斯科尼时代"展望

贝卢斯科尼时代正在终结,随之而来的"后贝卢斯科尼时代"前景如何?2013年大选,虽然参加竞争的主体众多(57人竞选总理),但最终进入议会的主体仅4家,即中左联盟、中右联盟、中间联盟和"五星运动"。以蒙蒂为首的中间联盟在大选后渐渐瓦解,目前大体形成民主党、"五星运动"、中右政党三足鼎立格局。

"三足"之中,民主党无疑将是后贝氏时代主角之一。民主党自2013年12月伦齐当选书记后面貌一新,在2014年5月欧洲议会选举中以40.81%的得票率创历史最好成绩。伦齐接替莱塔担任总理后,锐意进取,突破政治斗争窠臼,与贝氏达成修改选举法和宪法的协议,推动国内政治走出僵局,在国内外赢得广泛好评。虽然党内斗争和"执政损耗"给民主党的支持率带来损失,但不论民主党还是伦齐个人的支持率始终稳居第一位置,远远超过传统对手意大利力量党及其领袖贝卢斯科尼和北方联盟及其领袖萨尔维尼。然而,随着2016年12月由民主党主导的宪法改革全民公投遭到否决,伦齐被迫辞职,民主党两年多的努力可谓付诸东流,该党及伦齐本人的声誉受到了沉重打击,未来形势发展更加复杂。但尽管如此,民主党作为后贝氏时代主角之一的地位不会动摇。

"五星运动"也将是后贝氏时代主角之一。"五星运动"是一个新兴政党,2009年成立。该党在众政党中别具一格:否认自己是政党,自称"一个进行探讨协商的平台和载体";没有领袖,其创始人和实际领袖格里洛(Beppe Grillo)被称为"担保人";没有地址,法定地址就是格里洛的网址;否定左或右的意识形态，称只接受"思想"；否定政党政治，不与任何政党结盟；否定代议制，主张"直接民主"，即公民通过全民公决、信息技术直接参与政治，"将通常赋予少数人的治理和决策权赋予全体网民"。因此该党在学界和政界被普遍视为民粹主义、反体制政党。当前民粹主义在欧美国家大行其道。意大利经济长期处于停滞或衰退状态，政治腐败普遍，官僚主义严重，广大选民对现实不满，"五星运动"的反体制、反精英，甚至反政治倾向颇有吸引力。2013年"五星运动"首次参加大选，其得票率在参众两院都超过自人党，在众议院还超过民主党。2016年12月宪法改革公投后的民调显示，"五星运动"的支持率已经与民主党不相上下，把北方联盟、意大利力量党等中右政党远远甩在后面。

"三足"之中的"中右政党"是一个群体，包括北方联盟、意大利力量党等在以前的大选中结盟的传统中右政党，以及后来从自由人民党（意大利力量党）分裂出来的"意大利兄弟""新中右""保守者与改革者"等新兴中右政党。这个群体目前尚是一盘散沙。从当前情况看，"中右政党"有两个未知数。一是意大利力量党未来的走向。该党成分复杂，内部矛盾重重，失去贝氏必将进一步解体，唯有在贝氏的主持下进行重组、选出新一代领袖，或可有一线生机。即便如此，也绝无可能恢复到2008年以前的水平。二是未来中右联盟的领导权。从民调看，北方联盟及其领袖萨尔维尼的支持率已超过意大利力量党及其领袖贝卢斯科尼，因此北方联盟不再承认贝氏的中右联盟领袖地位。对于北方联盟争当中右联盟领袖，意大利力量党中的北方势力有妥协的倾向，南方势力则难以接受。然而，要在未来政治格局中与民主党和"五星运动"相争，中右政党间达成妥协似乎是唯一道路。

第三节　1990年代以来意大利共产主义政党的发展[1]

一　1990 年代以来意大利共产主义组织力量概况

1991 年，有着 70 年光荣历史的意大利共产党在里米尼召开最后一次党代会，正式将党的名称改为左翼民主党（Partito Democratico della Sinistra），后者成为意共的合法后继党。以意共元老科苏塔（Cosutta）为首的少数派反对更名，但已不能继续使用意大利共产党这一名称，于是组建了重建共产主义运动（Movimento per la Rifondazione Comunista，MRC），后定名为重建共产党（Partito della Rifondazione Comunista）。目前在意大利除了重建共产党之外，还有 1998 年从重建共产党分离出来的意大利共产党人党（Partito dei Comunisti Italiani）。

重建共产党（简称"重建共"）自 1991 年成立以来，党员队伍曾在 1990 年代中期得到快速发展，但之后一直呈萎缩态势。重建共队伍的发展与其秉持的"反对派"立场有较大关系。1996 年，重建共改变了政府反对派的立场，主动"参政"，参加议会选举。这一转变，吸引了不少对政府持温和立场的人士，党员人数大增，到 1997 年超过了 13 万人。1998 年，重建共撤销了对普罗迪"温和"政府的支持，在政府"反对派"与"参政"之间摇摆不定，普通党员在思想认识上混乱、迷茫，大批党员选择退党，到 2000 年底，只剩下 9 万余名党员。在这之后，重建共党员人数

---

[1] 本节作者：李凯旋，中国社会科学院马克思主义研究院国际共运部国际共运史研究室助理研究员，主要研究领域：意大利政党，社会政策，欧洲激进左翼等。另，本节主要内容曾以"苏东剧变后意大利共产主义政党的发展"为题发表于《科学社会主义》2013年第2期，收入本书时略作修改。

一直呈下降趋势，直到 2006 年大选，又恢复至 9 万多人。但 2008
年大选失利后至今，重建共党员人数大幅萎缩，到 2012 年 10 月只
有 20946 名了。①

意大利共产党人党自 1998 年 10 月成立以来，一直处在生存的
边缘，在意大利政治天平向右倾斜的环境中缓慢发展起来，党员
人数由最初的 3000 名增加至 2011 年底的 20164 名。② 其中 30% 的
党员在工业发达的北部地区，26.1% 的党员在中部地区，33.4% 的
党员在南部地区，9.5% 的党员分布在撒丁岛和西西里岛，余下 1%
的党员分散在比利时、法国、德国和瑞士等国。该党 35 岁以下的年
轻党员占到总数的 40%，妇女占比为 33.9%。另外，约有一半的党
员加入了工会，这其中的 83.8% 加入了意大利总工会（CGIL）。③

二　两党的理论反思与政策调整

无论是重建共还是共产党人党，都在坚持共产党的名称和共
产主义奋斗目标的前提下，为应对全球化、信息化和阶级基础变
化等方面的挑战，根据意大利政治经济形势的变化，不断在替代
现行资本主义社会、超越资本主义，进而实现社会主义的道路上，
进行探索和革新。

先看意大利重建共产党。建党二十余年来，该党的政策主张
并未遵循一条始终如一的道路前进，在不同时期，根据社会环境
和政治形势的变化，不断调整、变更，甚至有所反复。重建共政
策主张的变化主要分为四个阶段。

第一阶段，充当政府的坚定反对派。重建共第一次全国代表

---

① http：//web. rifondazione. it/home/index. php/organizzazione－e－tesseramento/15887－
tesseramento－2012.
② http：//www. comunisti－italiani. it/upload/dl/Dipartimento_ Organizzazione/tesseramento_
dati_ 2011. jpg.
③ http：//it. wikipedia. org/wiki/Partito_ dei_ Comunisti_ Italiani#cite_ note－1.

大会于 1993 年 12 月在罗马召开，会议主题是"为了替代——建立反对党"。这一主题完全体现了当时重建共的"充当坚定的政府反对派"的激进政策，坚定地认为其自身天然就是一个反对党，以此为出发点才能推行替代计划。重建共此时着力宣扬党的共产主义身份特征，表现出对 1980 年代末期意大利共产党政策主张的反叛和背离，宣称自己是一个"为社会主义价值和马克思主义思想所激励的工人阶级的自由的政治组织"。但是，随着 1990 年代初意大利以反黑肃贪为目的的"净手运动"的展开，二战后长期占据意大利政治舞台中心的天民党和社会党名誉扫地，并在接下来的大选中败北，继而解散。意大利的政治格局发生巨大变化，意大利力量党、北方联盟、民族联盟、左翼民主党等一大批新兴政党迅速发展壮大起来。在这样一种新的政治环境中，重建共迫切需要进行角色转换。

第二阶段，以参政为目标独立进行议会斗争。1994 年党的第二次全国代表大会对原有政策进行了调整，重新确定了政治斗争方向。二大的主题为"为了左翼替代——一支强大的共产主义力量"，改变了"做坚定反对派"的立场，提出了"以参政为目标"的政治纲领。这样，重建共又回到了传统议会斗争的政治轨道，争取单独或联合执政成为其主要努力方向。在 1996 年的意大利大选中，重建共获得了历史性的高支持率，在参议院和众议院分别获得 39 个和 69 个席位，实现了"参政"目标。同年底，该党召开了主题为"革新政治以改变社会"的第三次全国代表大会。此次大会提出要"回归马克思"，并明确这种回归更多的是坚持和深化马克思的思想，甚至要超越马克思由于受时代局限而得出的某些结论，并在深入分析当今资本主义世界化进程及其新特点、新矛盾的基础上，发展马克思的革命理论，重新建立改造资本主义社会的一整套思想、理论、方针和战略。这是重建共自建党以来首次展现出革新的姿态。

第三阶段，与中左政党联盟，实行革新与开放。1998～2008年间，重建共的联盟对象主要是意大利中左政党左民党（现在的民主党）。重建共在该联盟中影响较大，普罗迪政府的两度倒台，都是由于意重建共对其撤销了支持。1998年撤销对普罗迪政府的支持，表示与"对资本主义现代化的全面主宰采取温和自由主义态度"的中左决裂。1999年的全国代表大会主题是"社会替代之路"，体现了"左翼替代"的方针，强调以"替代"的方式逐步实现社会主义。重建共联盟政策的反复，体现了其在"坚定的反对派"和"参政"之间的摇摆，说明其党内坚定反政府派和温和参政派之间的分歧始终悬而未决。这一时期重建共全国代表大会的主题充分体现了其革新与开放政策的演变。2002年以"重建，重建，重建"为主题的重建共五大，有对1991年激进政策的回归，但更加注重革新与开放。重建共认为人类解放的思想具有多元化的特点，因此党应向社会开放，向各种斗争经验开放，向不同的抗议文化开放，这种开放包括自由的讨论，以及"政治争论和立场观点的透明性"。此后，重建共开始与欧洲其他反新自由主义政党对话，着力建立一个"欧洲替代左翼政党"。2005年六大"走向新世界"的主题体现了这一时期重建共开放的姿态。

第四阶段，团结左翼，重新起航。2008年普罗迪中左政府垮台后，重建共参加的左翼彩虹联盟（La Sinistra L'Arcobaleno）在大选中失利，同年底便召开了以"重新起航"为主题的全党第七次全国代表大会，旨在总结大选失败教训。重建共自建党以来，党内一向派别繁杂，有些党员坚持激进政策，反对参加政府，反对政府执行有损于工人阶级利益的政策，且党内在关于反全球化、党与社会运动关系等问题上也存在分歧。对于建党不过二十年便经历了数次分裂的重建共来说，如何处理好党内分歧，维护党的团结，是其生存发展必须考虑的问题。最终，重建共在2011年底召开的八大上提出"让我们联合起来"。这里的"联合"政策，主要是呼吁重建共党内的团结与联合，此外也要与其他左翼力量联合进行斗争，走出生存危机。

再看意大利共产党人党。自成立以来一直坚持走议会斗争路线，高度关注工人就业、工人权利和经济发展等问题，开展维护和平、抗议贝卢斯科尼破坏国家宪法的活动。依据政策演变和大选盟友的变化，可将其斗争政策的变化分为三个阶段。

第一阶段，与绿党联盟，进入政府。共产党人党1998年建党之初选择了意识形态较为接近的绿党为盟友，联合参加大选。两党联盟的政治纲领主要是关于和平与社会正义等方面的内容，如"城市安全""金融法规""意大利南方问题"以及"团结的自治"等，并共同开展反对北约发动科索沃战争，开展维护和平的抗议活动。1999年底共产党人党第一次全国代表大会的主题正是"拒绝战争，要工作与和平"。与绿党结盟的政策，不仅使处于生存边缘的共产党人党在一定程度上走出了困境，甚至进入了达莱马政府（这也与当时重建共内部的分裂，其党员转而支持绿党以及共产党人党候选人有很大关系），而且党的领导人迪利贝托（Diliberto）还担任了达莱马政府的司法部部长。这是继1946年陶里亚蒂入阁以来，意大利共产主义政党的领导人第一次通过大选进入内阁。

第二阶段，参加左翼联盟，党员队伍逐步壮大发展。进入21世纪后，意大利政坛天平向右倾斜。在此背景下，共产党人党依然坚持与左翼政党联盟的策略，但盟友有所变化。2001年12月第二次全国代表大会的主题是"走向左翼，为了团结与变革"。2002年，共产党人党进行了一次为了"团结与变革"的尝试，那就是与绿党、《宣言报》、Girotondi运动[①]联合，组成一支团结左翼力量

---

① Girotondi原为小孩子玩的一种边转圈边跳的游戏。此处是指2002年意大利各大城市爆发的维护意大利民主与法制的运动，因最初的参与者们在司法部大楼前边转边跳的Girotondi抗议方式得名。该运动因抨击当时的贝卢斯科尼政府而被评论者视为左翼运动。

的联盟，该联盟最终在 2003 年 5 月宣告失败。共产党人党在 2004
年 2 月第三次全国代表大会上，对党旗图案进行了调整，加入
"为了左翼"几个字，以示其激进的左翼立场。经历了 2006 年参
议院选举的胜利后，共产党人党更加坚定了与左翼党联盟的政策
并注重在联盟中发挥其影响力，因为"共产主义者们越强大，左
翼联盟越强大"。[①]

　　第三阶段，反思与重建。2008 年，共产党人党与意大利左民
党、重建共组成的左翼彩虹联盟在大选中遭遇重创。共产党人党
和重建共一样，也对失利进行了反思并从中汲取经验教训，呼吁
"重建左翼，从共产主义者们开始"。[②] 在 2011 年第六次全国代表
大会上，共产党人党向所有的意大利共产主义者发出了呼吁，要
实现真正的左翼团结，重新组建统一的共产党，但这一呼吁并没
有得到重建共的响应。在蒙蒂技术政府任期结束而即将进行 2013
年大选之际，共产党人党再次表明有意加入以民主党为核心的中
左阵营参与大选。[③]

三　两党的组织分裂及在选举中的表现

（一）重建共的组织分裂与在大选中的表现

　　重建共从成立至今，已经历了十三次大大小小的分裂。分别
是：1994 年 1 月一些党员出走创建了共产主义倡议组织
（Iniziativa Comunista）；1995 年 1 月拉维尼带领 400 名党员脱党成
立联合共产党人（Movimento dei Comunisti Unitari）；1996 年 5 月分
离出 Cobas 自主组织（Cobas per l'Autorganizzazione）；1997 年 11 月
小部分党员出走成立共产主义者和自治者联盟（Confederazione

---

① 此为 2007 年共产党人党的第四次全国代表大会主题。
② 此为 2008 年共产党人党的第五次全国代表大会主题。
③ http：//www. marx21. it/comunisti－oggi/in－italia/8107－lo－stato－delle－cose. html.

Comunisti/e Autorganizzati）；1998 年 4 月一些党员出走成立人民行动组织（Azione Popolare）；1998 年 10 月意大利共产党人党成立；2000 年米凯莱·卡普阿诺（Michele Capuano）带领少数党员出走成立人民民主组织（Democrazia Popolare）（2004 年并入共产党人党）；2006 年 4 月一些党员出走，建立共产主义计划——重建工人反对党（Progetto Comunista – Rifondare l'Opposizione dei Lavoratori）；2006 年 6 月少数党员脱党组建劳动者共产党（Partito Comunista dei Lavoratori）；2006 年 11 月少数党员脱党后建立团结共产党（Unità Comunista）；2007 年 12 月一些党员脱党成立左翼批判组织（Sinistra Critica）；2009 年 1 月小部分党员出走组建了左翼运动组织（Movimento per la sinistra）；2011 年 6 月党内埃尔内斯托派（l'Ernesto）分离出去后加入了共产党人党。其中影响较大的三次是：1995 年，因对右翼迪尼政府的态度产生分歧，以前总书记拉维尼为首的大约 400 人集体脱党，组建了"联合共产党人"，后来加入了左民党的中左联盟；1998 年，重建共遭遇了建党以来最大的分裂，因在对待普罗迪政府的问题上产生了矛盾，党内元老科苏塔带领 3000 人另组共产党人党；2008 年，重建共在大选中遭遇滑铁卢，大批党员出走，或另组新党，或加入其他政党，如民主党，共产党人党等。重建共经历的这些分裂深深影响和限制了它的壮大和发展。重建共建党以来队伍变化情况详见图 2－1。

目前重建共党内主要分为五个派别：以现任总书记保罗·费雷罗（Paolo Ferrero）为核心的"运动中重建"派（Rifondazione in movimento）。这一派是从重建共的老多数派中分离出来的，在党内已经有 14 年的历史，主张在社会生活中发挥党的作用，拒绝净化党员队伍和意识形态，倾向于建立一个具有左翼联盟性质同时又保持自身身份特征的重建共。以弗朗科·焦尔达诺（Franco Giordano）为核心的"为了左翼重建"派（Rinfondazione per la

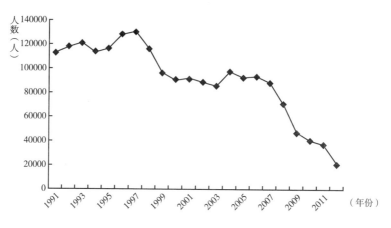

图 2-1　意大利重建共党员人数统计（1991～2011 年）

数据来源：http://it. wikipedia. org/wiki/Partito ＿ della ＿ Rifondazione ＿ Comunista # Iscritti；http://web. rifondazione. it/home/index. php/organizzazione － e － tesseramento/15887 － tesseramento －2012。

sinistra），也是来自重建共的老多数派，主张把重建共建成一个多元左翼党，共产党人在其中起到一种文化导向作用。"身为共产主义者"派（Essere comunisti）的核心人物是克劳迪奥·格拉西（Claudio Grassi），由重建共元老科苏塔所领导的一支演变而来。这一派可谓重建共内部的传统派，忠于共产主义，坚持原意大利共产党的传统，一度与前重建共总书记贝尔蒂迪诺产生了很大分歧。"左翼共产主义"派（sinistra comunista）以吉安路易吉·裴高罗（Gianluigi Pegolo）为核心，主张在中左政党主导的联盟中保持自身的政治独立性。"镰刀锤子"派（Falcemartello）是重建共党内的"托派"，立场激进，主张与中左政党完全决裂，在党的发展方向上要进行一个"工人的转折"。前四个派别在党内的支持率合计达到 80% 左右，正是他们主导了重建共 2005 年以来的革新。但是，从重建共长期以来在"反对党"和"参政"立场之间的摇摆便可以看出，"托派"虽然在党内只有约 10% 的支持率，但是其影响力不可小觑。这些派系在重建共党内的博弈导致党自 1991 年

建党以来，一直在政府的"反对党"和"参政党"立场之间犹疑
不决，在革新、联盟策略、党与社会运动关系等问题上存在原则
性分歧，最终不仅伤害了选民的感情，也造成了普通党员思想上
的混乱，党的战斗力被大大削弱。

重建共在大选中的表现（见表 2 - 1）与其政策立场的变化、
党内团结程度以及队伍的发展状况都有很大关系。立场由激进转
为温和时能吸引较多中间阶层支持，如 1996 年；在"反对党"与
"参政"之间摇摆、党内矛盾爆发，甚至组织分裂时，往往又会丧
失选民的信任，支持率下降，如 2001 年和 2008 年。

表 2 - 1　意大利重建共建党以来历次大选结果统计

		得票数（张）	支持率（%）	席位（个）
1992 年大选	众议院	2.202.574	5.6	35
	参议院	2.163.317	6.5	20
1994 年大选	众议院	2.334.029	6.0	39
	参议院	无确切数据	(1)	18
1994 年欧洲议会选举		1.991.977	6.1	5
1996 年大选	众议院	3.215.960	8.5	69
	参议院	934.974	9(2)	39
1999 年欧洲议会选举		1.330.341	4.3	4
2001 年大选	众议院	1.868.659	5.0	11
	参议院	1.708.707	5.0	4
2004 年欧洲议会选举		1.971.700	6.0	5
2006 年大选	众议院	2.229.604	5.8	41
	参议院	2.518.624	7.4	27
2008 年大选	众议院	1.124.298	3.1(3)	0
	参议院	1.053.154	3.3(3)	0
2009 年欧洲议会选举		1.038.247	3.4(4)	0

注：（1）1994 年大选中，重建共加入了进步联盟（Alleanza dei Progressisti），得票率和支持率没有确切统计数据；（2）1996 年大选中，重建共和橄榄树联盟（l'Ulivo）订立了"退出条款"，从而未在所有选区参选；（3）2008 年的数据为左翼彩虹联盟的参选结果；（4）2009 年的数据是反资本主义联盟的参选结果。

数据来源：http://it.wikipedia.org/wiki/Partito_della_Rifondazione_Comunista#Risultati_elettoral。

（二）共产党人党的组织分裂与在大选中的表现

共产党人党自建党以来，党员人数波动较大。2006 年之前，整体呈增长态势。其间，2000 年从重建共分裂出的人民民主党（最初为团结左翼）于 2004 年加入了共产党人党，同年底党员队伍扩至 3.4 万余名，较大地增强了共产党人党的战斗力和影响力。2006 年，共产党人党所在的中左联盟在大选中获胜，同年底党员人数达到历史高峰 4.3 万余名。但左翼彩虹联盟在 2008 年大选中失利后，共产党人党党员数量一直呈下降趋势（见图 2－2）。共产党人党的内部矛盾与分裂的导火索大都与大选的候选人提名有关，有时也因为党内元老对党的领导人不满，分裂方式多以党内有影响力的人物出走或者辞职为主。2005 年底，在意大利 2006 年大选前夕，阿莱西奥·达马托（Alessio D'Amato）出走，成立了红绿协会（Associazione Rossoverde）。被排除在大选候选人名单之外的领导人帕利亚鲁洛（Pagliarulo）离开了共产党人党，先是加入红绿协会，之后再次出走组建了左翼红绿协会。皮斯托内（Pistone）也于 2005 年 2 月出走，后于 7 月加入了拳头玫瑰组织。[1]2006 年 6 月，党内元老科苏塔向共产党人党总书记迪利贝托辞去了党主席职务，对年届 80 岁高龄的科苏塔来说，"这是作为一个建立了共产党人党的元老经深思熟虑后的痛苦决定"。[2] 因为在共产党人党与绿党联盟共同提名的候选人名单上，没有明确标出共产党人党的斧头镰刀标志。科苏塔作为一个久经考验的意大利共产主义者，以其多年的斗争经验，指出党有极端主义倾向的萌芽，但却无力遏制这种态势的发展，而党的领

---

① 拳头玫瑰组织（Rosa nel Pugno）是意大利一个激进的自由社会主义者组织。

② http：//wayback. archive. org/web/jsp/Interstitial. jsp? seconds = 5&date = 961181617000 &url = http% 3A% 2F% 2Fwww. geocities. com% 2FCapitolHill% 2F4662% 2Farchivio98% 2Fdimcoss. html&target = http% 3A% 2F% 2Fweb. archive. org% 2Fweb% 2F20000616 185337% 2Fwww. geocities. com% 2FCapitolHill% 2F4662% 2Farchivio98% 2Fdimcoss. html.

导者们没能做到"政治优先于宣传"。科苏塔最终于 2006 年 7 月
退出了共产党人党。

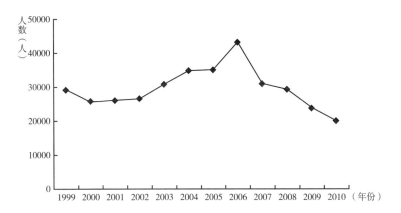

图 2 - 2　意大利共产党人党党员人数统计（1999 ~ 2010 年）

数据来源：http：//it. wikipedia. org/wiki/Partito_ dei_ Comunisti_ Italiani#Iscritti。

　　由于自身力量弱、影响力小等不利因素，意大利共产党人党在
历次大选中都选择了联盟策略。在 2001 年的大选中，共产党人党与
绿党联盟、社会民主党（社民党，SDI）结成向日葵联盟参选，因
为最后时刻社民党的一票否决，共产党人党必须单独参选，最后仅
获得了 1.67% 的支持率。共产党人党在 2004 年的第三次全国代表大
会上调整了党旗，加入"为了左翼"几个字，以展现其激进左翼立
场。这一激进表现果然使其在同年的欧洲议会选举中得到了更多选
民（近 79 万名）的信任，支持率增至 2.4%，获得两个欧洲议会议
席。到 2006 年，共产党人党队伍壮大，影响力有较大提升，在同年的
众议院选举中，再次和绿党联合参选，获得了 16 个席位（见表 2 - 2）。

四　两党关系的演变

　　自 1998 年共产党人党脱离重建共以来，两党之间的关系主要
经历了三个发展阶段。

表 2 - 2　意大利共产党人党历次大选结果统计

		得票数(张)	支持率(%)	席位(个)
1999 年欧洲议会选举		622.261	2	2
2001 年大选	众议院	620859	1.67	13
	参议院	–	–	
2004 年欧洲议会选举		783710	2.4	2
2006 年大选	众议院	1423226	4.2(1)	16
	参议院	884.912	2.3	5

注：（1）2006 年众议院选举支持率是共产党人党和绿党联盟的合计支持率。2006 年以后共产党人党和重建共联合参选，选举结果参见表 2 - 1。

数据来源：http：//it. wikipedia. org/wiki/Partito_ dei_ Comunisti_ Italiani#Risultati_ elettorali。

　　第一阶段为 1998~2004 年，各自探索革新，寻找盟友。这一阶段，两党都没有在意大利工人斗争和大选中正式联合，而是各自为战。

　　第二阶段是 2004~2008 年，泛联盟阶段。2004 年 10 月，共产党人党、重建共和意大利价值党（Italia dei Valori）组成大民主联盟（GAD）。2005 年，左民党、绿党、雏菊党等其他六支政党也加入了大民主联盟，并将名称改为联盟（L'Unione）。在 2008 年的大选中，重建共和共产党人党与绿党、左翼民主党以左翼彩虹联盟名义加入中左政党的联盟。虽然两党加入的是同一个仅仅以赢得大选为目标的泛联盟组织，缺乏共同的政治纲领，但这种联盟也为后来两党的进一步合作打下了基础。

　　第三阶段是从 2009 年至今，两党的联盟关系曲折发展。左翼联盟（Federazione della Sinistra）成立于 2009 年。它是由重建共、共产党人党和"社会主义 2000"等左翼政党或组织倡议组建且独立于意大利中左政党的联盟。在 2009 年之后，重建共与共产党人党在选举中都以左翼联盟的旗帜联合参选；在一些社会运动如反对水资源私有化的抗议中，两党也以左翼联盟的组织形式出现。如果把大选结果作为检验一个联盟或政党成功与否的标

准，那么左翼联盟显然不能令人满意，因为在 2008 年意大利议
会选举和欧洲议会选举中其所获支持率都远低于 2006 年之前重
建共一党的支持率（见图 2－3）。究其原因，首先是两党在 2006
年普罗迪政府中所表现出的巨大分歧，令选民失望；其次，在后
来的选举中，左翼联盟也没有拿出令选民满意的治国方案。正如
意大利学者阿尔多·卡拉所言，在危机面前，主张社会公正与福
利的左翼政党本应更易获得选民的青睐，危机给左翼政党带来的
本是机遇。然而，左翼政党面对诸如金融监管与自由市场等问题
时普遍没有明确看法，在应对危机、解决就业等问题上未能说服
选民。显然，仅建立起联盟而没有清晰明确的施政方针并不能得
到选民的支持。[1] 此外，两党对全球化和地区一体化深入发展的现
实缺乏深刻认知。在参加 2009 年欧洲议会选举时，重建共与共产

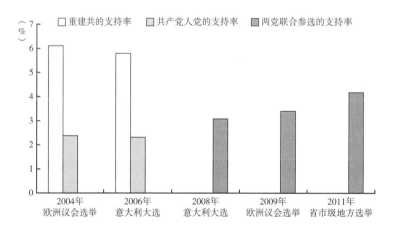

图 2－3　2004 年以来两党联盟前后的选举结果对比

数据来源：根据重建共选举办公室网页数据制作，http://
www. rifondazionecomunista. org/ufficioelettorale/files/elezioni2009/europee2009/
riepilogo_ dettaglio_ confronti. pdf。

---

[1]　Eduardo Aldo Carra, "Elezioni, Europa e Crisi Economica", http://www. criticamarxista.
net/articoli/3, 4_ 2009carra. pdf, 作者为意大利总工会（CGIL）下属经济与社会研究
所（Istituto di Ricerche Economiche e Sociali, IRES）的特聘观察员。

党人党提出的纲领政策既没能抓住欧洲一体化的主旨，引导经济和市场的一体化进程，也没能够参与超国家机制的力量，以"远见卓识"去驾驭一个欧洲的复杂现实，尤其是在面对危机时未能勾勒出一个可行的未来框架。

2011 年 10 月，共产党人党在六大上提出了"团结左翼，重新建立共产党"的目标。共产党人党认为，重新建立统一的共产党的关键在于思想意识。统一的党不仅需要马列主义、葛兰西和陶里亚蒂思想的指导，也需要根据当前的情况进行理论创新。因此，共产党人党号召左翼知识分子成立了"21 世纪马克思"政治文化协会，推动马克思主义在意大利的传播发展，以及共产主义政党的理论创新。然而，共产党人党重建统一共产党的呼吁并未得到重建共的响应。2012 年底上述两党与意大利价值党、绿党联盟（Federazione dei Verdi）等其他左翼政党共同组成了左翼党团参加2013 年的大选，但是两党已经不再以左翼联盟的形式共同参选，共产党人党甚至否定了左翼联盟的政治意义。① 共产党人党批判重建共内部派系林立，"反对一切"，孤立自身。重建共则批判共产党人党对日益右倾化的中左大党民主党态度温和，丧失了原则。简言之，十余年的历史和现实都表明，两党之间的分歧不是一朝一夕可以弥合的。②

五　两党面临的主要问题与挑战

（一）阶级基础变化给两党带来的生存挑战

据欧洲统计局（EUROSTAT）和意大利国家统计局（ISTAT）数据，至 2010 年，意大利第三产业占 GDP 比重超过 70%，第一、

---

① http：//www. marx21. it/comunisti – oggi/in – italia/7891 – la – sinistra – italiana – a – un – bivio – i – due – partiti – comunisti – scelgono – opzioni – diverse. html.

② 李凯旋："团结左翼，重新建立共产党——意大利共产党人党第六次全国代表大会述评"，《当代世界与社会主义》2012 年第 3 期。

第二产业占比不足30%，产业结构的变化带来了就业结构的变化，传统工人队伍数量减少，中间阶层崛起。一方面两党的阶级基础随着传统工人队伍的衰落而缩减，另一方面随着意大利社会结构的日益多元化，两党的党员构成也出现了多元化。除了产业工人外，党内还有一定比例的脑力劳动者，他们要求改革现有资本主义制度，但因受教育程度高，其自我意识较强，不适应重建共和共产党人党的"民主集中制"，这对两党的思想革新和基层组织的稳定都产生了一定影响。

中间阶层的迅速崛起，使得左右翼政党据以划分的阶级界线和作为生存基础的社会力量被打乱。许多国家的共产党、社会党和右翼保守党的新政策，都以满足中间阶层的诉求为出发点。重建共与共产党人党也已经将支持力量转向所有的雇佣阶层，把维护这些人的利益作为政策的起点。但就近些年大选的情况来看，这种调整并未取得理想效果。此外，传统工人阶级在两党内的权力构成和作用有所下降，中产阶级知识分子崛起（如共产党人党总书记迪利贝托是罗马大学法律系教授），党的革新与开放也在后者的主导下进行，一种新的语言文化氛围正逐渐形成。但知识型领导层的形成是否能带领两党脱离生存困境，是否会改变两党的性质，还有待观察。此外，如前所述，组织分裂和派系林立一直是两党内存在的痼疾，这也严重限制了两党的壮大与发展。

（二）政党政治内容和形式趋于中间化带来的挑战

冷战结束以来，意大利政坛传统左右两极政党分崩离析，新的政治格局在形成的过程中凸显了"中间化"的特点，无论左翼政党还是右翼政党都趋向温和，对过去激进的观点进行了不同程度的修正，政策主张变得更加务实，趋同性强。冷战后，意大利无论哪个政党都没能单独组阁，而是中左或中右政党联合组成政府。这种情况向重建共与共产党人党提出了挑战。他们作为色彩鲜明的左翼政党，在调整意识形态过程中遭遇党内传统力量抵制，党内传统派与革新派迟迟未能在理论革新上达成一致，造成了内部力量损耗。以重建共"运动中重建"为代表的革新派以及共产党人党都倾向于联盟，政策温和，放弃传统原则较多，在选民看来与其他政党已没有什么不同。这样，重建共和共产党人党不仅没有争取到新的选民，反而令自身的传统支持者"沉默"了。

（三）现代信息技术迅速发展和信息权力集中化给两党宣传带来的挑战

随着现代信息技术的发展，电视、广播、报刊、互联网已经成为人们日常生活的组成部分，也是影响国家政治生活和社会生活的重要因素。在意大利，传统媒体出现了信息权力集中化趋势，国家电视台由不同的大股东把持，最大的广播公司成了总理府的喉舌，《共和国报》、《晚邮报》等各大报纸也分别掌握在大工业家和金融家手里，为权力和政治服务。意大利各大媒体对资本主义批评的声音几乎销声匿迹，针对左翼的新闻审查却从未减少。如此一来，重建共与共产党人党几乎无法在全国性的大媒体中发出声音。然而，以互联网为代表的新媒体技术不仅打破了特定阶级对纸媒、广播、电视等传统媒介的信息垄断，而且打破了信息传播的地域限制，信息量大且传播速度更快。这对于因经费捉襟见肘而无法与民主党、自民党和北方联盟等其他政党在广播、电视、报纸等传统宣传阵地争夺主导权的重建共和共产党人党来说，是一个难得的机遇，当然同时也意味着挑战。

当前意大利经济处于困难时期，政党格局趋于碎片化，对两党来说本是发展壮大自身的良好机遇，但是2013年的议会选举结果表明，无论重建共还是共产党人党都依然生存于自由人民党、民主党、北方联盟，以及新崛起的"五星运动"的夹缝之间，备受制约。总之，受制于外部环境以及自身难以克服的问题，两党要在短期内进入意大利政治中心依然困难重重。

第四节 意大利外交政策及其在欧盟中的新角色①

2014 年很可能是意大利内政外交的转折点。2014 年 2 月，39 岁的佛罗伦萨市长伦齐（Matteo Renzi）成为意大利共和国历史上最年轻的总理。在伦齐的提名下，41 岁的莫盖里尼（Federica Mogherini）成为意大利历史上最年轻的外交部长。伦齐所在的意大利民主党加入了欧洲社会党党团，并在 2014 年 5 月的欧洲议会选举中取得大胜，由此伦齐本人也在欧洲议会中获得某种领导地位。借助在欧洲议会中的优势席位，同年 8 月莫盖里尼又在伦齐的支持下当选欧盟外交和安全政策高级代表，同时也是欧盟委员会的副主席。可以说，意大利对外政策在 2014 年进入了"伦齐 - 莫盖里尼"时代，欧盟政策中的意大利影响因素也得到提升。虽然伦齐在 2016 年 12 月因宪法改革公投失败而辞职，但是考虑到继任的真蒂洛尼（Paolo Gentiloni）政府在内政外交上与伦齐政府的高度延续性，"伦齐 - 莫盖里尼"时代的外交政策及其在欧盟中的角色也将在一定程度上得到延续。另外，目前欧盟受到难民危机的冲击和恐怖主义的威胁，作为南欧成员国的意大利更是首当其冲，而意大利在地中海地区也有一定的传统影响力，其外交政策中的相关内容同样值得关注。

对外交政策的分析可以基于不同视角，通常涉及不同层次的分析法，如体系层次、国家层次、国内政府层次和决策者个人层次。②

---

① 本节作者：钟准，重庆大学人文社会科学高等研究院讲师，意大利 LUISS 大学政治学博士。另，本节主要内容曾以"意大利外交政策及其在欧盟中的新角色：政党政治的分析视角"为题发表于《欧洲研究》2016 年第 4 期，收入本书时略作修改。

② 对外交政策分析视角的讨论可参见李志永："外交政策分析的路径与模式"，《外交评论》2011 年第 6 期。

单纯在体系层次以均势的逻辑去分析,[1] 或只是在国家层次上讨论理性选择或战略文化,[2] 难以全面解释冷战后欧洲国家的对外行为。更多的学者意识到国家并不是"黑箱化"的单一行为体,决策者也不总是理性地追求效用最大化,因此在外交政策分析中重新引入了国内和个人等更低的维度。根据吉登·罗斯的分类,至少有两种外交政策理论强调对国内政治的研究,分别是国内政治理论与新古典现实主义。[3] 前者假定对外政策的根源在国内政治,如政党政治,利益集团,国家-社会关系等;[4] 后者仍然强调国际体系的根本性作用,但体系并不能直接影响一国对外政策,需要经过国内政治结构的过滤,并依赖于决策者和精英的认知。[5] 两者的主要分歧在于如何在因果链中处理国内政治和国际体系的关系:谁是第一位的自变量,谁是第二位的干预变量,或者说对偏好和相对实力而言谁更重要。

本节对意大利外交政策的论述倾向于首先分析国内政治带来的偏好,而将意大利所处的国际环境作为限制性因素。意大利对外政策当然受到国际体系的约束,例如其在国际权力结构中的相对位置,大国权势在欧洲的分布,包括欧盟带来的制度环境与观念结构。在结构现实主义看来,意大利自建国以来就是一个中等

---

① 米尔斯海默就曾预测多极体系下德法英意之间将更易发生冲突。John Mearsheimer, "Back to the Future: Instability in Europe after the Cold War", *International Security*, Vol. 15, No. 1, 1990, pp. 5 - 56.

② 这一路径将国家利益视为体系制约下静态既定的,同时忽略了外交政策形成的政治过程。李志永:"外交政策分析的路径与模式",《外交评论》2011 年第 6 期,第 105 页。

③ Gideon Rose, "Neoclassical Realism and Theories of Foreign Policy", *World Politics*, Vol. 51, No. 1, 1998, pp. 144 - 172.

④ 又称"自由主义理论"(liberal theory),莫劳夫奇克是代表人物,参见 Andrew Moravcsik, "Taking Preferences Seriously: A Liberal Theory of International Politics", *International Organization*, Vol. 51, No. 4, 1997, pp. 513 - 553。他的经验研究主要关于欧洲,见莫劳夫奇克《欧洲的抉择:社会目标与政府权力》,赵晨、陈志瑞译,社会科学文献出版社,2008。

⑤ 参见陈志瑞、刘丰主编《国际体系与国内政治:新古典现实主义的探索》,北京大学出版社,2015。

强国，一个半世纪的外交政策不外乎在"搭霸权国便车"和寻求自主性之间进行平衡，国内政治的变化不会改变这点。[1] 作为某种修正，科拉迪和韦伯运用新古典现实主义来解释 1994～2008 年意大利外交政策的演进。他们认为后冷战国际体系刺激意大利去提升其国际地位，并将精英对权力分布的认知和国内政府的不稳定性作为中介变量分析。[2] 然而，体系变量在一定时期内变化较小，意大利的相对实力在过去二十年并未发生巨变。提升国际地位的确是意大利在后冷战国际体系下的总体外交目标，但要解释意大利对外政策短时期内的具体演变，需要更多地从国家内部和决策者的层次分析。

　　本节选取政党政治的视角分析意大利外交偏好的变化。政党政治对外交政策的影响主要集中在两个方面。一方面，意识形态会在一定程度上影响政党的外交政策选择，无论是执政党还是在野党。例如在西欧国家，不同政党对于海外军事行动的偏好不同。[3] 此外，各党基于理念和竞选承诺会对特定的外交政策格外关注，并试图让其进入政策议程。另一方面，国内议会政治和竞争性选举作为外交"双层博弈"中的第二层，也是决策者需要考虑的因素。[4] 特别是当这一对外政策会对国内产生影响并引发广泛关注时，政党如果不积极介入会导致政治信用的损失而影响选情。因此，政党政治的分析视角有利于将外交决策的国内政治模式与社会影响因素如民意和利益集团结合起来。此外，本节也会涉及

① Luca Ratti, "All Aboard the Bandwagon? Structural Realism and Italy's International Role", *Diplomacy & Statecraft*, Vol. 23, No. 1, 2012, pp. 87 – 109.

② Lorenzo Cladi & Mark Webber, "Italian Foreign Policy in the Post – Cold War Period: A Neoclassical Realist Approach", *European Security*, Vol. 20, No. 2, 2011, pp. 205 – 219.

③ Brian Rathbun, *Partisan Interventions: European Party Politics and Peace Enforcement in the Balkans*, Cornell University Press, 2004.

④ Robert Putnam, "Diplomacy and Domestic Politics: The Logic of Two – Level Games", *International Organization*, Vol. 42, No. 3, 1988, pp. 427 – 460.

领导人的个人因素，其意识形态和个性特征也会在一定程度上塑造所在政党。

本节分为四个部分。第一部分梳理 1990 年代以来意大利的外交政策变化，着重分析国内政党政治对其外交政策的影响。这种影响延续至今，是我们理解当代意大利对外行为，包括对欧盟态度的重要线索。第二部分阐述近几年民主党执政以来意大利外交的新发展，特别是对乌克兰和利比亚问题的应对。第三部分讨论在债务与难民问题上，意大利与欧盟的政策互动。第四部分则评估 2014 年莫盖里尼就任高级代表后在欧盟对外政策中发挥的作用，以及对意大利外交的影响。

一 政党竞争与外交方针的摇摆

冷战期间，意大利不仅处于两极的国际体系，其国内政治也呈现两极态势：受美国支持的天主教民主党和与苏联关系紧密的意大利共产党是两个主要的群众性政党。两党的意识形态截然不同，对战后意大利发展道路的态度有着显著分歧。但在对外政策选择上，这一时期国际体系的影响权重明显大于政党政治。在安全压力之下敌友区分相对清楚，意大利是西方阵营的一员，并在北约和欧共体框架下分别获得了安全保障和经济繁荣。尽管在国内（地方）政治中意共等左翼力量具有较大影响，但天民党及其盟友长期执政，意大利的总体外交方针一直坚定地站在美国与北约一边。[①]早在 1957 年，时任外交部长的佩拉（Giuseppe Pella）就提出了"新大西洋主义"的方针，以换取美国的经济援助和军事保护。不过，意大利对外政策上也有一定的自主性和灵活性，

---

① 反过来，两极体系也对意大利国内政治产生了较大影响，使意大利共产党难以掌权。例如，北约在意大利等国开展了秘密反共行动（GLADIO operation），防止共产党在西欧国家执政。而苏联在地缘政治上承认意大利属于西方，更多的是将意大利共产党作为抨击资本主义制度的宣传工具。

既与苏联集团有着密切的经贸合作,[①] 又在中东同时与以色列和阿拉伯国家保持良好关系。总体而言,意大利在国际舞台上扮演着边缘角色。

两极格局的结束在体系层次上对意大利外交政策产生了重大影响。与许多西欧国家一样,意大利对外政策在冷战后急需调整。一方面,北约在冷战对手消失后面临转型,美国在欧洲的驻军削减,使意大利难以继续在安全事务上"搭便车"。另一方面,随着相对实力的提高 (1990 年代初意大利 GDP 总量一度居世界第五位),意大利将提升国际地位、防止被边缘化作为外交转型的目标。我们可以将其理解为体系层面上的动因。从 1990 年代开始,意大利积极参加联合国、欧盟和北约框架下的维和与海外军事行动。在本世纪受经济危机影响军费受限的情况下,意大利还先后参与了在阿富汗、伊拉克、黎巴嫩和利比亚的军事行动。

意大利外交的积极性和自主空间加大,也给了国内行为体更大的政策影响力。在国际体系剧变的同时,意大利国内政治体系在 1990 年代初也经历了合法性危机("净手"运动) 和重大变迁 (1994 年新选举法),过去"左右分明"的几个传统大党被"碎片化的政党联盟"所取代。[②]例如中左派的橄榄树联盟,整合了部分共产主义和社会主义政党,逐渐演变为今天的意大利民主党;中右派的政党联盟主要包括贝卢斯科尼的意大利力量党和极右的北方联盟。能够参与外交政策讨论的政党数量大为增加,也使得意大利对外政策严重受制于政党联盟之间的竞争与联盟内部的分歧。

---

① Sergio Romano, "Italian Foreign Policy after the End of the Cold War", *Journal of Modern Italian Studies*, Vol. 14, No. 1, 2009, pp. 8 - 9.

② James L Newell, *Parties and Democracy in Italy*, Ashgate, 2000.

　　由于党派意识形态、背后利益集团和选民结构的差异，中左派政党联盟与中右派政党联盟的外交偏好有着明显区别。中左派具有国际主义和多边主义导向，希望意大利在联合国、欧盟和北约中发挥更大的作用，包括参与海外军事行动。但是联盟中的传统左派仍然具有一定的反美与反战意识形态。而中右派更具地缘政治思想，强调意大利的国家利益，而非对国际社会的积极贡献。具体表现为：前者更加支持欧盟，但不一定反对北约（取决于反美主义的程度）；后者对欧盟往往不太热心，甚至表现为疑欧主义（特别是民粹主义右派），而对与美国的同盟关系更加看重。有学者指出 1990 年代以来意大利外交政策的调整，与国内左右政党博弈息息相关，甚至具体为普罗迪与贝卢斯科尼之争。[①]

　　当贝卢斯科尼领导的右翼联盟于 1994 年赢得大选，意大利马上表达了对欧洲经济与货币联盟的疑虑，要求就《马斯特里赫特条约》重新进行磋商。意大利还向内战中的南斯拉夫提出了争议领土（伊斯特里亚）要求，并为此威胁否决克罗地亚和斯洛文尼亚加入欧盟，这也引起了其他欧盟成员国的不满。不过贝卢斯科尼的第一次总理任期因为联合政府内部纷争很快在 1995 年初结束，意大利的外交右倾之路并没有走远。接替贝卢斯科尼的普罗迪来自左翼联盟，在其执政期间（1996～1998 年）采取了积极融入欧洲一体化的战略，并使意大利成为首批欧元区国家。而在巴尔干地区，意大利领导了联合国在阿尔巴尼亚的维和行动。其后的达莱马总理出身意大利共产党，基本延续了普罗迪的外交方针。

① Antonio Missiroli, "Italy's Security and Defence Policy: between EU and US, or just Prodi and Berlusconi?" *Journal of Southern Europe & the Balkans OnlinE*, Vol. 9, No. 2, 2007, pp. 149 – 168.

2001～2005 年间贝卢斯科尼再次出任意大利总理,重新走回了大西洋主义,试图像英国一样成为美国在欧洲的特殊伙伴。在阿富汗和伊拉克战争中,意大利都坚定站在美国一边。相比之下,贝卢斯科尼政府对待欧盟要冷淡许多,主要原因是其领导的中右联盟各党对待欧盟分歧较大。贝卢斯科尼政府的外交也更加倾向双边主义而非欧盟式的多边主义。贝卢斯科尼本人热衷于与小布什、普京、布莱尔、沙龙等外国政要结下私人友谊,甚至在不与外交部长和总统磋商的情况下直接对美俄开展外交。2006 年普罗迪重新当选意大利总理,再次强调了欧盟和多边主义的重要性。在继续参与北约在阿富汗的多边行动①的同时,普罗迪政府将意大利军队撤出伊拉克。不同于此前贝卢斯科尼明显偏袒以色列的政策,② 普罗迪政府积极调停了 2006 年的黎以冲突,并向黎巴嫩派出 2500 人的维和部队。但这一努力受到国内政局变动的极大限制。③ 普罗迪因执政联盟的内部不和未能赢得参议院的信任投票,于 2008 年辞去总理职务。接替他的又是贝卢斯科尼。

由于国内政局的变幻莫测,意大利难以建立起长期稳定的外交政策(见表 2 - 3)。这有损于该国的国际信誉,使其难以在国际舞台上发挥更大的作用。意大利外交偏好的摇摆性主要表现在对欧洲主义和多边主义的态度上。当中左政党联盟执政时,意大利的外交政策是向欧盟和联合国积极靠拢的,而在贝卢斯科尼领导的中右联盟执政时,意大利则对多边主义和北约以外的国际组织"三心二意"。有学者甚至把冷战后意大利外交政策在欧洲与美国之间的这种摇摆,与 100 年前意大利在协约国与同盟国之间

① 欧盟成员国在将阿富汗与科索沃战争视作多边主义的标准问题上团结一致,而在伊拉克和利比亚战争中则没有。

② Arturo Marzano, "Italian Foreign Policy towards Israel: the Turning Point of the Berlusconi Government (2001 - 2006)", *Israel Studies*, Vol. 16, No. 1, 2011, pp. 79 - 103.

③ Ludovica Marchi Balossi - Restelli, "Italian Foreign and Security Policy in a State of Reliability Crisis?" *Modern Italy*, Vol. 18, No. 3, 2013, pp. 255 - 267.

的摇摆做了类比。①相比之下，意大利外交政策的连续性主要体现在大西洋主义方面，即使在中左联盟执政时期，意大利在总体上仍然支持美国和北约。例如在1999年科索沃战争期间，达莱马支持北约未经联合国授权的军事行动，并派出军队参与其中。但这一举动受到执政联盟内部左派与和平主义者的反对，联盟的团结受到威胁。

表 2-3　意大利部分总理及其外交偏好（1994～2011年）

总理	执政时间	政党联盟	外交方针（主要政策）
贝卢斯科尼	1994～1995	中右	单边主义（争议领土要求，质疑欧洲一体化）
普罗迪	1996～1998	中左	多边主义（阿尔巴尼亚维和，加入欧元区）
达莱马	1998～2000	中左	多边主义（延续普罗迪政策，参加科索沃战争）
贝卢斯科尼	2001～2006	中右	单边/双边主义（参加伊拉克战争，私人外交）
普罗迪	2006～2008	中左	多边主义（黎巴嫩维和，调解中东冲突）
贝卢斯科尼	2008～2011	中右	单边/双边主义（参加利比亚战争，私人外交）

注：本表省略了迪尼（执政时间较短）和阿马托（无党派技术型官员）。
资料来源：作者自制。

二　应对乌克兰危机与中东北非局势

贝卢斯科尼于2011年11月在丑闻与危机中辞职后，无党派经济学家蒙蒂和民主党的莱塔先后短暂担任意大利总理。其后，同属民主党的伦齐以改革者面目出现，宣称要与旧的党派政治决裂。②意大利民主党建立于2007年，是当前意大利政治主流的中左派政党。按照政党演变的谱系，民主党是意共与天民党左派的后代。作为多个中左政党兼并重组的产物，该党包含了多种意识

---

① Elisabetta Brighi, "Europe, the USA and the 'Policy of the Pendulum': the Importance of Foreign Policy Paradigms in the Foreign Policy of Italy (1989 - 2005)", *Journal of Southern Europe & the Balkans*, Vol. 9, No. 2, 2007, pp. 99 - 115.
② 徐力源："意大利总理伦齐"，《国际研究参考》2015年第4期。

形态，除最主要的社会民主主义之外，还带有左翼基督教、社会自由主义和绿色政治色彩。这虽然有利于吸引更广泛选民特别是中产阶级，但是也导致了民主党内部意识形态的分歧。伦齐上台之后，不再强调党的意识形态，而是将其作为选举工具。他充分利用新旧媒体强化个人形象，被称为"左派的贝卢斯科尼"。在伦齐的魅力型领导下，意大利民主党也在向个人主义政党转变。[①]

在对外政策上，伦齐也试图与前任政府，包括中左派政府拉开一定距离。冷战后意大利中左派政党联盟内部的意识形态分歧，常常在遇到重大国际问题时更加恶化，例如是否支持并参与美国领导的海外军事行动，已经影响到政党的团结乃至执政联盟的存亡。与1990年代与本世纪头十年的中左派领导人不同，未经历过冷战的伦齐并没有反美主义与和平主义的党派意识形态负担，对外国际关系倾向于采取实用主义立场和灵活的问题解决导向——但这本身也是一种个人意识形态。[②]因此这一时期政党政治对外交政策的影响较强，对选举竞争的考虑要大于对传统的党派意识形态的考虑。例如在周边安全危机的应对上，政党的意识形态偏好并不明显，但对具体危机的介入程度在一定程度上则取决于国内舆论的关注度。

尽管伦齐不属于传统的中左派领导人，但在上台之后再次倾向欧盟和多边主义，仍然符合冷战后意大利外交方针的钟摆模式。亲欧是中左派政党的共识，伦齐在竞选党首时就发表过一些欧洲联邦主义的讲话，如倡议欧盟领导人直选，支持欧盟共同外交政

---

① 关于伦齐对民主党的改变，参见 Eugenio Salvati, "Matteo Renzi: A New Leadership Style for the Italian Democratic Party and Italian politics", *Modern Italy*, Vol. 21, No. 1, 2016, pp. 7 – 18; Fabio Bordignon, "Matteo Renzi: A 'Leftist Berlusconi' for the Italian Democratic Party?" *South European Society and Politics*, Vol. 19, No. 1, 2014, pp. 1 – 23。

② Elisabetta Brighi & Lilia Giugni, "Foreign Policy and the Ideology of Post – ideology: the Case of Matteo Renzi's Partito Democratic", *The International Spectator*, Vol. 51, No. 1, 2016, p. 21.

策，加强欧洲认同等。① 伦齐对欧盟的重视不仅体现在修辞上，在当选总理后不久，他成功提名党内的外交政策专家莫盖里尼当选欧盟外交和安全政策高级代表。莫盖里尼在党内与伦齐关系紧密，是其忠实盟友。② 这在客观上也有利于意大利提高自身在欧盟对外政策中的影响力。

目前，欧盟在两场安全危机上面临着挑战，但不同成员国在如何应对上存在分歧。首先，近两年欧盟对外政策中很大一部分精力放在了处理乌克兰危机和与俄罗斯的关系上。根据西方社会和大多数欧盟成员国，特别是中东欧成员国的政策偏好，欧盟对俄罗斯进行了外交谴责，并动用了经济制裁手段。基于与盟国团结的考虑，意大利同意加入这一共同政策，但其国家利益与政策偏好与欧盟并不完全一致。一方面，作为南欧国家，乌克兰危机对意大利的威胁度相对较低，而且意大利与俄罗斯长期保持着友好关系。另一方面，考虑到意大利31%的天然气是从俄罗斯进口，乌克兰危机影响到意大利的能源安全。在这一问题上意大利埃尼集团（ENI）是左右意大利外交政策的重要的利益集团。在此背景下，意大利努力促成了俄罗斯总统普京与乌克兰总统波罗申科于2014年10月在米兰亚欧峰会期间的会面。意大利政府曾明确表示希望尽早结束对俄制裁。不过欧盟与俄罗斯的关系正常化尚需时日，近几年对俄制裁已多次延期。

其次是应对中东与北非局势。相较乌克兰危机，利比亚问题在意大利国内受到的关注更多。2014年以来利比亚局势急转直下，不仅是边境管理几乎陷入瘫痪，在中东肆虐的伊斯兰国势力也从

① Matteo Renzi, Cambiare Verso, Documento Congressuale a Sostegno della Candidatura di Matteo Renzi, http：//www. matteorenzi. it.

② Steve Scherer, "Renzi Loyalist in Pole Position for EU Foreign Policy Job", http：// www.reuters.com/article/2014/07/16/us－eu－commission－mogherini－idUSKBN0FL1122 0140716.

叙利亚向利比亚扩张。作为与利比亚隔海相望的邻国，意大利直接受到恐怖主义的安全威胁，此外还需处理日益增长的难民问题。利比亚曾是意大利的殖民地，独立之后与意大利仍有着紧密的政治经济关系。意大利政府希望在利比亚问题上发挥更大的领导作用，一度计划通过联合国维和部队对利比亚进行军事介入以稳定局势。为此，意大利寻求包括俄罗斯在内的安理会常任理事国的支持。多边主义再次成为意大利的外交方针。但由于2015年以来利比亚局势进一步恶化，维持和平几无可能。因而，意大利不愿再冒险进行军事干预，外交斡旋和政治对话成为其主要介入方式。①

尽管如此，这反映出意大利试图运用军事力量，通过多边行动追求本国外交政策目标的考量。和英国法国相比，过去意大利国内对于海外军事行动的讨论较少，也并不深入。而2015年4月意大利政府发布了1985年以来的第一份国防白皮书，弥补了多年来国防战略的空白。② 这部白皮书被认为是意大利军方、政府（与议会）和专家学者三方共同参与的成果。③ 目前，由于中东北非的安全危机，意大利民众对于海外军事干预行动的关注日益上升。白皮书第50条指出，欧洲和地中海地区是意大利的战略重心，意大利军方要做好危机干预，甚至是领导危机干预的准备（第71条），消除对意大利安全和利益的可能威胁（76条）。④ 国防白皮书的发布有利于向意大利民众阐明意大利的军事战略，使议会在决定预算上更加理解军方的运作。但由于意大利长期的债务问题和近年来

---

① Oliver Baube, "Renzi Puts Brakes on Military Action as Italy Frets over Libya", http://news.yahoo.com/renzi - puts - brakes - military - action - italy - frets - over - 154951781.html.

② Ministero della Difesa, *Libro Bianco per la Sicurezza Internazionale e la Difesa*, http://www.difesa.it/Primo_ Piano/Documents/2015/04_ Aprile/LB_ 2015.pdf.

③ Alessandro Marrone, "The White Paper: A Strategy for Italy's Defense Policy", Documenti IAI, No.15, June 2015.

④ Ministero della Difesa, *Libro Bianco per la Sicurezza Internazionale e la Difesa*, p.13, p.18, p.19.

的财政紧缩政策，民意对于增加军事开支比较敏感。

值得注意的是，意大利的外交政策仍然受到国际体系的限制。由于相对实力有限，为了应对以上挑战，意大利在重视欧盟的同时，还要继续保持与美国的紧密关系。2014 年与 2015 年伦齐与奥巴马进行了互访。在双方关心的国际问题上，意大利和美国互有合作需求。对美国而言，希望包括意大利在内的西方盟国保持对俄罗斯的制裁立场，以免被莫斯科"各个击破"。而意大利作为欧盟中与俄罗斯关系较为密切的国家，自然是奥巴马的重点团结对象。而意大利要在中东和北非采取积极主动的介入政策，获得美国的外交支持和后勤保障至关重要。①

三　处理欧盟债务与难民问题

如果说应对安全危机是比较纯粹的对外政策，对欧盟债务问题与难民问题的处理则介于国际与国内政策之间。后者直接关乎民众生活，也是国内选举的重大议题，因而受政党政治因素的影响更加显著。这里的竞争并不在于传统的左右之分，而是越来越多地体现在主流政党与反建制政党之间。在包括意大利在内的大多数欧盟成员国，主流政党通常愿意支持欧盟的相关解决方案，如财政紧缩和难民配额。而极端的民粹主义和民族主义政党往往拒绝承担相关义务，并以此在国内政治中攻击主流政党。意大利民主党无疑属于主流政党，但它在相关政策的选择上也面临政党竞争的压力。

就欧债问题而言，作为欧元区最大的重债国，意大利的经济前景对于欧洲经济有重要影响。② 良好的国内经济状况，是实施积

---

① Riccardo Alcaro, "The Renzi – Obama Summit" http：//www. brookings. edu/research/opinions/2015/04/22 – obama – renzi – summit – alcaro.

② 孙彦红："意大利公共债务问题评析"，《欧洲研究》2015 年第 2 期。

极对外政策的保障。如果债务问题得不到妥善解决，意大利和欧盟都无暇发挥国际影响力。反而，由经济困顿导致的民粹主义和反欧盟运动，例如由喜剧演员格里洛领导的反建制政党"五星运动"，会进一步威胁到意大利政局稳定和欧洲一体化进程。① 毫无疑问，意大利必须与其他成员国磋商，在欧盟层面上解决问题。在德国等国的主导下，目前欧盟对希腊、意大利等国采取的主要是严厉的财政紧缩政策。此前蒙蒂和莱塔政府严格遵循了欧盟的财政紧缩政策，公共债务得到一定控制，财政赤字占国内生产总值比重降到了 3% 以下。欧盟也于 2013 年 6 月解除了意大利的过渡赤字程序。但厉行财政紧缩和刺激经济增长之间的确存在矛盾之处。

而伦齐在推动意大利自身改革的同时，多次表示欧盟不能只强调紧缩，经济增长才是走出危机的根本出路。意大利政府加大了基础设施与教育方面的公共支出，以期拉动经济的增长。这也是意大利民主党针对国内政治做出的反应，因为长期的紧缩政策会恶化执政党在政党竞争中的处境，而反对党正是通过反对欧盟、许诺增加公共开支来吸引选民。2014 年下半年意大利出任欧盟轮值主席国，在一定程度上按照本国偏好影响了欧盟的相关经济政策。在规范金融市场方面，意大利在轮值任期内领导欧盟在银行业联盟、支付服务、反洗钱等方面取得了一些进展。此外，欧盟在 2014 年 11 月出台了规模可达 3150 亿欧元的"容克投资计划"，欧盟委员会主席容克也专门表达了对轮值主席国意大利支持出台投资计划的感谢。② 这一投资计划显然符合民主党政府"放松紧缩，增加支出促经济"的政策偏好。

① Paolo Franzosi, F. Marone and E. Salvati, "Populism and Euroscepticism in the Italian Five Star Movement", *International Spectator*, Vol. 50, No. 2, 2015, pp. 109－124.

② Marzia De Giuli, "News Analysis: Italy's EU Presidency Pushes Flexibility in Economy", http://news.xinhuanet.com/english/europe/europe/2015－01/14/c_127383995.htm.

随着难民危机在欧盟内逐渐发酵，作为欧盟"边境"国家，移民问题也成为意大利优先考虑的对外事务。近年来欧盟将移民问题作为安全问题的一部分，加强了对非法移民的打击，并将移民事务作为其与中东北非国家关系中的重要议题。保持北非地区的稳定以控制移民和难民的融入，也是意大利外交政策的长期目标。[①] 一方面，意大利对外援助主要集中在这一地区。另一方面，在处理与移民来源国和中转国（如突尼斯和埃及）的关系时，意大利将移民政策中的"重接接纳协定"[②] 和移民配额作为外交筹码。利比亚是非洲移民通往欧洲的重要通道。在控制非法移民问题上，意大利无论中左还是中右政府都曾与卡扎菲政权有过密切合作。但在"阿拉伯之春"特别是突尼斯和利比亚的政权更迭后，北非局势的持续动荡和边境管理的瘫痪造成了海上偷渡者的激增。据统计，2009 年和 2010 年从海路非法进入意大利的人数均小于10000 人，而在 2011 年前 9 个月这个数字达到了 42807 人。[③]

2013 年 10 月在意大利兰佩杜萨岛近海发生的难民沉船事故造成 360 人溺死，暴露出欧盟移民管理的重大漏洞。与右翼政党通常只迎合国内民意而公开反对移民不同，中左翼政党必须在保护（非法）移民人权和公众的安全顾虑中间做出平衡，同时还要承担一定的国际义务。因此意大利民主党政府随即开展了"我们的海"（Mare Nostrum）搜救计划，以避免类似惨剧再次发生。但该计划成本高昂，意大利政府独木难支。作为非洲方向的移民登陆欧洲的主要通道，意大利要求欧盟进行援助，否则将放任这些移民流

---

① Valter Coralluzzo, "Italy and the Mediterranean: Relations with the Maghreb Countries", *Modern Italy*, Vol. 13, No. 2, 2008, pp. 115 – 133.

② "重新接纳协定"是欧盟打击非法移民的共同政策，即通过与第三国合作，将非法移民遣送回来源国或中转国。详见 http://europa.eu/rapid/press – release_ MEMO – 05 – 351_ en. htm.

③ Philippe Fargues and Christine Fandrich, "Migration after the Arab Spring", *Migration Policy Centre Research Report*, 2012/09, p. 4.

向其他成员国。意大利最终在 2014 年成功地推动了欧盟边境管理的"海神计划",首次将意大利海岸外约 50 公里划定为欧盟边境。① 在此区域内,欧盟边境管理当局将为意大利的海上巡逻和救援提供人力和财力支持。莫盖里尼在欧盟层面也十分关注难民问题,应该说这与她的意大利政治背景不无关系。

四　莫盖里尼的作用

意大利在担任轮值主席国期间的最大收获,当属意大利人莫盖里尼顺利当选欧盟外交与安全政策高级代表。这有利于意大利借助欧盟的力量应对利比亚和乌克兰危机。根据《里斯本条约》相关条款对高级代表权责的规定,莫盖里尼一方面领导欧盟对外行动署(EEAS),负责欧盟的外交事务,另一方面也是欧盟委员会的副主席,对欧盟经济政策也有一定的发言权。欧盟这样的制度设置是想让高级代表更好地整合欧盟内部资源,特别是经济资源,以进一步加强欧盟的对外政策能力。

值得注意的是,尽管权力和职能在《里斯本条约》后得到扩大,高级代表莫盖里尼在欧盟的工作也会遇到相当多的困难。她的前任英国人阿什顿作为首任"欧盟外长"的最初五年(2009～2014 年),并没有发挥出外界期待的协调理事会和委员会的作用,欧盟在利比亚和乌克兰危机中的表现也乏善可陈。阿什顿任期的大部分精力都投入到对外行动署(EEAS)的制度创建中,而她在欧盟委员会的影响有限。② 和阿什顿一样,莫盖里尼被提名后也被人诟病经验不足。事实上她也不能独揽欧盟的对外政策。根据新任欧盟委员会主席容克的政治纲领,高级代表必

---

① Sandro Gozi, "Frutti del Semestre di Presidenza Europea", *Affari Internazionali*, http://www. affarinternazionali. it/articolo. asp? ID = 2915.

② 钟准:"欧盟危机干预的政策机制探析",《教学与研究》2016 年第 1 期,第 60 页。

须与欧盟负责贸易、发展援助和睦邻政策的委员们协调欧盟的整体对外政策。① 更不用提欧盟中的三大成员国，德国、法国和英国在外交政策上时常绕开欧盟，各自为政。甚至有一种可能，成员国之所以让经验和权威不足的莫盖里尼担任高级代表，而不选老牌政治家如德国前外长费舍尔和瑞典前首相比尔德，就是不想让本国外交政策受制于欧盟外交政策。

但与阿什顿不同的是，意大利民主党人莫盖里尼有过作为职业政客的经验（曾两度当选意大利议员），加之年轻有活力，在欧盟表现出更强的沟通和应对媒体的技巧。② 为了加强对外行动署与欧盟委员会的整合与协作，在容克的支持下，莫盖里尼将自己的办公室从对外行动署总部搬到了欧盟委员会所在的办公楼。这样她就能更多地参与欧盟委员会的工作，加强与委员们的日常沟通。同时，莫盖里尼尽力在欧盟理事会中协调与成员国的关系。她把自己和欧盟共同外交政策定位为各国外交政策的催化剂和促进因素，而非第29种（欧盟现有28个成员国）外交政策。她短暂担任意大利外交部长的经验，也或许有助于她与28位成员国外交部长的协调。

尽管困难重重，莫盖里尼就任欧盟外交与安全政策高级代表无疑有助于提高意大利在国际舞台上的影响力。莫盖里尼的外交风格具有意大利的传统特点：灵活实用，不拘泥于意识形态。她上任以来最大的外交成果，是推动伊朗核问题的和平解决。意大利过去与伊朗具有良好的合作关系，其在伊朗受到制裁以来成为推动欧盟与伊朗和解的先锋，也曾试图加入伊朗核问题六方会谈，但一直被英法德三国排除在外。在2015年7月"维也纳协议"达

① Jean-Claude Juncker, "A New Start for Europe: My Agenda for Jobs, Growth, Fairness and Democratic Change", http://ec.europa.eu/priorities/docs/pg_en.pdf.
② Tereza Novotná, "Federica Mogherini and Her First Year as HRVP", *EUROPUEM Policy Brief*, http://www.europeum.org/data/articles/mogherini-first-year.pdf.

成、西方解除对伊朗制裁后，2016 年 1 月伊朗总统鲁哈尼的首次
欧洲之旅就去了罗马，并与意大利签订了一系列价值约 180 亿美
元的经济合作协议。在乌克兰问题上，莫盖里尼在当选高级代表
后对俄罗斯的立场与意大利相当一致，也是积极寻求和解。她在
2015 年 1 月提出如果"明斯克协议"得到落实，乌克兰局势得到
改善，对俄罗斯的制裁将部分或全部取消。[①] 不过这一提议，包括
她本人对俄罗斯的缓和态度，在欧盟内部一直受到波兰和波罗的
海三国的抵制。

五 结论和展望

伦齐—莫盖里尼时代的意大利外交政策，与此前贝卢斯科尼
的中右政党相比，又重新回到了多边主义和欧洲主义的轨道上来。
在应对外部危机方面，意大利中左政府采取多边主义态度，在欧
盟、北约和联合国框架下积极介入中东和北非事务。尤其是在利
比亚，意大利一度试图在当地局势稍稳定后，发起并领导一个多
国维和行动。而在乌克兰问题上，意大利是西方与俄罗斯关系缓
和的促进因素，因为对于南欧国家意大利来说，欧盟和北约将对
外政策的重心放在地中海地区更符合其国家利益。在应对欧盟的
债务危机和难民问题上，意大利中左政府支持欧盟进行国际合作，
认可意大利应承担一定的国际义务。与此同时，借助 2014 年下半
年的轮值主席国身份、在欧洲议会中的党团多数席位，以及欧盟
领导人之一的莫盖里尼，意大利的外交偏好也在一定程度上影响
了欧盟的政策。

然而，需要看到的是，意大利开展积极主动和可持续的外交，
仍然受制于其不稳定的政局和经济的结构性问题。"短命"和相对

---

① "莫盖里尼说如乌克兰局势改善对俄制裁将取消"，新华网，http：//news. xinhuanet.
com/world/2015 - 01/09/c_ 1113930840. htm。

虚弱的政府要面对长期存在和势力强大的利益集团及游说团体。应该说，意大利外交能否重拾国际声誉，国内改革计划能否取得成效，中左政党长期执政是关键。然而，民主党执政以来仍然在国内政治中面临严峻挑战。最大的挫折莫过于2016年12月宪法改革公投的失败。这次公投失败重挫了民主党的士气，同时也迫使伦齐兑现此前辞职承诺。

伦齐辞职后，意大利总统马塔雷拉授权原外交部长真蒂洛尼组建新内阁。真蒂洛尼仍继续领导伦齐时期的政党联盟，在2017年的新年讲话中，他称会继续推动改革。在外交方面，真蒂洛尼会在很大程度上延续伦齐政府的政策，因为他自己正是伦齐时期外交事务的决策和参与者之一。在中东北非问题上，真蒂洛尼继续强调打击伊斯兰国恐怖主义，并要求利比亚加强边境管理，制止非法移民。在对俄问题上，意大利过渡政府仍持缓和立场，新任外交部长阿尔法诺甚至主张取消对俄制裁，并恢复后者G8席位。在欧盟经济问题上，真蒂洛尼与伦齐一样，希望欧盟将工作重心放在经济增长、增加就业和投资上。2017年3月25日庆祝签订《罗马条约》60周年的活动在意大利举行，真蒂洛尼政府协调欧盟各国出台了规划欧洲一体化未来的《罗马宣言》。值得注意的是，尽管伦齐已辞去民主党总书记职务，但鉴于目前民主党尚无其他实力相当的挑战者，并不排除伦齐通过2017年大选东山再起的可能性。总之，伦齐—莫盖里尼时代的意大利对外政策将至少延续至2017～2018年。

意大利国内改革需要一个稳定和平的国际环境，并获得欧盟、美国等盟友的支持。外交政策并非最热门的选举议题，但外交失败会对政府声誉造成负面影响。例如意大利所承担的欧盟义务已在很大程度上被国内政治化。此次公投失败，再次说明了当前反建制政党"五星运动"在意大利的受欢迎程度，以及其在某些热门议题上的优势。2018年意大利将进行大选，"五星运动"可能获得 30%~40% 的选票从而进入政府，但仍需与其他政党组成执政联盟。反建制政党与主流政党的互动，包括政党内部与政党之间的辩论，将在一定程度上影响意大利对外政策，特别是与欧盟关系和移民安全问题。这种变化的程度主要取决于国内政治中的政党力量对比。"五星运动"若获得 40% 以上的选票，与其他持"欧洲怀疑论"的政党如北方联盟形成执政联盟，就更有可能会拒绝承担相关欧盟义务。但如果只是作为执政联盟中较小的政党，右翼民粹主义政党在议会中不一定会一味反欧盟和反移民，例如过去贝卢斯科尼政府中的北方联盟。[①] 此外，受制于国际体系和地缘政治因素，即使由反建制政党执政，作为欧洲大陆中等国家的意大利也不太可能在对外政策中发生大转变，如脱离欧元区或欧盟。

第五节　2016年宪法改革公投失败的原因与影响[②]

2016 年 12 月 4 日，意大利就宪法改革举行全民公投。鉴于近两年欧洲一体化进程陷入低谷，作为欧元区第三大经济体，同时也是公共债务规模最大的成员国，意大利举行此次公投受到国际社会与金融市场的广泛关注，甚至被认为是年内继英国脱欧公投后影响欧洲一体化前景的最重大事件。最终计票结果显示，投"否"的民众比率高达 59.1%，较之投"是"的民众比率高出接

[①] Bertjan Verbeek and Andrej Zaslove: "The Impact of Populist Radical Right Parties on Foreign Policy: the Northern League as a Junior Coalition Partner in the Berlusconi Governments", *European Political Science Review*, Vol. 7, No. 4, 2015, pp. 525－546.

[②] 本节作者：孙彦红，中国社会科学院欧洲研究所副研究员，欧洲科技政策研究室副主任。主要研究领域为欧洲经济、意大利经济、欧洲科技政策、中欧/中意经济关系。主要代表作：《欧盟产业政策研究》，社会科学文献出版社，2012。另，本节主要内容曾以"公投后意大利政局走向及对欧洲的影响"为题发表于《当代世界》2017年第1期，收入本书时略作修改。

近20个百分点，公投以"惨败"收场。随后，该国总理伦齐履行先前承诺宣布辞职。由于此前各方对公投结果普遍持悲观预期，并相应做了预案，此次公投最终并未演变成真正意义上的"黑天鹅"事件。从经济上看，公投结果出炉后意大利国债收益率进一步攀升，此前已明显走低的欧元再次大跌，但是并未造成金融市场混乱崩溃。从政治上看，总统马塔雷拉果断授权原外交与国际合作部部长保罗·真蒂洛尼"闪电"组阁，也避免了意大利政局陷入剧烈动荡。然而，不可否认的是，就中长期而言，此次公投失败不仅会对意大利自身政治稳定与经济复苏造成冲击，对欧洲一体化前景亦会产生负面影响。

一 宪法改革公投的背景与内容

近年来，经济复苏乏力的意大利一直面临着进行结构性改革的巨大压力。然而，过去几年推行改革并不顺利，进展也不大。究其原因，除既得利益者阻挠之外，政治体系效率低下，政府太"弱"，缺乏政策制定与执行能力可谓最大的障碍。鉴于此，伦齐政府2014年上台后不久即启动政治体系改革，意在强化政府，提高立法与决策效率，为后续一系列经济改革创造政治前提。

2014年2月，伦齐以"改革者"姿态取代前任莱塔，成为意大利共和国历史上最年轻的总理。上台伊始，伦齐政府即明确提出，当前的"对等"两院制议会架构与选举法是导致意大利政府极不稳定、立法与决策效率低下的最主要原因。要提高政治体系效率，调整议会架构与选举法刻不容缓。[①] 由于调整议会架构涉及对国家政体"动刀"，必须修改诸多宪法条款，难度极大，因而被伦齐政府视为第一改革要务。

① 周弘、黄平、江时学主编《欧洲发展报告（2014~2015）》，社会科学文献出版社，2015，第291页。

简言之，伦齐政府调整议会架构的方向是将"对等"两院制改为以众议院为主导的"非对等"两院制。二战结束后，基于对法西斯时期独裁政治的深刻反思，意大利实行了以多党制为基础的议会共和制，且在议会架构设计上特别规定，众、参两院享有完全等同的立法权。政府必须同时对两院负责，所有立法必须经两院都通过方可生效。上述设计固然有助于更充分地实现民主，却不可避免地造成决策过程漫长，效率低下。尤其是，由于议会内党派众多、小党林立、党派结盟随意，众、参两院又常因多数派不同而相互掣肘，常常会出现立法提案在两院之间往返递转长达数年而最终被迫搁置的情况。[①] 近年来，面对日趋激烈的国际经济竞争，意大利表现出的"力不从心"使该国立法效率低下的弊端进一步凸显出来。按照伦齐政府的设计，改革后的议会将以众议院为主导，参议院人数由此前的315人减至100人，且被降格为主要由地区代表组成的议事机构，立法权被大幅缩减。这一改革方向无疑有助于提高该国政治体系的运行效率。

虽然议会架构改革自2014年即已启动，但是因多方反对迟迟无法落地。依意大利宪法规定，修改宪法条款须议会两院均达到2/3多数通过方可进行。若这一条件无法满足，也可诉诸全民公投的方式。具体程序是，由政府（或党派）发起全民公投提议，集齐50万有选举权的公民签名支持，再由宪法法院确认，授权政府正式举行全民公投。由于此次修改宪法的提案在议会两院均只获得简单多数通过，未达到2/3多数的法定门槛，伦齐政府只好发起全民公投。除调整议会架构这一核心内容之外，公投还涉及在有些领域重新划分中央与地方事权、废除省级行政区划等内容。

---

① 有关意大利议会架构与立法效率的评述，可参见戎殿新、罗红波、郭世琮著《意大利经济政治概论》，经济日报出版社，1988，第439~445页；孙彦红："意大利公共债务问题评析"，《欧洲研究》2015年第2期，第107页。

为表达与改革共进退的决心，伦齐甚至不惜以个人政治前途做赌注，提出若公投失败将立即辞去总理职务。

二 宪法改革公投失败原因剖析

据意大利内政部统计，此次公投投票率为 68.5%，明显高于之前大多数预测，说明意大利民众借助公投表达自身诉求的愿望颇为强烈。从策略上看，伦齐过早地将个人政治前途与公投结果捆绑，无疑是公投失败的重要原因。然而，不可否认，公投"大比分"惨败的确在很大程度上反映了当前该国的主流民意。那么，在民意背后起推动作用的又有哪些重要因素呢？以下尝试从历史文化、政治经济、国际环境等角度逐一做剖析。

首先，不希望甚至惧怕政府过于强大的心理在意大利民众中颇具普遍性。追溯历史，在公元 476 年西罗马帝国灭亡后长达1400 年的时间里，意大利始终处于四分五裂之中，割据严重，群龙无首。虽然自 1861 年以来在政治上实现了统一，但是至今在经济社会层面仍高度"碎片化"。基于此，"无政府主义"在该国一直大有市场，很多民众对政府尤其是中央政府持怀疑态度，不愿看到政府过于强大。这种心理也解释了为什么属于"精英"群体的诸多法学界人士和大学教授也公开反对宪法改革，其理由是认为降格参议院地位可能会导致某个政党或某个领导人的独裁，是民主的倒退。[1]

其次，经济持续低迷导致民众对伦齐政府的失望与不满情绪

---

① 例如，佛罗伦萨大学历史学教授莱茨尔（Walter Leszl）2016 年 10 月在该国"自由与公正"组织（Libertà e Giustizia）网站上刊文分析伦齐政府的宪法改革，认为改革方向很可能助长独裁政治的滋生与发展。参见 Walter Leszl，"Perché votare no alla riforma costituzionale Renzi – Boschi anche indipendentemente da modifiche（ormai improbabile）all'Italicum"，http：//www.libertaegiustizia.it/2016/10/24/perche – votare – no – alla – riforma – costituzionale – renzi – boschi – anche – indipendentemente – da – modifiche – ormai – improbabili – allitalicum/。

日趋严重。实际上，伦齐可谓近年来意大利最为锐意进取的总理，上任以来在推进改革、促进经济复苏与改善民生方面做了不少努力，包括推行劳动力市场改革、启动宪法改革、推动选举法改革、成功举办世博会、与欧盟讨价还价争取财政宽松、有序组织地震救灾行动，等等。然而，受制于全球经济复苏乏力、欧盟经济"紧缩"主基调未变、改革发挥效应尚需时日等一系列因素，上述努力并未令意大利经济强劲复苏，尤其是没能明显改善就业状况。根据意大利国家统计局（ISTAT）的数据，2016 年 10 月，该国整体失业率仍高达 11.6%，青年失业率仍在 38% 以上。基于上述状况，近两年伦齐本人的民众支持率一路下滑，由上台时高达 74% 跌至公投前的 35%。最终，民众选择以对宪法改革说"不"的方式来宣泄不满，顺便也将伦齐赶下了台。

再次，各反对党在公投中对伦齐政府形成"合围"之势。包括近几年异军突起的反建制政党"五星运动"、贝卢斯科尼领导的意大利力量党和极右翼政党北方联盟等三个最大的在野党，从一开始即明确反对宪法改革方案。这三个党派在观点与利益上存在很大分歧，但是共同点在于都反对伦齐及其政府。因此，在伦齐宣布赌上个人政治前途后，上述政党就将公投视为迫使其下台的机会，并很快形成了事实上的联合反对阵营。尤其是，近两年势如破竹的"五星运动"已通过 2016 年 5 月的地方选举夺得关键城市罗马、都灵等地的执政权，民众支持率紧追伦齐所在的民主党。"五星运动"等反对党不遗余力地宣传造势，必然加剧民众对伦齐政府的怨气，从而影响投票结果。由此可见，伦齐承诺"若公投失败即辞职"的确是缺乏党派政治经验的轻率之举。

最后，英国脱欧公投与美国大选的示范效应也不容忽视。英国公投与美国大选的结果反映出当前欧美国家大部分民众已对传统政党与政客失去信心乃至"厌倦"，求变求新的愿望迫切。这也给了意大利反建制政党"五星运动"以巨大鼓舞。英国脱欧公投结果公布后，"五星运动"创建人格里洛即在博客中声称"意大利人民看到了希望！"美国大选后，格里洛又呼吁"意大利人民做出与美国人民同样的选择！"虽然意大利公投的内容并非脱欧，但是并不妨碍"五星运动"等反对党效仿英国脱欧派进行大量情绪化的舆论宣传，而这对摇摆选民的影响显然不可小觑。

三   公投后意大利政局走向与经济前景

虽然真蒂洛尼政府在伦齐辞职后"火速"就位避免了政治动荡，但是公投失败不可避免地令原本错综复杂的意大利政局再添新变数，同时也使该国经济前景更显黯淡。

真蒂洛尼本人是民主党人士，此前深得伦齐信任，其内阁成员较之伦齐政府变动也不大，因此其执政方向也将与上届政府保持较高的延续性。虽然可能会是一届过渡政府，但是真蒂洛尼内阁肩上的"担子"并不轻松，内政外交领域均有诸多重要任务需迅速接手。在内政方面，赶在下届大选之前敲定选举法是当务之急。伦齐政府在任时曾大力推动选举法改革，但是尚未完成即卸任，造成目前议会两院适用的选举法差异甚大：众议院选举法已修改为多数制原则，目前在宪法法院等待最终裁定，而参议院仍保持旧的比例制原则。真蒂洛尼政府必须尽快协调并敲定选举法，方能为下届大选扫清障碍。在外交方面，其就任后数月意大利就参加或举办了多次重要的国际活动。2017 年 3 月 25 日，庆祝《罗马条约》签署 60周年纪念大会在罗马召开。2017 年 5 月 26～27 日，意大利作为主席国举办七国集团（G7）峰会。考虑到原本参与执政的个别中间小党在公投后宣布不再支持民主党，真蒂洛尼政府顺利完成上述任务并不容易，尤其是修改敲定选举法的难度不可低估。

由于公投后该国政党格局更趋复杂，未来意大利政局走向的不确定性更多地来自下届全国大选。从民主党方面看，过去两年该党始终是第一大党，虽然来自"五星运动"的威胁渐增，但是其执政地位一直较为稳固。然而，此次公投惨败严重挫伤了该党士气，而真蒂洛尼政府又不太可能扭转该党支持率下滑的局面。此外，公投还暴露出当前该党内部严重分裂的状况，要在短期内重整旗鼓迎接下届大选并非易事。从"五星运动"方面看，该党无疑是公投失败的最大赢家，不仅通过宣传造势影响了投票结果，还借机收获了更多支持率。根据意大利多家市场调查机构在公投结束后所做的民意调研，"五星运动"的支持率已达到约30%，与民主党不相上下，在个别民调结果中甚至超过了后者。① 虽然目前看来"五星运动"依靠一己之力在下届大选中上台执政的可能性不大，但是不能排除届时该党会丢掉"不与其他政党结盟"的承诺，寻求同其他极端政党联合竞选的可能性。尤其是，公投后"五星运动"、北方联盟与意大利兄弟党的反应以及抵制真蒂洛尼政府的做法均表现出高度的相似性，若此三个党派在下届大选中最终联合起来，胜算将大大增加。② 总之，民主党与"五星运动"支持率的相对变动以及党派结盟态势将在很大程度上影响下届大选结果。

此外，公投失败对意大利经济造成的冲击也不容忽视。一方面，宪法改革搁浅意味着后续一系列经济自由化改革也将难以推进，经济复苏动力进一步被抑制；另一方面，该国棘手的银行业不良贷款问题恐受累于未来政局走向的不确定性而变得更加难以解决。这两方面的结果都使得该国本就缺乏后劲的经济复苏前景更加不容乐观。

---

① 意大利知名选情调研分析机构 Termometro Politico 在一篇文章中对比分析了 EMG、Tecnè、IPR Marketing、Index Research 和 SWG 等五家重要市场调查机构在 2016 年 12 月 12 日～18 日期间公布的下届大选民调结果，该文题为"Sondaggi politici elettorali: Confronto 12 – 18 dicembre: il Governo Gentiloni non fa bene al PD ed è testa a testa con il M5S"，该文网址：http：//www.termometropolitico.it/sondaggi – politici – elettorali。

② 伦齐辞职后，"五星运动"、北方联盟和意大利兄弟党三个极端政党均要求立即举行全国大选，且都宣称真蒂洛尼政府是伦齐的"傀儡"，拒绝参加议会对新政府的信任投票。此外，根据意大利多家机构在公投后所做的选情民调，这三个极端政党的支持率合计已接近 50%。

四 意大利公投失败对欧洲的影响

就中长期而言，意大利宪法改革公投失败不仅不利于自身政治稳定与经济复苏，对欧洲经济政治前景亦会产生负面影响。

首先，意大利宪法改革搁浅将进一步拖延欧洲整体改革进程。自欧债危机爆发以来，推进结构性改革成为摆在诸多欧洲国家面前的紧迫任务。法国与意大利分别是欧元区第二、第三大经济体，且都面临着经济竞争力不断下滑的严峻挑战，因而被看作评估欧洲整体改革进程的重要风向标。此次宪法改革被伦齐政府视为本国结构性改革的关键一步，也因此得到了欧盟层面的认可与支持。公投惨败意味着意大利政治改革搁浅，后续经济改革也将被迫放缓乃至停滞，而要摘掉"欧元区最大重债国"这顶帽子变得更加遥遥无期。这无疑将拖延欧洲整体改革进程，也会影响投资者对欧洲经济改革前景的预期，从而不利于欧洲经济复苏进程。

其次，意大利宪法改革公投失败令欧洲一体化前景再蒙阴影。近两年欧洲一体化进程趋于停滞，尤其是在英国脱欧公投之后，国际社会对欧洲一体化前景的悲观预期渐趋普遍。虽然此前外界对于公投失败后极端政党"五星运动"借机上台，进而迫使意大利退出欧元区的担忧的确有些过头，但是却真实反映了悲观情绪的蔓延之势。目前来看，虽然短期内"五星运动"不会上台执政，但是公投失败显然有利于该党继续扩大影响，其反欧主张也将进一步影响民众。若该党在下届大选中联合其他极端政党得以组阁执政，即便不会直接令意大利退出欧元区，[1] 也很可能会引起投资者恐慌，进而对欧洲一体化造成不小的冲击。

---

[1] 意大利共和国宪法第 75 条明确规定，该国不得就授权批准国际条约的法律举行全民公投。这意味着即使"五星运动"通过下届大选上台执政后提出意大利退出欧元区的提案，考虑到该提案几乎不可能在议会获得 2/3 多数赞成，也无法诉诸全民公投，因此最终通过的可能性极低。参见 Art. 75, *Costituzione della Repubblica Italiana*。

参考文献

陈志瑞、刘丰主编《国际体系与国内政治：新古典现实主义的探索》，北京大学出版社，2015。

李凯旋："团结左翼，重新建立共产党——意大利共产党人党第六次全国代表大会述评"，《当代世界与社会主义》2012 年第 3 期。

李志永："外交政策分析的路径与模式"，《外交评论》2011 年第 6 期。

刘光毅编《世界主要政党规章制度文献：意大利》，中央编译出版社，2015。

莫劳夫奇克：《欧洲的抉择：社会目标与政府权力》，赵晨、陈志瑞译，社会科学文献出版社，2008。

戎殿新、罗红波、郭世琮著《意大利经济政治概论》，经济日报出版社，1988。

钟准："欧盟危机干预的政策机制探析"，《教学与研究》2016 年第 1 期。

周弘、黄平、江时学主编《欧洲发展报告（2014～2015）》，社会科学文献出版社，2015。

Balossi - Restelli, L. M. (2013), "Italian Foreign and Security Policy in a State of Reliability Crisis?" *Modern Italy*, Vol. 18, No. 3.

Bordignon, F. (2014), "Matteo Renzi: A 'Leftist Berlusconi' for the Italian Democratic Party?" *South European Society and Politics*, Vol. 19, No. 1.

Brighi, E. (2007), "Europe, the USA and the 'Policy of the Pendulum': the Importance of Foreign Policy Paradigms in the Foreign Policy of Italy (1989 - 2005)", *Journal of Southern Europe & the Balkans*, Vol. 9, No. 2.

Brighi, E. & Giugni, L. (2016), "Foreign Policy and the Ideology of Post - ideology: the Case of Matteo Renzi's Partito Democratic", *The International Spectator*, Vol. 51, No. 1.

Cladi, L. & Webber, M. (2011), "Italian Foreign Policy in the Post - cold War Period: A Neoclassical Realist Approach", *European Security*, Vol. 20, No. 2.

Coralluzzo, V. (2008), "Italy and the Mediterranean: Relations with the Maghreb Countries", *Modern Italy*, Vol. 13, No. 2.

Fargues, P. and Fandrich, C. (2012), "Migration after the Arab Spring", Migration Policy Centre Research Report.

Franzosi, P., Marone, F. and Salvati, E. (2015), "Populism and Euroscepticism in the Italian Five Star Movement", *International Spectator*, Vol. 50, No. 2.

Marrone, A. (2015), "The White Paper: A Strategy for Italy's Defense Policy",

Documenti IAI, No. 15.

Marzano, A. (2011), "Italian Foreign Policy towards Israel: the Turning Point of the Berlusconi Government (2001 – 2006)", *Israel Studies*, Vol. 16, No. 1.

Mearsheimer, J. (1990), "Back to the Future: Instability in Europe after the Cold War", *International Security*, Vol. 15, No. 1.

Ministero della Difesa (2015), Libro Bianco per la Sicurezza Internazionale e la Difesa.

Missiroli, A. (2007), "Italy's Security and Defence Policy: between EU and US, or just Prodi and Berlusconi?" *Journal of Southern Europe & the Balkans Online*, Vol. 9, No. 2.

Moravcsik, A. (1997), "Taking Preferences Seriously: A Liberal Theory of International Politics", *International Organization*, Vol. 51, No. 4.

Newell, J. L. (2000), *Parties and democracy in Italy*, Ashgate.

Putnam, R. (1988), "Diplomacy and Domestic Politics: The Logic of Two – Level Games", *International Organization*, Vol. 42, No. 3.

Rathbun, B, (2004), *Partisan Interventions: European Party Politics and Peace Enforcement in the Balkans*, Cornell University Press.

Ratti, L. (2012) "All Aboard the Bandwagon? Structural Realism and Italy's International Role", *Diplomacy & Statecraft*, Vol. 23, No. 1.

Romano, S. (2009), "Italian Foreign Policy after the End of the Cold War", *Journal of Modern Italian Studies*, Vol. 14, No. 1.

Rose, G. (1998), "Neoclassical Realism and Theories of Foreign Policy", *World Politics*, Vol. 51, No. 1.

Salvati, E. (2016), "Matteo Renzi: A New Leadership Style for the Italian Democratic Party and Italian politics", *Modern Italy*, Vol. 21, No. 1.

Varsori, A. (1998), *L'Italia nelle relazioni internazionali dal 1943 al 1992*, Roma – Bari: Laterza.

Verbeek, B & Zaslove, A. (2015), "The Impact of Populist Radical Right Parties on Foreign Policy: the Northern League as a Junior Coalition Partner in the Berlusconi Governments", *European Political Science Review*, Vol. 7, No. 4.

第三章　意大利文化教育领域的
演进与变革

第一节　概述

自 1990 年代，尤其是进入 21 世纪以来，受到经济社会变迁与改革的推动，意大利的文化教育领域也相应地发生了一些值得关注的新变化，尤其是政府为适应经济社会发展而进行的一系列政策调整颇为值得研究。

意大利在欧洲文明史上具有独特的重要地位。它既是罗马的故国，又是天主教教廷的驻地，更是文艺复兴的源头与中心。在欧洲诸国中，只有意大利经历了年代最久远而又一脉相承的历史沧桑，也只有意大利能展示出最为辉煌而又丰富多样的文化积淀。[①] 自 19 世纪国家统一后，意大利历届政府一直将保护绚丽多彩的文化遗产视为其重要使命，在保护、开发、利用等方面成就卓著。进入 1990 年代以来，随着意大利国际竞争力的相对衰落，以及文化产业的兴起，如何更好地挖掘历史文化遗产的经济效益越来越受到政府的重视。1998 年，意大利政府将"文化与环境遗

---

① 朱龙华：《意大利文化》，前言，上海社会科学院出版社，2012。

产部"更名为"文化遗产与文化活动部",并且将原属于经济部的旅游局划归该部直接管理。这标志着意大利政府针对文化遗产的政策由"以保护为主"转向"保护与经营并重",经济指向更加明显。可以说,这一变化已经取得了显著成绩,既为意大利旅游业的持久繁荣奠定了基础,又带动了文化产业发展,其中彰显的"意大利经验"值得关注。

此外,近年来意大利针对高等教育体系的政策也进行了较大调整。归结其背后的推动因素,以下几个方面不容忽视。首先,是出于保持与提升意大利经济竞争力的考虑。1990年代以来,意大利经济竞争力的相对衰落趋势愈加明显,"意大利制造"的国际市场份额快速下降。究其原因,除了新一轮全球化加剧国际经济竞争以及新兴经济体快速崛起改变国际经济格局之外,意大利僵化低效的"国家体系"被普遍认为是首要的"内因",而科技教育体系发展长期滞后,难以适应国际竞争的新需要又是其中的重要内容。其次,是出于适应劳动力市场发展、缓解青年失业问题的考虑。意大利大学教育与就业需求脱节的问题在1970年代即已浮现,近年来愈发突出,具体表现为大学教育过于强调基础理论而轻视实际应用技能培养、人才培养缺乏层次、学制过长、课程难度大,等等。一方面,大量学生逾期毕业,本科毕业生平均年龄几乎为欧洲最高;另一方面,大学毕业生并不适应市场需求,"毕业即失业"现象普遍。再次,是出于适应教育领域的欧洲一体化发展的考虑。早在1980年代《欧洲大学宪章》签署之时,欧洲各国已经开始酝酿推进高等教育一体化。1998年签署的《索邦宣言》开始推动欧洲国家采取本科和硕士研究生两个阶段统一的高等教育培养计划,旨在保证欧洲国家学生在各国都享有同等的接受高等教育的机会。1999年签署的《博洛尼亚宣言》正式确定建立"欧洲高等教育区"的目标,拉开了欧洲高等教育改革与一体化的大幕。最后,是出于在缩减财政开支与保证大学教育质量之间寻求平衡的考虑。近年来，意大利被卷入欧洲债务危机的旋涡，财政紧缩成为其经济政策的主基调，而公共教育支出也或多或少地受到影响。如何在压缩财政支出与保证大学教育质量、提升高等教育体系效率之间找到平衡成为政府无法回避的难题。针对上述诸多问题，近年来意大利对高等教育体系进行了一系列重要变革，包括莫拉蒂改革、杰尔梅尼改革等，取得了令人瞩目的成绩，也引起了广泛的争议。当前，意大利高等教育体系的改革仍在进行当中。

本章将聚焦于"变化中的意大利"的文化教育领域，重点关注相应的政策调整，并期待从中总结出有益的经验，服务于我国文化与教育领域相关政策的制定，同时也为中意两国加强文化与教育合作提供背景分析。本章第二节将关注意大利对文化遗产保护、开发与利用的变迁与演进，作者是穆方顺。这一节从法律体系、保护与管理机制、开发模式、优势转化等方面，梳理与总结意大利经略历史文化遗产的主导思想、战略布局、重要经验和一些具体做法。通过分析与总结，作者认为，丰富的文化遗产与社会力量的恰当融合，已经产生了强大的创造力，并且铸就了意大利独具特色的"非物质基础设施"。正是文化要素与产业的对接，才塑造了"意大利时尚"和"意大利质量"，而这很可能成为意大利经济发展真正且持久的动力。

本章第三节将对意大利高等教育体系的改革进行比较全面深入的考察，作者是邢建军。意大利是欧洲乃至全世界高等教育的发源地，其高等教育在世界教育史上曾经有过非常辉煌的时期。然而，进入20世纪后，意大利的高等教育水平与欧洲强国相比开始落后，并因此开启了长达一百多年的多轮改革历程。这一节首先对19世纪到20世纪末意大利的高等教育改革历程进行了简单回顾，而后重点关注"博洛尼亚进程"中的意大利高等教育改革，包括1999年改革以及后来的莫拉蒂改革和杰尔梅尼改革。总体而言，近十几年来意大利高等教育改革取得了不少成绩，也积累了颇有价值的经验。然而，任何改革措施的出台都会引起争议，近十几年意大利国内对"改什么"与"怎么改"的争议一直不断。这一节最后部分归纳了当前围绕意大利高等教育改革争论最为激烈的几个问题，以期为后续跟踪研究提供参考。

本章第四节将继续关注意大利的高等教育体系，并且将视角进一步细化至研究生教育领域，作者是张海虹。虽然意大利的高等教育发展史已近千年，但是其研究生教育制度的设立及完善却发生在近三十年。这一节首先梳理意大利研究生教育的发展沿革，剖析意大利研究生教育的内涵，分析研究生教育在意大利教育体制中所处的地位，之后对意大利教育部 2008 年颁布的《政府对大学发展的指引》进行详尽分析，从中总结意大利研究生教育现状与未来发展规划的主要特点。教育国际化、资源配置合理化、不断提高教学质量与适当压缩财政支出将成为未来若干年该国研究生教育发展的主要趋势。当前意大利研究生教育面临的困局是，在经济危机冲击导致国家公共教育经费持续减少的情况下，如何扩大资金来源并且更加合理地使用资源，提高教学和科研质量，进而提升国家竞争力。

第二节 意大利对文化遗产保护、开发、利用的变迁与演进[①]

意大利文化在历史上曾两次对欧洲产生决定性影响，一次是古罗马时代，另一次是文艺复兴时期。悠久灿烂的文明给意大利

[①] 本节作者：穆方顺，高级记者，光明日报社国际部原主任，曾三度出任驻罗马首席记者，1984 年获意大利骑士勋章，1998 年享国务院特殊津贴，2000 年当选"全国百佳新闻工作者"。2010 年后曾任国务院发展研究中心研究员。

留下了丰厚的文化遗产，据联合国教科文组织（UNESCO）估计，该国拥有西方文明大约60%的历史、考古及艺术遗产资源。意大利人认为，文化遗产孕育民族特质，是国人思维方式、想象力和创造力的源泉，构成了国家魅力和竞争力的核心要素，体现着国家重大利益，因此将保护、开发和利用文化遗产定为长期国策。

世界各国政府通常设立的文化部在意大利则另有称谓：意大利统一后的王国时期、法西斯统治时期及至共和国成立后的前29年，一直由内阁公共教育部主管文化遗产，以文化遗产教化民众；1975年正式成立"文化与环境遗产部"（Ministero per i beni culturali e ambientali）；1998年更名为"文化遗产及文化活动部"（Ministero per i beni e le attività culturali）；2013年又更名为"文化遗产、文化活动及旅游部"（Ministero dei beni e delle attività culturali e del turismo）。纵观这几次更名，意大利政府文化主管部门的运行始终以"文化遗产"为核心，其行为宗旨可以概括为三点：一是传承与弘扬传统文化，培育全民族特别是青年一代的文化素质和民族情怀；二是对外树立国家形象，并积极参与国际文化竞争；三是以传统文化优势促进现代经济社会的全面发展。可以说，意大利一切有关文化的法规和文化活动，都是立足于这三个基点而制定和展开的。

由政府文化主管部门的名称变化也可以发现，自统一建国近150年来，意大利的文化遗产日益彰显强大的生命力。据不完全统计，目前意大利共有保存完好的3万座古建筑、10万座古教堂（其中3万座具有很高文物价值）、1500多个古修道院、4万多个古堡、近4万个古庭院、4万多个博物馆和画廊、3万个历史图书和档案馆、900个古城历史中心区、2000多处考古遗址和散布于全国城乡的大量历史遗迹。还有历史悠久的歌剧、音乐、各种传统节庆，以及诸如威尼斯泄湖、维苏威火山、卡布里蓝洞等众多历史自然景观。几乎每一处每一项文化、艺术及景观遗产都承载着一部历史，蕴含着久远的文明。亚平宁半岛不同地域的传统文化交相辉映，古代文明和现代时尚汇聚交融，不仅使意大利文化风靡世界，也成为意大利旅游业、文化产业，乃至整个经济发展的重要动力源泉。①

独特深厚的人文底蕴和自然景观，以及由此衍生出的"意大利时尚"，吸引着八方来客，为意大利旅游业的持久繁荣打下了坚实的基础。根据世界旅游组织（WTTC）2016 年 4 月发布的统计资料，2015 年在意大利旅游和旅行的人数达到 5334 万人，比 2011年增加 588 万人。2015 年意大利旅游业全产业链的增加值为 1675亿欧元，占 GDP 的 10.2%；直接从事旅游业与间接从事旅游业的全部就业人数为 261 万人，占全国就业总数的 11.6%。可以说，旅游业已成为意大利经济的重要支柱产业。

与此同时，意大利对物质与非物质文化遗产的深度开发和利用，大大推动了音乐、绘画、音像、图书、出版、文学、电影、多媒体、表演、设计等文化创意产业的发展。根据"意大利质量基金会"（Symbola）与意大利全国商会联合会发布的年度报告，2011～2015 年，在经济整体负增长、就业人口下降的萧条状况下，文化产业增加值和就业人数却分别增加 0.6% 和 0.2%，成为意大利受经济危机影响最小且唯一逆势上扬的产业。对此，意大利质量基金会主席雷阿拉奇（Ermete Realacci）评价道，文化产业已成为"意大利体系的战略主轴"，而丰富的文化遗产和文化传统正是此一主轴的深厚根基与灵魂，它们铸就了意大利经济的特质，是意大利迎接挑战的非物质基础设施。

当然，雷阿拉奇先生也指出，这种"非物质基础设施"并非

---

① 本段数据为意大利文化遗产部提供，已载入穆方顺："漫步意大利文化市场"（刊于《光明日报》2003 年 11 月 12 日）。本节其他数据与事例，除特别注明出处外，皆为作者多年来采访意大利文化遗产部及其他相关部门所获资料。

天然生成，而是自国家统一以来意大利历届政府苦心经略历史文化遗产、实施文化强国战略的成果。在保护、开发、利用文化遗产的漫长过程中，形成了堪称世界典范的"意大利经验"。

一　不断完善的法律体系①

早在 1860 年意大利实现基本统一之后，王国政府就陆续发布政令、法令，将天主教会的重要不动产收归国家，把疏于管理而损坏的"具历史价值类"私有建筑物转为国有，统交内阁教育部管理，并对文物、古迹、考古地登记造册。1913 年正式颁布关于"保护历史、艺术遗产"的第一部综合性法律，确定了将私人拥有的相关遗产纳入国家监管范围、一切文物不可自由转让、合法流通中国家优先购买等一些重要原则。1923 年又颁布了第 1899 号法律，决定对重要风景名胜加以保护。这两部法律为意大利历史文化遗产和自然景观遗产方面的法制建设奠定了重要基础。

意大利王国进入法西斯统治时期以后，1939 年先后颁布了第374 号、第 823 号、第 1089 号和第 1497 号四部法律，习惯上统称"博塔伊法"。②"博塔伊法"是迄今为止意大利文化遗产领域最具划时代意义和现实意义的法律之一。其主要规则大体可概括为以下几个方面。①明确界定了文化遗产的范围，除古迹、古建筑、古画廊、考古场地、博物馆等，一切具有艺术、历史、考古、人种价值以及见证文明的物品皆属文化遗产，其中包括古钱币、文件、图书、印刷品、珍贵手稿，别墅、园林、庭院以及所有未经考察的历史遗迹。近现代艺术作品，只要其作者已经逝世或其创

---

① 本小节内容主要参考了 Dante Cosi, "Origine ed Evoluzione della Legislaizone dei Beni Culturali in Italia", in *Diritto dei Beni e delle attività Culturali*, ARACNE, 2008。

② 这一名称源于时任教育部长博塔伊的名字（Giuseppe Bottai）。

作时间超过 50 年，即可视情况列入国家艺术遗产。从一定意义上说，这条法规对于今日意大利成为举世赞誉的露天博物馆功不可没。②强调了国家对文化遗产的绝对监督权和对考古遗址发掘的专控权；创设了中央垂直管理体制，决定由职能责任部门（当时为内阁教育部）向国内各地派驻代表，监督文物古迹和画廊的保护工作。③确认了私有文化遗产具有公共利益属性和"公共可欣赏原则"，所有文化遗产，无论公有或私有，均应接受公众参观。④规定了文化遗产的保护标准，可概括为"完整"与"安全"。"博塔伊法"的这些原则，几经修订一直沿用至今。

意大利共和国成立后，保护文化遗产被载入了宪法。宪法第九条规定："共和国保护国家的风景名胜、历史遗产与艺术遗产。"文化遗产被赋予了最高法律尊严。此后，国家又颁布了一系列内容极为详尽的法律和行政法规，现择其最要者概述如下。

1975 年 1 月，意大利议会通过法律，正式成立国家"文化与环境遗产部"，专责管理文化遗产和景观遗产。将可移动和不可移动文物、考古区、景观和自然环境遗产等纳入国家统一保护和利用的框架。同时，将以前法律文书中的"古董""古物""美术""历史遗产"等称谓，统一改称"文化遗产"。这项法律的出台，标志着相关遗产内涵层次的提升，也标志着文化强国战略的确立。

1967 年，意大利政府出台新的《城市规划法》，其中的古城保护条款规定，必须保持古城原有的格局和原始风貌。文物保护在广度和深度上发生了进一步变化。

1996 年，意大利通过法律规定，将博彩业收入的千分之八作为文物保护资金。

1997 年，第 59 号法律授权文化遗产部将文化遗产保护及开发中的一些具体职能和任务交与大区和地方机构，并推动私人参与，但仍明确重申保护文化遗产的主责归于国家：没有中央政府批准和指导，任何地区、机构和个人不得对文化遗产和景观遗产进行任何性质的变动和施工。由此确立了中央主导下的举国保护和开发文化遗产的体制。

1998 年，第 136 号法律决定将"文化与环境遗产部"更名为"文化遗产与文化活动部"，旨在赋予遗产更大活力，这标志着文化遗产政策在既有原则基础上转向"经营和经济效益意义上的利用与开发"。

1999 年，在"博塔伊法"颁布 60 周年之际，意大利议会在该法基础上，综合其他现行有效法规，编制了《文化和自然遗产统一法》（《统一法》）。2004 年 1 月，意大利议会又颁布《文化与景观遗产法典》（《法典》）（Il Codice dei beni culturali e del paesaggi），取代了《统一法》。《法典》在重申《统一法》各项原则的基础上，对文化遗产保护、利用及开发中的各个层面和具体环节，诸如遗产确认、登记联网、监察、维护、修复、流通、变更所有权、社会和学校利用、地方与私人参与、修复与开发工程、税收政策、处罚、奖励等，都在规则与标准等方面做出了明确规定。《法典》还进一步扩大了文化遗产范围：一是将传统音乐、歌曲、民族语言、服饰、节庆等各类传统与近现代艺术列为国家须予保护的文化遗产；二是为了"保存意大利文化和社会生活的记忆"，规定"用于公众的任何类别的文件资料"，包括印刷品、照片、影像、声音资料、数字化文件等，均须在其首次公开发表的 60 日内依法存放到国家特设的档案馆。[1] 同时，《法典》也与时俱进地对文化遗产的"公众可观赏属性"与现行民法进行协调，并予重新定义；并将"不可转让原则"改变为"分三个等级，区别对待"。但无论是经过批准的转让还是私人参与管理，都不得改变文化遗产本

---

[1] 该国家档案馆的意大利文名称为 l'Archivio Nazionale della Produzione Editoriale, dei Documenti Prodotti e Diffusi in Italia。

身的法律地位，国家始终享有保护与管理任何文化遗产的绝对权力。

二 中央集权的全方位保护管理机制

意大利政府文化遗产管理部门在历史上几度更名（以下统称文化遗产部），职责亦几经调整，如今已扩及遗产价值所能延伸到的许多文化领域，甚至直接管理原属于内政部的国家档案馆、原属于总理府的图书出版与版权局、原属于经济部的旅游局等。然而，把"关系国家核心利益"的文化遗产保护好，安全无损地传给子孙后代，始终是文化遗产部门最基础、最核心、最首要的职责。这里重点归纳一下其文化遗产保护的几个重要方面。

（一）管理体制实行中央垂直领导

在保护文化遗产的长期实践中，意大利形成了中央集权的严密的全国性行政保护网络。政府文化遗产部代表国家向各大区及省市派驻监察员，全面监察各地对文化和景观遗产保护、维修、开发、利用中执行相关法规的情况。他们对地方政府的任何不当行为有权予以直接制止，无须上报中央；对公私机构及个人破坏文化和景观遗产的行为，有权直接处罚。目前，全国有 108 个由监察员执掌的监察署。根据各地文化遗产和景观遗产的分布情况和重要程度，各监察署内配备数量不等的建筑、考古、修复、艺术史等方面的专家。他们除了保护地面上的遗产之外，还必须对辖区内地下古物、古迹做全面清晰的评估，防止建设施工对古文物造成破坏。

在监察署之上，文化遗产部在全国 17 个大区分别设立了类似于"中央局"的秘书处，负责协调各监察署的工作以及对国家档案馆和图书馆的资料汇总和信息调用。在 108 个监察署之外，还有两个特别监察署——"庞贝遗址及那不勒斯考古博物馆监察署"和"罗马斗兽场、考古发掘区及国家博物馆监察署"，这两个监察署不受大区秘书处领导，由文化遗产部直接管辖。

此外，在全国众多文化和自然景观遗产中，有 29 处"国家重点文化遗产"的管理机构被列为直属文化遗产部的"特别自主管理处"。如佛罗伦萨乌菲齐博物馆管理处、罗马阿比亚古道管理处、"派斯图姆"古希腊考古公园管理处、威尼斯美术学院画廊管理处等都被赋予"特殊自主"权力。它们不受任何地方权力部门干预，而是在前述"中央局"即大区秘书处的协调下开展工作。

（二）严格执法与特殊的警治力量

意大利行政和司法当局在文化遗产领域的执法力度一直很大，凡对文化遗产造成破坏者，无论是单位或个人，也无论是否出于主观故意，都会受到相应惩处。例如，法律规定，凡列入文化遗产名录和具有 50 年以上历史的建筑，未经政府有关部门批准，"禁止对其进行任何形式的拆除、改造或修复"。对于被列为"古城历史中心区"（如罗马市中心）内的一切建筑，法律予以整体保护，不得随意改变任何一座建筑物的内部结构和外观，包括外墙涂料。如果违犯这些规定，当事方须在当地"文化遗产监察署"专家监督下，限期恢复受损建筑的原貌，同时处以罚款或（并）追究刑事责任。当然，国家也鼓励业主挽救自然损坏的具有重要文化价值的建筑物，经过批准的修缮可获得政府的补贴，对此后文还将叙及。

意大利还有两支保护文化遗产的专门警治力量。一是文化遗产宪兵部队（i carabinieri Tpc）。这支部队组建于 1969 年，自 1992 年起受国家宪兵总部和文化遗产部双重领导，其主要任务是在全国范围内打击针对文化遗产的有组织犯罪，在发生重大社会事件和自然灾害时对相关重要文化遗产进行应急保护。部队司令部设在罗马，在全国设有 15 个行动分队，官兵总数 300 多人。虽然人数不算多，但全都经过严格专业训练，且有一大批相对固定的文化艺术各领域的专家与之配合，特别是在必要时他们可以调用当地其他宪兵部队及治安武装。在其罗马司令部还设有一个文化遗产档案库，现有数百万数据和几十万张图片。另一支警治力量是财政警察部队的"保护考古遗产大队"（GTPA – GDF），其职能是从行政和税务角度保护出土文物和艺术品，打击非法贩运和走私。大队下辖直升机分队，负责警戒海上考古发掘及水下文物。在国内外司法机关和其他警治力量配合下，以上两支部队自成立之日到 2009 年初，已查获并追回各类被盗艺术品近 90 万件，将一大批罪犯送入监狱。

（三）社会各界广泛参与

在意大利，最能激发民众热情和形成普遍共识的当属足球和文化遗产。当普通民众被问及意大利的资源问题，常常会得到诸如"文化遗产和美丽是意大利第一资源"或者"文化遗产是意大利的石油"等类似的回答。可见，珍惜和保护文化遗产已经成为意大利全民族的道德自觉和官民的一致行为。1986 年，与文化遗产部职能基本无关的政府劳工部时任部长德米凯利斯，首先在三大工会继而在全国发起了"文化遗产计算机编目行动"。当时意大利政府提出了"开发文化矿产"口号，目的是使尚未发现和开发的历史文化遗产得到充分利用。法律规定：在意大利境内发现的所有文物均归国家所有；但对发现并向政府报告者，国家可给予最高相当于该文物价值的 10% 的奖励。

在这样的氛围下，文物保护领域的各种基金会和志愿者组织纷纷诞生和壮大。目前，志愿者人数已超过 80 万人，分属于数十个全国性组织，如意大利博物馆之友联合会、艺术品自愿保护者联合会、意大利考古俱乐部、意大利历史建筑协会，等等。意大利博物馆之友联合会初建于 1975 年，现拥有超过 5 万名志愿者，其中 2.5 万人是各类公立和私立博物馆的志愿解说员。还有些志愿者长期到野外轮流值守，保护那里尚未开发的古迹和艺术。一些志愿者组织创办了自己的刊物并设立宣传、培训甚至研究部门，积极推动大众特别是青年人了解和尊重艺术，尊重自然。此外，还有两个数据可以说明意大利民众对国家文化遗产的钟情：一是2014～2015年两年间，文化遗产开发所创造的增加值中，10%是非营利组织创造的；二是这两年间企业和个人为遗产保护与开发共捐资2728笔，总额6200万欧元。考虑到近几年意大利一直处于经济困难之中，如此大规模的捐助实为难能可贵。[1]

此外，为鼓励公民对私有文化遗产加强保护、修复并向公众开放，1982年国家颁布法律，确立税收减免体制，取消文化遗产继承税，免除文物材料增值税，国家为重要修复工程提供一切方便条件。2004年制定的《文化遗产与景观法典》中又进一步规定：私人为强化其自有文化遗产而进行的必要修缮或建立相关设施，可得到政府的资助，资助的额度视所涉文化遗产重要性而定。上述法律的实施，进一步调动了私人业主保护文化遗产的积极性，使一大批重要文化历史建筑得到了妥善保存。

事实上，意大利整个国家之所以成为巨大的"天然博物馆"和"il bel paese"，[2] 人民大众积极自觉地参与才是最根本的原因。这是一代代意大利人深受历史文化艺术熏陶与教化使然，也是国家与民众之间长期互动的结果。比如，依据法律规定，政府要求各级学校的国史、艺术史、文学史等文化课尽可能结合民族文化遗产现场教学或开展课外活动，展览场馆等相关单位有义务为此提供方便，并且让18岁以下的学生全部免费参观。再如，每个月的最后一个星期日为法定的"文化遗产日"。这一天里，除传统戏剧外，所有国家级文化遗产场地，各类博物馆、艺术画廊、考古景区以及包括议会大厦和总统府在内的著名历史建筑等，皆向全

---

[1]　此处数据来自意大利表演统一基金会（FUS）网站：www.fus.it。

[2]　"il bel paese"意为"美丽的国度"，是意大利人对自己国家的称谓，在媒体上常常作为意大利的代称，其真实的含义是"世界上最美丽的国家"。

民免费开放。每年 3 月的最后一周都要举行全国性的"文化遗产周"活动,上述文化遗产和景观遗产免费向民众连续开放一周。

三 充分开发利用,推动文化产业发展

意大利文化与景观遗产作为"战略资源"长期由国家专管专营,这在保护文化遗产方面成就卓著,却未能实现对其充分开发利用。为了加大对文化遗产的开发力度,充分发挥其内在价值,进而推动文化产业的发展,自 1990 年代中期开始,意大利政府进行了重大战略调整。

(一) 实行国家主导下的市场化开发经营

依据 1995 年第 85 号法律,一些公共博物馆、古迹、遗址、古园林等文化和自然景观遗产,通过"外包"和"租让"等形式,逐步交由社会资本管理和经营。但国家仍掌握所有权、监督保护权,其票价、开放时间也由国家文化管理部门决定,以保证文化遗产的"公共利益属性"和"公共可欣赏性"的法定地位。社会资本的介入一般有两种形式:一是由社会各方共同参与的基金会,二是银行、大公司或私人企业联合体。例如,早已沉入海底的罗马帝国初期的一个贵族度假区,就是由一家私人企业联合体于 2002 年开发为海底历史公园的。该联合体由工商企业、出版社、旅行社、地质测量公司等组成。如今,全国多数博物馆、画廊等历史遗产,都已转为由私人性质或公私合股的基金会管理。

再如,歌剧是意大利最重要的非物质文化遗产之一,意大利政府对其倍加呵护。自 1996 年起,一些歌剧院开始转为由基金会管理,但为确保歌剧艺术完美传承,歌剧团主创人员及演职人员的薪水等继续由国家负担。根据文化遗产部的统计资料,1995 ~ 2014 年 20 年间,国家对歌剧的财政支持平均每年为 2.13 亿欧元。①

---

① 参见意大利表演统一基金会(FUS)网站。

基金会进入歌剧院管理的前提条件之一是私人资金要达到公共投入资金的12%以上。但事实上，一些基金会的私人投入已远远超出法定标准。撒丁岛首府的卡利阿里歌剧院基金会筹集了6700万欧元资金，扩建了歌剧院，增设了音乐厅和展览厅，并计划在剧院周围建设一座音乐城。在基金会的运筹与支持下，"罗密欧与朱丽叶"的故乡——北部城市维罗纳的古罗马露天剧场举行的夏天歌剧季，已成为维罗纳的象征，每年都会吸引来自全欧乃至世界各地的近百万观众和游客。类似"维罗纳模式"的还有罗马的"卡拉加拉古罗马浴场歌剧季"、西西里岛的"达奥里米娜古罗马露天剧场歌剧季"等。在古代遗址欣赏古典歌剧，令人心灵震撼、精神升华，确是极高的艺术享受。虽然票价昂贵，人们仍络绎不绝。据意大利"全国歌剧基金会联合会"（Anfols）2013年统计，19%的意大利人到歌剧院或露天剧场观看歌剧和传统音乐会，另有9.5%的意大利人通过影视及网络等渠道经常观看歌剧。虽然意大利歌剧界有关人士抱怨歌剧观众仍然"太少"，但从世界各国总体情形观察，对于一个古老的剧种而言，这实在是一个了不起的比例。必须承认，在今日意大利，古歌剧不仅得到了很好的传承，而且已成为演出市场的重要支柱。

为激励私人企业投资文化遗产资源开发，意大利于2000年颁布了"资助文化产业优惠法"，规定企业投入文化遗产的资金一律不计入企业应缴税款的基数，也就是说用于保护或开发文化遗产的资金可以抵扣企业的应缴税款。2002年10月，意大利又开设了一个特殊的交易所——"文化遗产和可持续旅游交易所"。该交易所除日常交易外，每两年举行一次大型交易会。包括私人企业在内的社会资本方，可自愿对国家确定的一些重点开发项目竞标。中标企业可获"一石三鸟"之效：少缴税款，可能的获利空间与巨大的广告效应。

(二) 将文化资源优势转化为文化产业优势

在开发利用文化遗产过程中，意大利政府通过行政、政策、市场运作等手段，从微观、宏观、战略三个方向发力，推动文化遗产资源优势向文化产业优势转化。

在微观方面，鼓励一切有条件的文化遗产主体扩大文化经营的范围。例如，列入文化遗产名录的罗马著名埃莉莎歌剧院（Eliseo），在政府和皮雷利基金支持下，近年来已逐步发展为集歌剧、音乐、文学艺术、会展、培训等于一体的多功能文化实体。

在宏观方面，注重文化遗产资源整合，使其发挥更大社会和经济效益。例如，自 2009 年起，文化遗产部会同当时的旅游管理部门，① 将全国的文物、古迹、博物馆等，按照埃特鲁利亚、古罗马、文艺复兴、巴洛克等不同文化风格，纳入精密设计的若干不同旅游或科考路线，组成不同且可相互交叉的观光或科考平台，以满足各类参观者的需求。这不仅全面弘扬了意大利文化遗产的价值，扩大了其国际影响力，也大大推动了旅游观光、旅游艺术、特色工艺品行业的发展，带动了新旅游线路的开发和服务业的升级。罗马、都灵、米兰等地的一些博物馆还尝试组建联盟，并吸收大学或科研机构以其专业技术参股经营，共同提升展品利用率和利用价值，包括拓展博览业，举办专题展览会；促进"展、研、教结合"，开展各学科史料研究和教育培训等。

在战略层面，努力发掘文化遗产的内涵，发挥其放射效应，推动各类文化产业的全面发展。文化遗产部于 2009 年设立了"文化遗产价值开发司"，专责协调文化遗产部、经济部、交通部、环保部等多部门组成的混委会，推进艺术市镇和文物古迹所在地的环境规划、基础设施建设和其他一些文化产业开发。意大利的文化产业，除了历史遗产资源产业和一般意义上的文化及创意产业

---

① 当时，意大利国家旅游局直属政府经济部。2013 年，其主要职能已转归文化遗产部。

外，还包括建筑业。文化遗产部不久前专门设立了"艺术、建筑及城郊司"，参与指导全国各重要城镇的建筑规划与设计。

资金投入是任何产业项目开发的前提要素，文化产业尤其如此。在财力有限的情况下，意大利政府采取的解决方式之一就是以政府基金带动民间基金，撬动社会资本。例如，中央政府设立了由国家拨款的"表演统一基金"，每年为歌剧、音乐、舞蹈、电影、马戏、旅游娱乐等表演事业投入一定数量的资金，在此基础上，地方各个机构及相关民间团体、协会、企业和个人又在各类表演业中捐资成立众多基金会。例如，歌剧业较具规模的民间基金会就有14个。

此外，意大利还有两个国家控股的文化金融公司，即"艺术工程与服务股份公司"（Ales S. p. A.）和"艺术、文化、戏剧发展股份公司"（Arcus S. p. A.）。前者组建于1999年，主要为考古、艺术、建筑、景观、博物馆、档案馆、图书馆等文化遗产的维修、开发和利用提供人力与技术支持，2012年一年就曾经营了27个项目，动用工程技术人员545人。后者成立于2003年，侧重于支持文化艺术活动，并为相关的基础设施建设提供金融支持，2010年该公司经营项目总额超过1亿欧元。这两大公司按照国家意图，对文化市场的民间资本发挥了引领与调节的重要作用。

对处于激烈国际竞争中的个别文化产业，意大利政府采取特别措施予以支持。例如，为了振兴民族电影事业，抗击美国电影霸权，重现战后五六十年代意大利新现实主义电影雄踞欧洲、影响世界的辉煌，政府调整了电影生产结构并设立了"民族文化利益电影担保基金"。按照设立此项基金的法律规定，制片人由政府文化遗产部担保，从国家指定的国民劳动银行获得长期低息贷款，最高贷款额可达到制片预算额的70%～90%。[①] 所涉影片分甲、

---

① 这里是客观叙述1995年颁布的该项法律，后来由于各方面形势的变化，自2003年起已将最高贷款额降至影片预算额的50%。

乙、丙三类，在投放市场 5 年内分别偿还担保贷款部分的 10%、30% 和全部。此外，文化遗产部每年都遴选数十部具有传统文化性质的影片（称为 "文化价值电影"），直接予以资金补助。这些措施使意大利影片在国内市场所占份额逐步回升。2004 年的份额为 20.3%，2005 ~ 2014 年 10 年间的平均份额达到 28.14%。而美国电影 2004 年占有意大利市场份额的 61.9%，2005 ~ 2014 年 10 年平均份额下降到 56%。①

2014 年，意大利又颁布了一项推动文化产业发展的重要法律，决定将原已实行的 "企业和个人投入文化遗产的资金可以抵扣税款" 规定的适用范围，扩大到一切与文化遗产相关的开发性活动以及艺术表演、视觉艺术、文化信息等其他一些文化创意产业。为了保证政府的总体税收计划，该法同时规定，捐助的款项最高冲抵须缴纳税额的 65%，营利性企业和机构的赞助款不应大于其年收入的千分之五。这项法律连同此前支持文化产业的其他重大举措，形成了一套完整的政策组合拳，提高了意大利各类文化企业创新发展的热情，促进了整个文化创意产业的发展。根据 "意大利质量基金会"（Symbola）与意大利全国商会联合会发布的年度报告，2015 年意大利文化产业创造的增加值为 897 亿欧元，加上拉动其他行业的增加值，总计达 2498 亿欧元，占意大利国内生产总值的 17%；文化产业就业人数为 150 万人，占全国总就业人口的 6.1%，彰显了文化产业对于 "意大利制造" 的支柱作用。

四　结语

总体而言，意大利对文化遗产的保护、开发、利用及推动文

---

① 鉴于影响电影市场的因素甚多，单个年份的市场占有率难以反映实际情况，本节叙及的市场占有额是根据意大利文化遗产部和意大利 "全国电影、视听及多媒体产业协会"（ANICA）联合公布的年度数据，经笔者计算出的 10 年平均市场占有额。

化产业发展成绩斐然，积累了丰富经验，在主导思想、法律建设、内在机理、管理模式诸方面都形成了鲜明特色。当然，其中还存在不少问题、困难和矛盾。例如在文物与景观遗产日常治理的某些方面，无论是在法律上还是实践中，中央政府与地区政府之间在一定程度上职责混淆不清；某些文化产业还存在结构性弱点，如电影发行渠道被少数销售集团控制，压制了新兴发行商和独立制片人，从而也影响了电影艺术创造性和多样性的提升；遍布城乡的许多残垣断壁虽然得到完好保护，但由于资金拮据一直没有开发，甚至"身份"不明；在经济危机冲击之下，2009~2013年意大利对文化产业的总投入减少了29%；[①] 等等。

然而，意大利文化立国的战略思路是清晰且坚定的，存在的问题与困难当会逐步解决。悠久的文明和深厚的文化艺术底蕴，使这个国家的文化创意产业拥有得天独厚的优势，意大利文化创意产业持续而显著的发展是可以预期的。丰富的文化遗产与社会力量融合，产生了强大的创造力；文化要素与产品对接产生了"意大利风格"和"意大利质量"，各种产品都在成为艺术，这是战后意大利经济成功的真正秘密，也可能成为意大利今后经济发展的持久动力。

第三节　意大利的高等教育改革[②]

意大利是欧洲乃至全世界高等教育的发源地，其高等教育在世界教育史上曾经有过非常辉煌的时期。14世纪末，意大利成为

---

① 此数据引自意大利"全国歌剧基金会联合会"（Anfols）主席 Cristiano Chiarot 对记者的谈话，见 *il Fatto* 2016年7月31日报道。
② 本节作者：邢建军，博士，意大利教育中心中国区负责人。

文艺复兴运动的发源地，对人性的尊重与宣扬、对自然科学的推崇与研究一时间成为时尚，涌动出声势浩大的思想解放潮流。同时，新的教育理念和方法在当时也流传甚广，教育方面人才辈出，其中不乏维多里诺（Vittorino）等知名教育实践家。当时，他主持的两所宫廷学校对早期人文主义教育产生了巨大影响。这些学校聘请知名学者，并招收欧洲各地来的学生，实施所谓"通才教育"，使意大利的人文主义广为传播。据史学界统计，16 世纪以前世界上具有完整建制的大学共 54 所，其中意大利有 19 所之多，而成立于 1088 年的意大利博洛尼亚大学更是公认的世界大学之鼻祖。

从中世纪直至国家统一，意大利的高等教育体系几经变革。1861 年统一后，意大利将高等教育体系的治理提升至国家层面，形成了以公立大学为主体的高等教育制度。根据笔者所查文献，意大利近现代高等教育的发展与改革历程可大致划分为以下几个时期：

——19 世纪至 20 世纪初；

——20 世纪初至法西斯统治时期：

——第二次世界大战后至 20 世纪末；

——21 世纪初至今（"博洛尼亚进程"中的改革）。

在上述各个时期，当政者根据当时的现实需求出台了众多高等教育的发展与改革措施。改革措施和方案一般以国家法律（Legge）和部门政令（Decreto）的形式颁布，改革通常被冠以时任教育部长之名。所以在谈及与引述改革内容时，人们习惯称之为真帝雷（Gentile）改革、莫拉蒂（Moratti）改革、杰尔梅尼（Gelmini）改革等。由于篇幅所限，本节无意根据历史年代罗列意大利各个历史时期高等教育改革的内容，而是首先对 19 世纪至 20 世纪末意大利的高等教育改革做一回顾，随后重点突出博洛尼亚进程中的意大利高等教育改革。

一 意大利高等教育改革回顾

（一）19世纪的高等教育改革

从中世纪起，意大利已具备较为完整的高等教育体系，当时知名的高等学府有1088年成立的博洛尼亚大学、1224年成立的那不勒斯大学等。萨丁王国作为意大利统一前的君主制政府于1848年10月4日颁布了有关教育改革的君主制法律，赋予高等教育世俗制特性以及强化君主制政府对高等教育的集权制管理。根据该法律，政府通过公共教育高级委员会（il Consiglio Superior della Pucbblica Istruzione）对包括大学在内的各类学校的机构设置、课程设置、教学计划甚至教材进行统一管理。该法律还废除了大学教授任命需要征得主教同意的法规。1857年6月22日颁布的法律废除了以大学校长负责制为基础的大学委员会，取而代之的是学院管理委员会。19世纪50～60年代，由于更多的"国家"选择"归顺"萨丁王国，意大利的国家统一进程加快。1859年，伴随伦巴第和皮埃蒙特两个地区的合并，"公共教育法"（简称卡萨帝法，Legge Casati）予以颁布，该法律中关于高等教育的条款赋予国家对高等教育的垄断管理权，同时将私立大学排除在外。然而，刚刚统一的意大利并未实现真正意义上的高等教育统一。1861年，加富尔政府任命弗兰西斯科为统一后的第一任教育部长。弗兰西斯科十分重视师范教育，建议政府颁布师范教育法并且在一些大学设立高等师范学院，高等师范学院的教师必须是其所在大学内最知名的教授。其中较为著名的学院包括比萨高等师范学校。后任教育部长卡罗（Carlo Matteucci）为改变大学数量过多、精英人才过于分散、资源无法合理应用的局面，建议将意大利大学划分为两大类，将大学享有的国家财政资助实行差别化对待。

统一后，意大利的高等教育规模逐步扩大，一些隶属于其他王国的大学纷纷"归建"。由萨丁王国沿袭的大学有博洛尼亚大学、费拉拉大学、乌尔比诺大学等。1866 年，帕多瓦大学诞生。
1870 年，罗马大学成立。1862～1900 年，意大利高等教育的改革
措施不胜枚举，一些大学也随之撤销或重组。这充分反映出当时
意大利教育的国家干预特点。但值得指出的是，"卡萨蒂教育法"
为整个意大利的近代教育制度奠定了坚实的法律基础。该法律强
调国家对教育的控制和管理，成为 1923 年以前意大利教育的基本
法律。

（二）20 世纪法西斯统治时期的高等教育改革

进入 20 世纪，为适应当时的社会经济发展，西方国家的教育
体制经历了由前工业化时代向工业化时代的转变。而在当时的意
大利，"工业化"还处于萌芽阶段。1922～1924 年，时任意大利
公共教育部长、哲学教授焦瓦尼·真帝雷（Giovanni Gentile）在上
任伊始就对意大利教育进行了具有"划时代"意义的改革，也为
战后意大利的经济发展奠定了人才基础，此举被称为"真帝雷改
革"。他的改革措施涉及教育的诸多方面，具体表现为国家明确规
定初中三年为义务教育，这使文盲率大幅降低，加速了意大利由
农业社会向工业社会的过渡与转型，在当时对推动社会进步做出
了巨大贡献。

在大学教育领域，真帝雷极力推崇德国冯－洪堡的柏林大学
模式，强调科学研究与教学并重，对教师的教学和科研能力提出
了较高的要求，从而达到以科学研究推动高等教育质量大幅提升
的目标。他大刀阔斧地对当时的大学资源进行整合，将意大利的
大学划分为三类：第一类为综合性教学研究型大学（博洛尼亚大
学、比萨大学、罗马大学、都灵大学、帕多瓦大学、热那亚大学、
卡利亚里大学等），财政由政府全额拨款；第二类是政府给予部分
财政支持的大学（米兰大学、巴理大学和佛罗伦萨大学等）；第三
类是政府认可的私立大学，其法人地位和所发文凭均可得到政府
承认，在当时，这类大学包括佩鲁贾大学、乌尔比诺大学、卡麦

利诺大学和费拉拉大学。

"真帝雷改革"的另一个重要举措是赋予文科中学的高中阶段教育特殊地位。学生在这类高中能接受到更为全面的文化知识教育。在 1923 年，只有"文科高中"毕业生才有资格进入综合性大学学习。这一法规为教学研究型大学设立了较高的入学门槛。受其所代表的统治阶级意识形态影响，真帝雷强调基础教育，给予传统的文科中学一定的特权，进而为培养法西斯政权所需的"卓越精英人才"服务。在当时，整个教育制度，包括课程、内容和考试等，必须受"国家主义"的主导，从而深化了法西斯专制对国家教育的管理。

同样在 1923 年，意大利成立了国家研究委员会（Consiglio Nazionale delle Ricerche，CNR），这是意大利历史上首次为协调促进国家与大学科学研究之间关系而成立的政府职能部门，出任该委员会第一届主席的是意大利数学家沃泰拉（Vito Volterra）。

虽然真帝雷任意大利教育部长仅两年多时间，但他推出的改革措施对当时意大利的高等教育起到了巨大的推动作用，也对后来该国的高等教育产生了深远影响。1931～1932 学年意大利的大学注册学生数达到 47000 多人。

在法西斯时期，法西斯政权对大学师生实行严密控制，高等教育受到了严重的冲击与破坏。1931 年，在意大利大学执教的教师被要求必须宣誓效忠法西斯政府，当时任教的 1200 多名教师中有 12 人拒绝宣誓，这些人随后被"赶下"讲台。1933 年，法西斯政权颁布的第 1592 号法律彻底将大学教育置于政府的严密监管之下。1935 年，意大利将农业部与林业部下属的高等农业院校收编至教育部，分散安置到各所大学，变为农学院。1938 年，由于法西斯政权推行的种族歧视法，一批犹太裔的大学教授、职员和学生遭到迫害，包括意大利著名物理学家费米（Enrico Femi）在内的一批才华横溢的学者流落海外，致使意大利流失了一批精英人才。

虽然真帝雷在任期间的改革措施被指责为政权操控的产物，沾染了浓重的法西斯意识形态色彩，但是"真帝雷改革"仍然被认为是意大利统一后第一次对国家高等教育体系进行的较为深入的综合性改革，得到教育界和史学界的广泛认可。他于1923年颁布的第2102号法律的精髓内容被编入1933年颁布的意大利高等教育条法汇编。[①] 直到1980年代，这部法律汇编依然是意大利管理高等教育的主要法律依据。

（三）二战结束后到20世纪末

第二次世界大战后，意大利百废待兴，国家教育体系也处于缓慢恢复的阶段。意大利共和国宪法规定公立学校应对全体公民开放，不分性别、种族和宗教；6～14岁的儿童可以免费享受义务教育，保证公民有从事教学、科学和艺术的自由，保证私立学校享有与公立学校同等的权利。宪法第33条还对保障大学自主权做了明确规定。虽然到1950年代初，意大利大学的注册学生数已达到22万人，但就读大学的人数占总人口的比重依然很低。真帝雷确定的大学"精英化"路线的影响仍然根深蒂固，高中毕业生进入大学仍然受到毕业学校类别的限制。

1967年，为了反对政府的"精英化"教育路线，以抗议学费上涨为由的学生运动在米兰爆发。1968年，学生运动蔓延至全国的大部分地区，甚至高中生也卷入其中。迫于学生运动的压力，意大利政府于1969年12月11日颁布第910号法律，废除了1923年真帝雷颁布的第2102号法律中所规定的只允许文科高中生进入综合大学的条款。这样，从1969年开始，综合性大学面向持有各类高中毕业证书的学生招生，技术职业学校也包含在内，此举大幅降低了大学的入学门槛。

---

① *Testo Unico sull'Istruzione Superiore*，RD1592/1933.

根据宪法第 33 条的原则，政府于 1973 年 11 月 30 日颁布了第 580 号法律，对大学等高等教育机构的名称进行了界定。允许使用 "Università" "Istituto universitario" "Istituto d'istruzione universitaria" "Politecnico" 和 "Ateneo" 作为各类高等教育机构的名称。该法律还规定，意大利自 1982 年起在大学和研究机构中设置博士研究生课程。

为了强化国家对高等教育的政策指导和管理职能，1989 年 5 月 9 日意大利通过第 168 号法律，成立意大利大学和科学技术研究部（MURST），以明确划分国家对高等教育与初等教育的管理职能。该部的主要职能是负责国家高等教育和大学三年发展规划的制定，协调大学、科研机构的研究活动与国际合作，以及制定预算和分配教育经费。

（四）意大利高等教育体制存在的弊端

纵观二战后至 20 世纪末意大利的高等教育，与欧洲主要发达国家相比仍然存在诸多弊端，关键问题在于其一直延续过于刻板和学究式的大学教育方式，人才培养缺乏应有的层次。具体表现为学制过长、课程难度大、要求掌握的知识过多、学生负担过重。此外，更为耗时的是学生还需完成具有一定学术价值的毕业论文。因此，意大利的大学毕业生一度被称为 "Dottore"，而 "Dottore" 是一个具有社会学意义的名词，特指那些经过不懈努力完成大学学业和具有渊博学识的毕业生。然而，刻板、僵化的 "学究式" 体制直接导致诸多不良后果，主要包括：①大量学生难以在规定的学制内（4~5 年）完成学业，逾期毕业现象普遍，大学毕业生占就业人口的比例偏低；②毕业生年龄偏大，本科毕业生的平均年龄已超过 26 岁，而大多数欧洲国家本科毕业生年龄仅为 21~22 岁；③中途放弃学业的学生比例较大，根据当时的官方统计，在注册大学课程一年后放弃学业的学生比例接近 20%；④大学教育与就业需求严重脱节，在 20 世纪 70 年代，意大利大学曾被人们冠以"失业者停车场"的绰号。大学毕业生薪酬待遇与普通高中毕业生相比并无明显优势。上述几点也被普遍认为是意大利大学在迈入 21 世纪前面临的顽疾。根据意大利大学联盟（Almalaurea）对 2000 年本国大学毕业生的统计，学生从入学到毕业的平均时间为 7.4 年，平均逾期年限为 2.7 年。毕业生的平均年龄为 28.4 岁。总体来讲，当时意大利在欧洲主要国家中被列为大学产出效率低的国家之一。

进入 1990 年代，随着欧洲一体化的深入，欧洲各国越来越重视借助人力资源投入和生产体系创新来拉动经济增长。作为欧洲重要的经济体，意大利也越来越意识到高素质人才的重要性，迫切需要突破大学传统体制的瓶颈束缚。当时面临的迫切任务是增加大学毕业生人数，减少中途放弃学业的学生人数和降低逾期毕业学生人数。更深层次的需求是拓宽大学的培养层次，使学生能够尽早就业并适应就业岗位，满足社会对各层次人才的需求，最终实现"更多的教育 = 更多的就业机会"。

为了改变当时意大利大学过于强调基础理论而轻视实际应用技能培养的状况，意大利于 1990 年 11 月 18 日签署了旨在改革大学教学与文凭体制的第 341/1990 法律。该法律的颁布，使意大利大学可以授予的学位在以前的学士学位（Diploma di laurea，DL）、专业学位（Diploma di specializzazione，DS）和研究博士学位（Dottorato di ricerca，DR）的基础上，还新增了一个大学文凭（Diploma universitaria，DU），在当时又称为短期文凭（Laurea breve）。法案规定短期文凭的学习年限不得少于 2 年且不超过 3 年，培养方案大幅降低了基础理论课的比重，增加了技术性和应用性的内容。短期文凭毕业生曾一度受到意大利企业界的青睐，但由于受传统观念影响，加之其与真正意义上的学士学位的区别，容易和其他国家职业教育文凭混淆或等同，因此并未受到足够的重视。

二　博洛尼亚进程及其对意大利高等教育改革的影响

(一)　改革的前奏

早在 1988 年，欧洲各国已开始酝酿实施旨在推进欧洲高等教育一体化的博洛尼亚进程。1988 年 9 月 18 日，恰逢世界最古老的博洛尼亚大学建校 900 周年，来自欧洲大陆 430 所大学的校长共同签署了对大学发展具有深远历史意义的《欧洲大学宪章》。1997年 4 月，在葡萄牙里斯本通过了由欧洲理事会和联合国教科文组织起草的《里斯本条约》。该条约的签署表明，欧洲大多数国家在欧洲各国高校学位和学历互认以及欧洲高等教育机构人员流动两个方面达成了广泛共识。

1998 年，欧洲各国教育部长在巴黎签署《索邦宣言》，其主旨是"欧洲高等教育架构的和谐与统一"。《索邦宣言》的主要驱动力是"强化欧洲大陆的智力、文化、社会与技术的规模优势"，在内容上更加强调欧洲大学间的学生交流与人员流动，以及更多的资源共享。宣言的技术性内容主要是推动欧洲国家统一本科和硕士研究生两个阶段的高等教育培养计划，并采取统一的学分制（ECTS），旨在保证欧洲国家的学生可在欧洲各国享有接受高等教育的机会。该宣言还强调制订更加多元化和多学科的教育培养计划，同时也强调了多种语言和信息技术的运用及创新。

1999 年 6 月，欧洲 29 个国家的教育部长在意大利博洛尼亚共同签署了《博洛尼亚宣言》，提出建立欧洲一体化高等教育区（European Higher Education Area，EHEA），从而拉开了欧洲高等教育改革进程——博洛尼亚进程的序幕。正是沿袭了《索邦宣言》和《博洛尼亚宣言》的路线图，意大利高等教育改革从 1999 年起开启了新篇章。

1999 年后的改革行动如同一场彻底的外科手术，对高等教育的结构设置做出了深层次改变，对此，学界普遍认为是将意大利的高等教育推向新阶段的"创新性"改革。从 2001～2002 学年开始，意大利大学启用了新的学制、新的大学管理组织模式和与欧洲国家接轨的学分制体系。由于这一阶段的意大利高等教育改革受到"博洛尼亚进程"的深刻影响，因此被认为带有浓厚的"欧洲色彩"。

（二）博洛尼亚进程中的意大利高等教育改革

1. 传统体制的变革阶段

1999 年 11 月 3 日，时任大学与科学研究部长泽奇诺（Zecchino）签署了重新调整意大利大学的第 509 号部级政令①，其主要内容涉及：①高等教育设置更多的层次（"3＋2"模式）；②采取统一的学分制和考试制度；③统一和细化学科分类。

2000 年 8 月 4 日的部级政令明确规定了大学本科教育的新版学科分类，同时要求自新学年开始，大学将各学科的教学活动依照新的架构进行调整，原有的本科教育一律按照新的统一学科分类向"3＋2"模式过渡。2000 年 11 月 28 日颁布的政令又对硕士研究生的学科分类标准进行统一。规定指出，意大利大学将有 30个月的过渡期来适应新的架构和按照新的本科和硕士研究生的学科分类规划教学。在 2001～2002 学年，绝大多数大学都开始实行新的教学与管理体制。由于对 2001 年以前注册的学生的教学活动，允许按照旧有的体制进行，因此在当时出现了新旧两种体制并存的现象。总体而言，新的大学架构的确立和改革措施的出台对意大利大学的管理、教学理念以及学生和教师的观念等都产生了深刻影响。

此阶段改革的另一突出点是赋予大学更多的自主权，具体体现为：

——大学可以根据各学科的特点自主决定培养目标和培养计划；

---

① 该政令于 2000 年 1 月 4 日在国家通报 Gazetta Ufficiale 上公布。

　　—大学可自主决定招收的学生名额和录取标准（医学、建筑等学科除外）；

　　—大学可以自主确定教学活动的内容；

　　—大学可以根据欧洲学分转换体系（ECTS）的技术标准来确定课程的学分；

　　—大学可以根据各学科特点和培养目标自主确定更多的实践教学活动，如实践教学课、课外实习等活动；

　　—大学可以应用新的教学方式（如远程教育）来替代传统的面授教学；

　　—大学可以根据自身情况，自行决定终期考试和授予学位的方式。

　　改革措施还提出各个大学可以确定适应所处地区的社会经济发展条件和特点的学科培养方案。但总体培养目标、课程名称与基本的教学活动要与意大利国家层面上制定的法律法规一致。

　　在赋予大学更多自主权的同时，改革措施也体现出国家对高等教育的集中管理，将"统"与"分"有机结合在一起。具体表现在以下几个方面。

　　（1）统一学制和多层次教育

　　改革确定在意大利高等教育中实行基本的双周期学制，即本科学历教育和硕士研究生教育，也称为第一水平层次和第二水平层次（又称"3＋2"模式）。同时，为了满足不同层级的学生对就业所需技能的实际要求，设置不同层次的非学位教育课程（见图3－1）。

　　本科学历教育（Corso di laurea, primo livello）：学制为3年，因此也被称为Laurea triennale，完成高中阶段学习获得文凭的学生可进入该阶段学习。要求学生在完成本科阶段学习后，能掌握所学学科和就业所需要的最基本的学科知识，至少要掌握一门欧洲语言，本科阶段要求获得的学分为180学分。

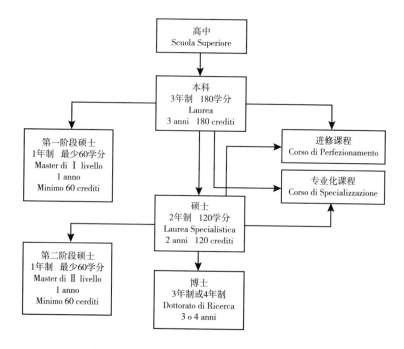

图 3-1　改革后意大利综合性大学教育体系

　　硕士研究生教育（Laurea Specialistica, secondo livello）：学制为2年，故也称 Laurea Biennale，指完成本科阶段学习、获得180学分和学士学位后的阶段。获得硕士学位的条件为获得300学分，包括本科阶段180学分。硕士阶段的学习主要是对本科阶段知识的强化，要求完成学业后可获得更为专业的技能。硕士研究生阶段要求本科阶段所学的内容与硕士学科的专业方向具有较高的关联度。

　　本硕连读研究生教育（Lauree specialistiche a ciclo unico）：对药学、口腔学、兽医学、法学和文物修复等学科，要求进行至少连续5年的学习；而对临床医学专业，则要求至少要进行6年的学习。完成规定的学分后直接授予硕士研究生学位，本科阶段不授学位。对于临床医学的硕士研究生阶段之后的强化教育主要为专门化课程，如儿科、心血管科等专业方向。

　　一级高级进修课程（Master di primo livello）：该类课程主要面

向大学本科毕业获得学士学位的学生，主要目的是提供针对性较强的专业技能课程，学分为 60 学分。学分修满后颁发学历证明，属于非学位教育。

二级高级进修课程（Master di second livello）：该类课程主要面向硕士毕业获得硕士学位的学生，主要目的是提供针对性更强的高级技能课程，学分为 60 学分。学分修满后颁发学历证明，属于非学位教育。

专门化课程（Diploma di specializzazione）：这类课程是根据意大利法律和欧盟法令制定的高级专门化课程。要求学分为 300 ～ 360 学分（包括本科阶段已修满的 180 学分）。其文凭的法律效力等同于硕士学位。

博士学位（Dottorato di Ricerca）：学制至少 3 年，论文答辩通过后授予博士学位。

（2）统一学分制与考试制度

意大利大学与科学研究部 1999 年 11 月 3 日的第 509 号部级政令第 5 章第 4 款对大学的学分制进行了统一规定。该条款指出：学分制（CFU）是大学教育的核心部分，是关系到大学教学组织和学生培养质量的关键因素，同时也是与欧洲学分转换体系接轨的重要制度。该政令规定每 1 个学分相当于学生付出的时间为 25 小时,其中至少一半的时间是由学生支配的自主学习时间，其余时间为教师授课、专题讲座、实践教学等。学生每年至少要获得 60 学分，相当于 1500 小时的时间投入。除去假期外，一般每天投入的学习和上课时间为 6 小时。

所有层级的学位教育课程一律实行学分制。课程依据重要性不同被赋予不同的学分。学生通过课程考试后可获得规定的学分。每门考试根据课程的教学内容可以进行"模块化"剖分。学生应根据要求获得该课程所有不同模块的学分。考试分数最高分为 30 分，最低分为 18 分。学分主要是用来衡量学习的量的指标，分数则是用来衡量学习质量和成绩的指标。学生的终期考试或者学位论文的最高分为 110 分，最低分为 66 分。

该政令还规定，除建筑、临床医学、兽医学等学科采取国家统一考试外，意大利大学可以自主确定入学考试的方式。学生在完成本科学习后欲申请硕士课程时，该课程委员会对其入学资格进行审核评估，如果选择与其本科学科方向差异较大的学科，可认定一部分负债课程（Debiti Formativi），允许其补修这些课程。一般通常要在入学的一年内补修完成学分后才可进入该层级的学习计划。

（3）统一学科分类

在赋予大学更多自主权的基础上，改革方案还出台了统一的学科分类，对培养目标相同的不同学科进行了统一。对于本科层次规定了 42 个学科，硕士研究生为 104 个细化学科，另有 4 个医疗卫生类专职技术学科和 1 个国防与安全学科。以国家统一规定的学科分类为基础，各大学可以根据自身的情况和就业方向自主确定课程内容。

（4）统一界定高等艺术教育

意大利宪法第 33 条和 1999 年 12 月 21 日颁布的 508 号法律对意大利的高等艺术教育机构进行了明确界定，规定意大利的高等艺术教育（AFAM）在法律上等同于大学，包括美术学院、舞蹈学院、戏剧学院、高等工艺美术学院、音乐学院和高等音乐教育学院。这些机构颁发的文凭和大学文凭具有同等法律效力。高等艺术院校的学制、学分体系和考试制度与综合性大学一致，但名称和表述不同（见图 3-2）。

到 2000 年时，意大利高等教育体系的基本框架已初具雏形。学制、学分和课程设置分类在国家层面实现了统一。这是改革迈出的重要一步，也为推进更深层次的改革奠定了坚实基础。

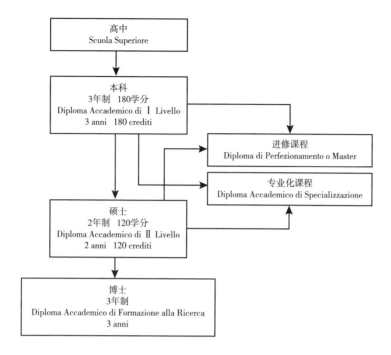

图 3 - 2　改革后意大利高等艺术院校教育体系

2. 传统体制变革后的高等教育深度改革

虽然以博洛尼亚进程为契机完成了对大学传统体制的变革，但是意大利的大学依然存在资源浪费、"贪大求全"、效率低下等传统体制的"烙印"，同时国家缺乏有效和权威的大学质量评估体系，难以按照既有的改革方向做决策。因此，自 2000 年开始，意大利各届政府对在结构"定型"的基础上又出台了一系列高等教育改革措施。

2000～2010 年，围绕建设"欧洲高等教育区"的目标，欧洲国家加强了彼此间的协调与磋商。各国在教育部长层面的会议机制不断得到强化，从 1999 年"欧洲高等教育区"的构想到 2010 年布达佩斯和维也纳会议宣布这一机制的建立，逐渐形成了更加高效和开放的一体化高等教育体系。

从 2000 年起，意大利政府几经更迭，各届政府陆续出台了针对大学管理体制、财政预算、人事制度等方面的改革措施，代表性的法律包括 2003 年 3 月 28 日意大利共和国第 53 号法律、2005 年 12 月 4 日的第 203 号法律、2006 年 4 月 6 日的政令、2008 年 8 月 6 日的第 133 号法律和 2010 年 12 月 30 日的第 240 号法律。2005 年 12 月 4 日的第 203 号法律和 2006 年 4 月 6 日的政令是时任教育部长莫拉蒂任期出台的，故称"莫拉蒂改革"。莫拉蒂改革中与大学有关的主要措施包括将高中毕业统试作为进入大学本科阶段学习的一项必要条件。另外，在大学教授职称晋升考试中引入国家统一的学术能力评定标准。

2008 年，贝卢斯科尼政府向意大利参议院提交了杰尔梅尼教育改革法案，10 月 29 日参议院以多数赞成通过了意大利第 133 号法律。而 2010 年 12 月 30 日颁布的第 240 号法律是杰尔梅尼改革中针对高等教育最重要的指导性法律。从 2008 年开始，受全球金融危机的影响，高等教育也难以"独善其身"，受到很大冲击。2009 年在比利时鲁汶召开的欧洲教育部长会议重点讨论了关于金融危机对欧洲高等教育的影响及其应对措施。杰尔梅尼改革的主要目的是减员增效、提高大学的运行效率和减少资源浪费。可以说，意大利这一时期的高等教育改革有着非常深刻的国际背景。

杰尔梅尼改革自 2011 年 1 月 1 日开始生效，涵盖了大学改革的三大指导性原则，即改革大学体系的组织架构，提高大学质量与效率，创新大学人事制度与大学教师聘任制度。其中的关键内容可概括如下。

（1）精简大学管理体制。对大学学术委员会和行政管理委员会的人员数量做出了上限规定（分别为 35 人和 11 人），并要求行政管理委员会可以有大学以外的人员参加。撤销大学传统的学院（Facoltà）制，将教学、科研管理、行政管理的职能合并至一个系（Dipartimento）。该机构的行政人员编制不得超过 12 人。此外，还允许意大利大学成立大学基金会，便于通过多样化渠道为大学筹措资金。大学基金会的法人性质为私有非营利性机构，基金会的成立需要有大学学术委员会多数票通过。基金会的设立最后由意大利大学科研部（MIUR）批准，其运作由大学科研部会同国家审计院监管。

（2）人事制度改革。引入大学教授与副教授职称评定国家体系，采用了包括高水平论文数量等一系列评价指标。大学正副教授的名额与大学三年计划和经费挂钩。大学可根据教学的需要聘用非大学编制但是有资质的人员。为促进大学的国际化，大学可以聘用知名外国学者、研究人员、教授并签订工作合同。大学校长任期最多不超过6年，且不得连任。在退休年龄方面，规定正副教授的正常退休年龄分别为70岁和68岁。

（3）大学对无限期合同制的研究员职称晋升引入终身职位（Tenure-track）机制，取消无限期合同制，一律改为有限期合同制。合同期为3年，最多可延长3年。对于业绩突出的研究人员，最多6年内即可晋升职称，而不需要长时间等待。

（4）强化对大学教学质量和科研产出的评价和评估，国家大学系统与研究评估局（ANVUR）作为国家大学与科研评估机构，负责对大学进行评估，并发布年度评估报告。

（5）以大学的教育质量、科研产出以及配合国家总体教育战略为基础，根据大学各项业绩的评估划拨经费，结束"撒胡椒面"式的财政拨款方式。

（6）对大学教授和研究人员的工作定量化以保证教学质量。改革措施中明确规定，全日制大学教授和研究人员的工作量为1500小时/年，其中用于上课、专题讲座和服务学生的时间不少于350小时。

（7）奖励措施。根据ANVUR的教学与科研质量评估结果对表现突出的大学进行奖励。奖励的方式为提高下一年度正常拨款额度，而对于业绩不佳的大学则相应减少拨款。ANVUR还设立了专门基金奖励业绩突出的教学和研究人员，奖励也可由大学基金会的私募基金提供。

总体而言，虽然政界、学术界、教育界和企业界对 2000 ~ 2010 年的改革存在种种不同的声音，但此阶段改革的涉及面之广、程度之深和影响面之大都是历次教育改革所不能及的。因此，此轮改革在意大利高等教育改革史上占有重要位置。

三 意大利高等教育改革的积极效应

意大利各个历史时期的高等教育改革与当时的历史背景和社会经济条件都有着密切的联系，应该说都顺应了各个时期发展的潮流。如果说 1923 年真帝雷改革的影响一直延续至 1980 年代，那么经过"博洛尼亚进程"十多年的改革，意大利已建立起符合本国国情又与欧洲国家接轨的完整的高等教育体系。

（一） 建立了适度规模的以公立大学为主体的高等教育体制

历经数次改革，意大利已经建立起以公立大学为主体的适度规模的教育体制。根据大学与科学研究部的统计，2014 ~ 2015 学年，意大利综合性大学的注册学生人数已超过 170 万人，其中 92% 分布于 67 所公立综合性大学。私立大学共 29 所（其中 11 所远程教育大学），注册人数占总人数的 8%（其中 2.6% 为远程教育大学）。整体而言，40% 的注册学生集中在 11 所注册学生人数超过 4 万人的综合性大学，70% 的注册学生分布于 26 个成立于 1945 年以前的"历史性大学"。意大利高等艺术院校的注册学生数接近 8.7 万人。截至 2015 年，意大利高等艺术院校的数量达到 137 所。

（二） 大学毕业生人数在改革后大幅增加

根据意大利大学与科学研究部的统计，2000 年意大利高校毕业生人数为 16.1 万人，在实行"3 + 2"改革模式后，毕业生人数逐年增加，2010 年为 20.8 万人，2013 年为 25 万人。同时，大学毕业生的就业率也显著高于只接受初等教育者。根据 2010 年的统计，大学毕业生（包括研究生）的失业率，女性为 6.9%，男性为 4.5%。同期，高中毕业生的失业率，女性为 9.3%，男性为 7%。

（三）推动了意大利大学的国际化进程

秉承博洛尼亚进程精神，新时期意大利大学改革极大地推动了大学的国际化进程，使意大利大学从传统的封闭状态向开放状态转变。得益于改革后采用统一的学分制以及学历学分互认机制，意大利大学国际交流项目的数量持续增加，从最初的便利欧洲学生间互换与交流的伊拉斯谟（Erasmus）计划，到莱昂纳多（Leonardo）计划，再到涉及与 18 个拉丁美洲国家间人文与社会科学、经济学科交流的 ALFA 计划；2006 年与 2009 年陆续出台吸引中国学生留学意大利的"马可·波罗"计划和"图兰朵"计划。为了提高意大利本国学生和国际学生的就业竞争力，大学开始大量使用英文授课。截至 2016 年，大学开设的全英文授课课程数量已经超过 900 个，其中 276 个为本硕士学位课程。根据意大利大学校长联合会（CRUI）的统计，意大利大学和国外大学已经建立 26 个联合培养学位项目计划，其中 11 个联合培养计划，15 个颁发双学位计划。国际化还推动了意大利大学的科学研究合作，2000～2014年间，意大利学者和国外学者联合发表的科学论文达 28 万篇。

（四）大学"瘦身"卓有成效

第 240/2010 号法令实施已近五年，取消了原有的"学院"，将教学组织与管理赋予新的"系"一级机构。至 2013 年，意大利大学的系已由改革前的 1625 个降至 829 个。由此可见，以提高效率和质量为目的的"瘦身"计划取得显著效果。

（五）引入竞争机制，让有才能的学者脱颖而出

改革引入了全国统一的大学教师资格学术能力评估体系，打破了传统的以资历为主的大学教授职称晋升体制。加之其他配套的人

事制度改革措施，意大利大学已能够成为国内外优秀学术人才的聚集地。为了鼓励智力回流，意大利教育部会同财政部设立专项资金，吸引在国外的意大利科研人才回国在大学从事教学和研究工作。

（六）引进新的财务管理体系，结束了"撒胡椒面"式的大学财政拨款制度

杰尔梅尼改革强调国家对大学的财政拨款与大学的业绩挂钩，包括科研产出、国际化程度、教师培养学生的投入和教学质量等指标。业绩突出的大学可获得更多的国家财政支持。另外，由于大学基金会机制的引进，大学可以在更大范围内筹措资金。根据意大利大学与科学研究部的统计，目前成立基金会的大学已经有17所。

（七）鼓励大学创新与促进科研成果转化

在240/2010法令的基础上，意大利大学与科学研究部于2011年8月10日颁布第168号部令，对鼓励大学教授与研究人员参与大学的科技转化型企业和初创型企业提出了具体指导意见。通过与科技转化企业和初创企业的对接，调动了大学教师与研究人员的积极性，也加快了大学创新性成果的转化速度。

四 近十多年意大利高等教育改革的争议点

任何改革措施的出台都会引起争议，意大利的高等教育改革也不例外，尤其是近十几年，对"改什么"与"怎么改"的争议一直不断。在近十几年的高等教育改革历程中，意大利政府几经更迭，因而有些争议也带有明显的"政治派别"色彩，关于大学改革的讨论甚至会成为主要政治势力的竞技场。由于涉及的利益攸关方不同，对改革的评价也大相径庭。总体而言，在共识的基础上，存在以下几个主要争议点。

第一，虽经多次改革，但是改革并未从根本上改变意大利大学普遍存在的与就业市场脱节的问题。大学各类学位毕业生的增加所带来的"智力资源"总量的增加并没有相应地提升经济体系的竞争力，因此人们认为改革带来的只是表面变化。有学者甚至这样描述，七十多年前，平均只有小学三年级文化程度的一代人建立了战后的意大利，而近四十年来，以大学毕业生人数占主体的几代人却把意大利变成了债台高筑、经济停滞不前甚至倒退的国家。

第二，与其他主要发达国家相比，意大利对大学的投入仍显不足，仅占 GDP 的 1%，低于经合组织（OECD）的平均水平。各方对杰尔梅尼改革持续缩减大学经费的做法争议很大。虽然改革方案也曾得到意大利总统（包括纳波利塔诺等）的支持，但是政府也不得不重视各方的关切以及削减经费产生的负面影响。

第三，虽然历次改革对提升大学体系的竞争力产生了积极作用，但与世界主要发达国家相比，意大利在一些方面仍显滞后，如博士研究生的人数、大学研究经费投入等。[①]

第四，杰尔梅尼改革引入了大学管理和学术能力国家评估体系，并且在大学人事管理方面施加了更多限制，这对大学的自主权构成挑战，未来还需要在两者之间寻求平衡。

第五，改革颁布了大量法律与部级政令，被认为"官僚化"色彩太浓。例如，仅在杰尔梅尼改革法案公布后的两年内，就颁布了将近 50 个配套性部级补充文件。

虽然改革成效备受争议，意大利高等教育的诸多指标与其他发达国家仍存在一定的差距，但是其高等教育也有一些优势，支撑了本国的经济社会发展与科技进步，为意大利这一中小企业王国培养了大批高素质的工程与管理人才。意大利高等教育的培养模式和人才培养机制比较适合以中小企业为主的产业特点，尤其是在培养学生解决问题的能力、创新能力以及其他"软技能"方

---

① 根据意大利大学与科学研究部的统计，2013 年意大利大学科研经费投入只相当于 2008 年的 40%。

面具有独到之处。另外，意大利有着非常发达的涵盖艺术、音乐、舞蹈、设计等学科的高等艺术教育体系。在科研方面，意大利大学的科研人员在欧盟科研课题申请中人均获得科研经费金额位于欧盟国家之首，发表的科研论文引用率也名列前茅。

总之，近十几年来意大利高等教育改革的积极方面值得肯定，积累的经验也值得借鉴。正是这些改革带来的积极变化使意大利的高等教育得以在争议中不断前行。

第四节　意大利研究生教育的变革与发展规划①

意大利开现代大学教育制度的先河，同时也是欧洲第一所大学博洛尼亚大学（建于 1088 年②）诞生之地。然而，意大利研究生教育制度的设立及完善却发生在近三十年。通过对意大利研究生教育发展沿革及其研究生教育内涵的探索，可以了解研究生教育在意大利教育体制中所处的地位。而对意大利教育发展规划《政府对大学发展的指引》进行研究分析，则有助于了解在欧洲教育一体化以及意大利国内教育改革的背景下，意大利研究生教育的发展状况及其特点。

一　意大利研究生教育发展沿革

意大利的研究生教育主要经历了四个发展阶段：博士学位设立前，博士学位设立后至三段式教育雏形的形成，三段式教育雏

---

① 本节作者：张海虹，广东外语外贸大学意大利语系副教授。主要研究领域：中意文化比较、语言教学法、词汇语义学。

② 经史学家考证，意大利博罗尼亚大学建于公元 11 世纪，但其具体年份不详。而 1088 年是 19 世纪时为庆祝该校建校八百周年，意大利史学家委员会经过共同商议确定的年份，之后得到世界公认。

形形成后至《博洛尼亚宣言》的签署，以及"博洛尼亚进程"实施。而意大利现行的研究生教育模式则主要是按照"博洛尼亚进程"的相关规定发展形成的。

（一）博士学位设立前（1980 年以前）

虽然意大利拥有近千年的高等教育史，但截至 1981 年，意大利的高等教育仅有一种学位，即高等教育的第一阶段学位。该学位的获得者在意大利被称为 Dottore，该词与英语单词 doctor（博士）同形，但表义有所不同，意大利语的 Dottore 仅表"大学学位获得者"。根据专业设置的不同，学制为 4～6 年不等：文科专业一般是 4 年，法学、工科专业像化学、建筑等为 5 年，医学专业等则为 6 年。所以，在意大利第一所大学诞生到意大利第一个博士学位设立以前，在意大利没有设立任何一级的研究生教育制度。

而根据中意政府 2005 年签订的《学位互认协议》第二条的规定，在意大利硕士学位正式设立以前所获得的大学学位证书（Diploma di laurea）被认证为我国的硕士学位证书。

（二）博士学位设立至三段式教育雏形的形成（1980～1989 年）

1980 年 2 月 21 日第 28 号法律①的通过，正式确立了博士学位在意大利的设立，这同时也宣告了意大利研究生教育制度的正式诞生。但是，1980 年的第 28 号法律涉及的仅是博士研究生。也就是说，这一阶段意大利的研究生教育仅限于博士研究生的培养。

意大利 1980 年第 28 号法律规定：博士研究生的学习期限不得低于 3 年；每年的招生人数由意大利教育部规定；学生必须通过笔试和口试的选拔才能就读课程；课程结束后，学生必须通过论文答辩才能获得由意大利教育部授予的博士学位；博士学位获得

---

① Legge 21 febbraio 1980, N. 28, "Testo Unico Sul Riordino delle Università"，即意大利 1980 年 2 月 21 日第 28 号法律《大学重组条例汇编》。

者的学位论文必须存入罗马和佛罗伦萨的国家图书馆，至少供公众自由查阅 3 年。

(三) 三段式教育雏形的形成至《博洛尼亚宣言》的签署 (1990～1999 年)

根据意大利议会在 1990 年 11 月 19 日颁布的第 341 号法律[①]，意大利的大学体制实行了一次重要改革，引入了大学文凭课程 (corsi di diploma unviersitario)。1992 年，为了满足经济多元化发展对人才的需求，意大利政府通过了《中间教育体制改革法》，引入了"中间教育体系"，相当于我国的专科教育。从此，意大利大学由原来只是开设本科教学的单一体制改为同时开设"本科"和"专科"的教学双体制。完成专科学习并获得专科文凭 (diploma unviersitario) 的学生，可以选择继续攻读本科的相关课程，专科学习时所获得的学分在继续本科课程学习时可以被继续承认。

至此，意大利三段式教育的雏形已基本形成，虽然在名称上仍未能与"博洛尼亚进程"所推行的三段式教育"本科—硕士—博士"一致，但是在后来推行"博洛尼亚进程"的体制改革中，意大利的教育模式基本上是按照这一时期的三段式模式进行划分的。

(四)《博洛尼亚宣言》签署后 (2000 年至今)

1999 年，29 个欧洲国家在意大利的博洛尼亚共同提出了一项面向 21 世纪的欧洲高等教育改革计划——"博洛尼亚进程"，该进程的总目标是通过整合各国的高教资源推进欧洲教育一体化。"博洛尼亚进程"提出，到 2010 年，欧洲所有签约国大学毕业生的毕业证书和成绩都将获得其他签约国的承认，大学毕

---

① Legge 19 novembre 1990, N. 341, "Riforma degli Ordinamenti Didattici Universitari"，即意大利 1990 年 11 月 19 日第 341 号法律《大学教学体制改革》。

业生可以毫无障碍地在其他欧洲国家申请学习硕士阶段的课程或寻找就业机会，实现欧洲高教和科技一体化，建成欧洲高等教育区。

作为主要签约国之一，意大利按照"博洛尼亚进程"的相关规定，积极在国内推进教育改革。在实施学分制的同时，改革原有的两级制（"本科教育—博士教育"）的大学教育体制，将旧制中4年制的本科教育拆分为现行的3年制本科和2年制硕士，形成"本科—硕士—硕士以上学位（包括博士、专业进修和大学硕士进修教育）"的三级制模式。至此，意大利现行的研究生教育体系形成。

二　意大利研究生教育的概念和地位

根据意大利语权威大辞典 *Il Dizionario Sabatini Coletti* 的定义，研究生教育（Postlaurea）是指在完成学位学习后的继续学习。

（一）意大利研究生教育的概念

在实行三段式教育之前，研究生教育指的是获得大学学位后的进修学习。在实行三段式教育后，研究生教育主要指的是取得学士学位后的大学硕士进修教育的第一阶段的学习，以及取得国家硕士学位后的继续学习，即大学硕士进修教育第二阶段、专业进修教育和博士研究生教育。因此，从广义的角度理解，意大利的研究生教育涵盖了大学硕士进修教育、专业进修教育和博士研究生教育。但从狭义角度理解，意大利的研究生教育主要是指博士研究生教育。

因此，与我国研究生教育体制不同的是，按照《学位互认协议》，颁发可被认定为我国硕士学位证书的意大利国家硕士（Laurea specialistica/magistrale）课程未被纳入意大利研究生教育的范畴（见表3-1）。

表 3 - 1 中意高等教育层次结构的比较

中国		意大利	
层次划分	构成	层次划分	构成
大学本科	本科	大学文凭 （Laurea）	本科 （Laurea Triennale）
	硕士		（国家）硕士 （Laurea Specialistica/Magistrale）
研究生	博士	研究生 （Postlaurea）	（大学）硕士进修 （Master universitari di livello Ⅰ e Ⅱ）
			专业进修 （Diploma di specializzazione）
			博士 （Dottorato di ricerca）

（二）研究生教育在意大利教育体系的地位

按照教育水平以及学生受教育的年龄，意大利现行的教育体制主要分为四个阶段：学前教育、第一阶段教育（小学教育和初中教育）、第二阶段教育（高中教育或职业教育）和大学教育。而大学教育又进一步分为本科教育、硕士教育和博士研究生教育三个阶段。因而，意大利的博士研究生教育处于意大利教育体系的顶端，它代表了意大利大学教育的最高水平，所授予的博士学位是意大利共和国授予的最高学术学位。

鉴于博士研究生的高水平教育，为了保证课程的质量，各个博士课程都有专门的导师协会。此外，相对大学的其他学历和进修课程，博士研究生教育具有一定的独立性，意大利大部分大学都在学院行政体制内专门设立"研究生学院"，对校内的博士课程进行统一管理和协调，如锡耶纳大学的圣琪亚拉学院（Scuola Santa Chiara）、费拉拉大学的大学高等研究学院（Istituto Universitario di Studio Superiore）。

三　意大利研究生教育发展规划的特点

在意大利，没有专门针对研究生教育单独制定的发展规划。对研究生教育的规划即对博士研究生教育的规划，一般只是作为单独一项内容被涵盖在政府制定的大学发展规划中。意大利教育部 2008 年 11 月 10 日颁布的法令《政府对大学发展的指引》（以下简称《2008 指引》），在经过意大利众参两院的投票后，于 2009 年 1 月 9 日经意大利总统纳波利塔诺签署成为 2009 年第 1 号法律。①《2008 指引》从发展的必要性、目标以及发展的具体措施等方面对意大利大学的发展做了相关规划。

通过对《2008 指引》的分析，可以发现当前的意大利研究生教育发展规划具有教育国际化、资源配置合理化、提高教学质量和紧缩政府财政投入等特点。

（一）提高教师和学生的流动性，推进教育国际化

教育国际化是"里斯本战略"中对成员国教育发展设定的诸多指标之一。所谓的教育国际化就是在经济全球化、贸易自由化的推动下，在国际教育市场开放的前提下，使教育资源在国家间进行配置，使教育要素在国家间加速流动，使教育国际交流与合作日益频繁。

意大利《2008 指引》中指出，"推进'里斯本战略'，缩小与其他欧洲国家之间的竞争力差距"是政府的战略目标，而各项优先采取的具体措施充分体现了意大利政府希望实现教育国际化的决心：

—在教育质量方面，要"积极与外国机构合作，在吸引其他国家学生的同时，为迎接全球性挑战做好准备"；

—在保证学生受教育权利方面，要"提高国内和国际学生的流动性"；

---

① 《政府对大学发展的指引》全文译文请见本书附录 1。

——在教学质量评估方面，"为了能更好地实现和国际接轨"，意大利政府将在五年后把投入大学的所有预算的30%根据对大学评估的结果进行调配；

——在教师聘用方面，"鼓励学者在国内和国外的大学之间流动"，"促进教师队伍国际化"；

——在博士教育规模方面，"扩大博士课程的国际化规模"，为年轻人提供更大的流动性，提高博士生中外国学生所占的比例；

——在博士报读机制方面，"实行新的报读机制，与国际接轨"。

总之，为了与国际接轨，实现研究生教育国际化，意大利政府致力于与外国机构开展合作，提高外籍教师和学生比例，实现教师和学生的自由流动，扩大博士课程的国际化规模。

（二）改变教育经费投入模式，加强中央与地方以及其他机构合作

《2008指引》在发展目标中呼吁"意大利参众两院、各大学主体、劳动力市场和企业共同参与大学的改革"。"因为国家经济发展遇到困难，所以需要在短时间内尽快实现预算平衡"，意大利政府采取紧缩的财政政策，自2008年起中央政府逐年将大学教育经费减少3%，即在2009～2014年减少约14亿欧元开支。在经费缩减的条件下，政府要改变教育经费投入模式，要"对财政支出体制进行调整，加大对受教育者即学生的资金投入"，因此"中央政府必须保持与地方政府以及其他机构的密切合作"。

在保证学生受教育权利方面，"与各大区、地方机构、教育部门、其他公共和私人机构加强合作，保证受教育的权利"，"加强与银行体系的合作，提供助学贷款"。

在大学管理模式方面，"允许大学在进行自我审议后依法设立基金会"，以吸纳私人投资来弥补公共财政资金的不足。大学可以接受和管理社会给学生的捐款，并以奖学金等形式向学生提供基金资助。

此外，还在教学方面设立"博士课程奖学金"，在财务管理方面"执行更加严格的借贷限制"。

（三）完善体制，实现教学资源配置的合理化

《2008 指引》在改革的必要性中强调"优化资源配置才能更加适应国家文化发展的需要，提升意大利的国际竞争力"。在完善体制与合理配置资源方面，政府采取的主要措施包括：

——在保证培养质量方面，要"合理设置专业"，各大学要"缩减专业设置"，要精简数量庞大而"并非出自结构和质量需求"的大学分校，意大利教育部已精简了意大利各大学 20% 的专业，例如，药科的国家硕士由改革前的 1600 个专业减至 1200 个；

——在保证学生受教育的权利方面，要"重新审核有关受教育权利的相关规定，使之更加有效，更加契合学生的需要"，要"整合资源用于大学学生宿舍的建设"，解决宿舍给学生流动造成的障碍，"以提高国内和国际学生的流动性"；

——在教学质量方面，"根据研究评估的结果对资源进行分配和奖励"；

——在大学管理模式方面，大学要"精简臃肿的机构和简化决策流程"，"完善对教学和科研的管理"，"大学校长要对相互冲突的内部和外部需求进行整合分析，制定学校的整体发展策略，在兼顾内外部需求的同时实现学校科研、教学质量与管理改革的最优化"，"避免重复开设一些不必要的课程，鼓励大学之间的研究合作和服务共享"，2010 年 11 月，学生规模位居世界第二、欧洲第一的罗马第一大学为了精简行政人员、减少财政支出，将二级学院由原来的 24 个缩减为 11 个；

——在教师聘用方面，"研究在一些特别的院校或者类似教育机构试行更加符合自身实际情况的人员聘用机制"，"尽快对科研管理部门进行重新定义，并减少其数量，目前这些部门的数量过于庞大且分散，这造成大学体制僵化，不利于跨学科的研究和

创新";

——在博士研究生培养方面，"要减少博士课程的数量，加强对博士点的管理，使它们具有公信力、适当的研究体系、高层次的科研成果和效率"；

——在财务管理方面，"逐步减少教师薪酬在学校经费中所占比例，释放必要的资源去完成大学的基本任务"，"对于那些已经超过国家法律规定比例限制的大学，不允许设新的岗位招聘"，此外，还有"完善现行的财政模式"，"审查医学院、大学和医疗体系之间的关系，实现职能和成本之间的平衡"等内容。

（四）加强教学评估，提高教学质量

为了实现有效的管理和可持续发展，《2008 指引》中指出，"必须要重视大学的质量和服务"，"教育部要对大学进行评估，保证大学对教学质量标准的遵守；大学要向国家和国际社会承诺，按照公认的教学质量标准和收费标准，向社会提供高质量的教育服务"，包括：

——在保证培养质量方面，"根据在欧盟中做出的承诺，按照课程的教学质量和可持续发展，对专业和学校展开评估"，要"对大学的分校进行分析和评估"，"同时要考察这些分校的财政可持续性"；

——在教学质量评估方面，"加快启动意大利研究与大学评估委员会的运作，该委员会的运作要高度透明并有足够的自主权，要对一些必要的条例进行修订，以保证委员会的运作更具效率"，"根据意大利研究评估委员会（CIVR）以往所积累的经验，建立对大学或非大学研究机制进行评估的模式"；

——在博士研究生培养方面，要"明确博士课程的培养目标，提高博士课程的教学水平"，此外，在"培养质量、研究设施与研究设备的规模、生产研究的质量等方面"，除了沿用"现行的意大利研究评估委员会（CIVR）"评估标准，而且还将建立新的"意大利研究及大学评估委员会（ANVUR）"评估体系。

（五）鼓励科研，增强国际竞争力

《2008 指引》中重申"大学与科研是不可分割的"，意大利要建设"具有国际领先水平的博士学位课程"，包括：

——在教学质量评估方面，"大学要全局考虑校内各个专业的研究活动，并按照科研的质量对各个专业实施资源合理配置"；

——在教师聘用方面，"制定一些有共性的科研质量标准，作为聘用承担不同教学角色的人员的准入依据，如果有条件，还可以引入一些国际公认的科研质量参考标准，诸如期刊的影响因子，文献索引等，意大利国家大学委员会（CUN）已经在做这项工作"，"根据《欧洲宪章》对研究人员科研成果评估的相关标准，实施对年轻研究员优先聘用的新机制"；

——在博士研究生培养方面，"重新思考博士学位的结构和学制，应该规定必须能取得一定的科研成果"，"鼓励已取得博士学位的年轻学者去开发根据国际最先进标准挑选出来的高质量研究项目，为此，意大利教育部已经计划在 2009 年拨出 5000 万欧元的专项资金"；

——在财务管理方面，"加大教学和科研质量所占比重"，按照新规定，国家所拨日常财政资金中的 7%（约 5.25 亿欧元），将按照各大学的教学质量和科研质量进行调配，其中科研质量评估占三分之二，教学质量评估占三分之一。

四　意大利研究生教育发展面临的困难

2008 年爆发的国际金融危机以及后来的欧债危机不仅使欧洲经济一体化遭受重创，也造成意大利国内经济低迷。在此背景下，意大利研究生教育发展面临重重困难。

（一）国家教育经费投入低

作为衡量教育水平的一项重要指标，国家财政教育经费占意大利 GDP 的比重一直较高。但自 2009 年以来，这一比重持续下降。据 2016 年意大利国家统计局公布的数据①，2013 年意大利政府投入的教育财政支出仅占当年 GDP 的 4.1%。虽然该比重仍高于世界平均水平，但远低于欧盟各国的平均值（见表 3 - 2），在欧盟 28 国内处于倒数第五位。

表 3 - 2　2009 ~ 2013 年意大利及欧盟财政性教育经费占 GDP 比重

单位：%

	2009 年	2010 年	2011 年	2012 年	2013 年
意大利	4.8	4.5	4.2	4.2	4.1
欧盟	5.6	5.5	5.3	5.3	5

在国家教育财政经费占 GDP 比重下降的同时，意大利各大学还必须面对的问题是由 GDP 减少带来的财政教育经费投入净值的大幅度降低。2008 ~ 2013 年，意大利的 GDP 萎缩超过 7.5%。而 2009 ~ 2013 年，意大利的教育经费投入净值则减少超过 16.8%，平均每年降低 4.2%，下降幅度远高于《2008 指引》原规划的 3%。

因此，尽管在《2008 指引》中，意大利政府已经对教育经费的投入制定了紧缩政策，但是在 2009 ~ 2013 年的实际实施过程中，教育经费实际投入比例过度紧缩，导致无法为提升科研能力、提高教学质量以及实现教育国际化提供经费保障。

（二）大学科研经费增长率低

2009 年，意大利国家财政性科研经费占 GDP 的比重为 1.26%，达到 192 亿欧元，与 2008 年相比增加了 1.1%。此后四年，在经济低迷的困境中，意大利政府仍持续增加国家科研经费投入。2008 ~ 2013 年，意大利国家科研经费的平均年增长率约为 2%（见表3 - 3）。

------

① 如无特别说明，本节所用数据均来源于意大利国家统计局公布的官方数据。最新数据的截止日期为 2016 年 8 月 10 日。

表 3 - 3　2008 ~ 2013 年意大利科研经费投入

	2008 年	2009 年	2010 年	2011 年	2012 年	2013 年
国家科研经费投入（单位：亿欧元）	190	192	196	198	205	210
较上一年的增长率（单位：%）		1.1	2.1	1.0	3.5	2.4

根据《2008 指引》的规划，为提高意大利高校的国际竞争力，一方面要削减总体教育经费投入，另一方面又要持续加大对学校科研经费的投入。在实施过程中，效果未尽如人意。2008 ~ 2013 年，虽然意大利国家科研经费总投入保持持续增长，但是用于大学的科研经费投入却起伏不定。

2009 年，意大利大学的科研经费占国家科研经费总投入的30%，为 58.12 亿欧元，与 2008 年相比增加了 0.5%，不足当年意大利国家科研经费投入增长率的一半。其后，随着"杰尔梅尼改革"的推行，意大利政府于 2010 年进一步削减对大学科研经费的投入，当年大学实际使用科研经费仅为 56.47 亿欧元，与 2009年相比减少了 3%。2011 ~ 2013 年，在国家科研经费增幅较大的情况下，大学所利用的科研经费也有所增长，但是截至 2013 年，大学所用科研经费与 2008 年相比，仅增加了 1.51 亿欧元（见图3 - 3），年平均增长率仅达到 0.5%，相当于意大利国家科研经费投入增长率的四分之一。

（三）学生人数减少

据统计，在《2008 指引》通过并实施期间，有意报读大学的人数、大学新生注册人数以及有意报读硕博课程人数都出现了不同程度的减少，这一现象直接反映了意大利大学教育对学生吸引力的下降。

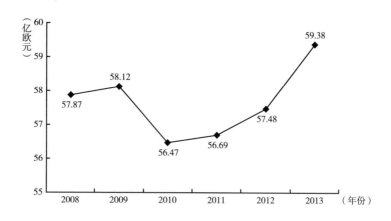

图 3 - 3　2008 ~ 2013 年意大利大学科研经费

从适龄学生角度看，有意继续大学教育的学生人数在持续减少。根据意大利的教育体制，接受高中和大学教育的学生，年龄一般为 15 ~ 29 岁。据意大利国家统计局统计，自 2009 年以来，在意大利 15 ~ 29 岁的青年人群中，未上学且并未就业的人数占该年龄段总人数的比例持续上涨，由 2009 年的 20.5% 增至 2014 年的 26.2%（见图 3 - 4），这一数值远高于 2014 年欧盟 28 国的平均值（15.3%），与欧盟设定的目标值（12.5%）更是相距甚远。此外，意大利教育部的统计数据显示，自 2008 年以来，意大利大学新生的注册人数也在下降。2007 ~ 2008 学年大学注册的新生（不含博士生）有 40.9 万人，但 2011 ~ 2012 学年仅有 38.2 万人，新生人数减少 7%。

此外，有意就读硕士或博士课程的学生人数也持续减少。从新生报读的课程类型看，2007 ~ 2008 学年有 25.6 万新生报读了三年制的本科课程，15.3 万人报读硕士课程或本硕连读课程。在 2011 ~ 2012 学年，报读三年制本科课程的新生有 23.3 万人，减少了近 9%；报读硕士课程或本硕连读课程的新生为 14.9 万人，减少了约 3%（见表 3 - 4）。

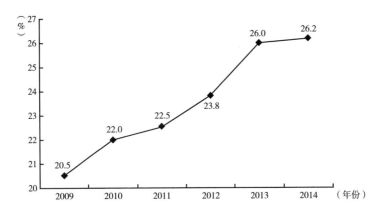

图 3 - 4　2009 ~ 2014 年意大利 15 ~ 29 岁未上学且未就业
人数占该年龄段总人数的比例

表 3 - 4　2008 ~ 2012 年意大利大学新生课程报读情况（不含博士生）

单位：人

	三年制本科	两年硕士	本硕连读	旧制本硕连读	总人数
2007 ~ 2008 学年	256198	101845	47592	3356	408991
2008 ~ 2009 学年	247012	100875	45642	3282	396811
2009 ~ 2010 学年	243699	101464	48589	2432	396184
2010 ~ 2011 学年	239059	100350	47004	2223	388636
2011 ~ 2012 学年	232564	102956	46302	—	381822

五　结语

变化迟缓曾经是历史悠久的意大利高等教育的一大特点，但是在全球一体化特别是欧洲一体化的大背景下，意大利的高等教育体制却不可避免地经历一次又一次的改革。1999 年，为了推进欧洲高教和科技一体化，建成欧洲高等教育区，意大利与欧盟其他成员国共同签署了《博洛尼亚宣言》，意大利的教育体制由此前的本—博学位模式改为目前的本—硕—博三段式。

"里斯本战略"提出，为提高欧洲的创新能力，必须加大科研投入。作为国内科研的主要支柱之一，意大利大学的硕博教育建设，特别是博士教育建设再次成为焦点。然而，2008年爆发的国际金融危机以及后来的欧债危机不仅令欧洲经济一体化遭受重创，还造成意大利国内经济低迷，政府大幅削减教育经费。当前意大利研究生教育面临的困局是，在经济危机冲击导致国家公共教育经费持续减少的情况下，如何扩大资金来源并且更加合理高效地配置资源，提高教学和科研质量，实现教育的国际化，进而提升国家竞争力。

参考文献

朱龙华著《意大利文化》，上海社会科学院出版社，2012。

Cosi, D. (2008)"Origine ed Evoluzione della Legislaizone dei Beni Culturali in Italia", in *Diritto dei Beni e delle attività Culturali*, ARACNE.

Fondazione Giovanni Agnelli (a cura), *I nuovi laureati: La riforma del 3 + 2 alla prova del mercato del lavoro*, Ed. La terza, Bari.

Nero, F. e Lenzi, A., (2012)"La sfida della riforma universitaria", *Quaderni della SIF*. Vol 32.

Fuci, La Spina (2010), *La riforma Gelmini*, UNIVERSITAS.

Vaira, M. (2011), *La Costruzione della Riforma Universitaria e dell'Autonomia Didattica. Idee, norme, pratiche, attori*, LED Edizioni Universitari.

Rostan, M. (2011), *La Professione Accademica in Italia. aspetti, problemi e confronti nel contesto europeo*, LED Edizioni Universitarie.

Mauro, T. D. e Renzo, F. D., (2004), *Orientarsi nell'Università*, Il Mullino.

Legge 21 febbraio 1980, n. 28, "Testo unico sul riordino delle università".

Legge 19 novembre 1990, n. 341, "Riforma degli ordinamenti didattici universitari".

Legge 21 dicembre 1999, n. 508, "Riforma delle Accademie di Belle Brti, dell'Accademia Nazionale di Danza, dell'Accademia Nazionale di Arte Drammatica, degli Istituti Superiori per le Industrie Artistiche, dei Conservatori di Musica e degli Istituti Musicali Pareggiati".

Legge 6 agosto 2008, n. 133, "Alle Fondazioni Universitarie Continuano ad Applicarsi Tutte le Disposizioni Vigenti per le Università Statali in Quanto Compatibili con il Presente Articolo e con la Natura Privatistica delle Fondazioni Medesime".

Legge 30 dicembre 2010, n. 240, "Norme in materia di organizzazione delle università, di personale accademico e reclutamento, nonchè delega al Governo per incentivare la qualità e l'efficienza del sistema universitario".

第四章　新形势下的中意关系

第一节　概述

中国和意大利都是世界文明古国，历史悠久，文化灿烂。虽然两国远隔千山万水，但是相互间的历史联系却源远流长。从经贸关系上看，早在公元前 2 世纪末，中国的丝绸就已运销意大利。从文化交流上看，意大利是欧洲最早与中国接触并最先开始汉学研究的国度，在很长一段历史时期，"中国和西方的往来，也可以说就是中国和意大利的往来"。①

1970 年 11 月 6 日，中意两国正式建立外交关系。建交以来，中意两国始终秉承相互尊重、平等相待、互利共赢的原则，持续拓展合作领域，提升合作层次，如今中意关系已经发展成为政治互信不断加强、经济合作务实高效、人文交流蓬勃兴起的双边关系，堪称不同历史背景、不同政治制度、不同经济发展水平的国家间发展友好关系的典范，同时也为两国人民带来了实实在在的福祉。

如果说自 2004 年建立全面战略伙伴关系以来，中意两国关系进入了全面发展的快车道，那么 2014 年在双方全面战略伙伴关系

---

① 白佐良、马西尼：《意大利与中国》，中译本序，萧晓玲等译，商务印书馆，2002。

建立十周年之际，中意关系则步入了更加令人振奋的"蜜月期"，最为突出的表现是两国高层领导人互访频繁，政治互信基础不断加强。2014 年是中意关系颇为亲密的一年。6 月中旬，上任不久的意大利总理伦齐访华。10 月中旬，中国总理李克强对意大利进行了回访。一年之内，两国政府最高领导人实现正式互访，这在中意关系史上十分罕见。2015 年，中意双方为庆祝建交 45 周年举行一系列重要活动，中国大力支持米兰世博会，时任意大利外交部长真蒂洛尼出席了中国纪念抗日战争胜利 70 周年阅兵仪式。2016 年 9 月，伦齐总理来华参加二十国集团（G20）领导人峰会，两个月之后的 11 月，习近平主席经停撒丁岛并与伦齐总理会晤。2017 年 2 月，意大利总统马塔雷拉实现了当选总统以来的首次访华。可以说，在新一轮领导人互访的积极推动下，中意关系发展正在获得前所未有的新动力。

经贸合作始终是中意关系的重要支柱。2016 年，中意两国双边贸易额为 430.6 亿美元，是两国建交时双边贸易额（仅为 1.02 亿美元）的 422 倍，是中国实施改革开放（1979 年）时贸易额（6.1 亿美元）的 70.6 倍。如今，意大利是中国在欧盟的第五大贸易伙伴，中国是意大利在亚洲的第一大贸易伙伴。2010 年和 2014 年，两国政府相继签署《中意关于加强经济合作的三年行动计划（2011～2013）》与《中意关于加强经济合作的三年行动计划（2014～2016）》，为双边经济合作制定了指导性方针。尤其是，有了第一个行动计划的铺垫，第二个行动计划更详尽具体，既立足于双边合作的积极发展势头，又充分考虑到两国在经济金融治理与改革方面的政策走向，共同确定了农业与食品、医疗卫生、节能环保、可持续的城镇化、航空航天等五个优先合作领域，使双边经贸合作结构得以不断提升。在上述背景下，中国对意大利投资快速增长已成为当前中意经济合作的新趋势，也是最引人瞩目的新亮点。2014 年，意大利吸引来自中国的新增投资高达 35 亿美元，在欧盟国家中仅低于英国（51 亿美元）。2015 年，意大利吸引来自中国新增投资 78 亿美元，成为欧盟吸引中国新增投资最多的国家。在双边关系积极发展的大背景下，未来几年中意经济合作有望保持稳步发展的势头，中国对意大利投资也仍有较大的增长空间。

近年来中意两国人文交流与文化合作也呈现蓬勃发展的新局面。中意两国友好交往历史源远流长，两大古老文明始终相互吸引、交相辉映，相互开展人文交流与文化合作具备坚实的基础。首先，两国相互语言学习的热度不断升温。目前在中国开设意大利语教学的大学超过 20 所，还有相当数量的私立意大利语培训班。在意大利，至 2010 年全国有近 30 所大学开设了汉语专业，汉语专业学生总人数超过 5000 人。截至 2016 年，意大利各地已开设 12 所孔子学院，下设孔子课堂和教学点上百个，前所未有的"汉语热"已悄然形成。其次，两国互派留学生规模不断扩大。2006～2016 年间，赴意大利就读本科和硕士研究生的中国学生已超过 3 万人。近年来，国家留学基金委也加大了对中国学生赴意大利攻读硕士博士学位，尤其是就读意大利优势学科的资助力度。此外，来中国留学的意大利学生也逐年增加，专业由汉语学习开始向其他各类学科扩展。再次，旅游发展带动两国民间交流。近年来中国游客赴意旅游的兴趣与日俱增，2015 年前往意大利的中国游客达 73 万人次，2016 年约为 90 万人次。中国也已成为意大利人赴亚洲旅游的第一目的地。[①] 最后，两国文化交流合作全面开展。2006 年，中国举办"意大利年"。2010 年，意大利举办"中国文化年"。其间，两国举办了包括文物艺术展览、传统音乐戏剧、电影、舞蹈、文学、新闻出版等数百项体现对方国家文化特色与成就的活动。基于这些成果，近几年双边文化交流合作正朝着更加全面深入的方向迈进，相信未来将在加深两国相互理解和

---

① "意大利来华旅游舆情调查报告"，《中国旅游报》2015 年 2 月 6 日第 15 版。

促进友好往来中扮演更加重要而积极的角色。

　　值得关注的是，中国提出的"一带一路"倡议正在成为中意深化合作的新载体。从地缘上看，意大利位于地中海的中心地带，既是古代丝绸之路的终点，也是新时期"丝绸之路经济带"与"21世纪海上丝绸之路"的交汇点，对于"一带一路"在地中海地区的推进具有特殊的意义。过去几年，在全球经济不景气、欧洲经济复苏整体乏力的背景下，意大利已明确将"一带一路"视为其获得经济增长新动力的机遇。2015年，意大利同德国、法国一道宣布加入"一带一路"的重要金融机构——亚洲基础设施投资银行（AIIB，简称亚投行），成为该行的创始成员国。2017年2月，马塔雷拉总统访华期间在多个重要场合表达了通过"一带一路"加强中意合作的愿望。2017年5月，真蒂洛尼总理来华出席"一带一路"国际合作高峰论坛，一方面向国际社会表明对中国提出的"一带一路"的支持，另一方面也体现了意方对发展双边关系的高度重视。可以说，过去几年，中意两国在政策沟通、设施联通、贸易畅通、资金融通、民心相通这"五通"的各个方面都取得了不同程度的进展，未来双方依托"一带一路"平台继续拓展合作的空间巨大。尤其是，意大利濒临地中海，拥有众多优良港口，如何通过港口合作共建"一带一路"正在成为两国合作的优先日程。

　　综上所述，可以说，目前中意关系正处于建交以来发展最好的时期，两国务实合作正朝着全方位对接、高水平互补、可持续共赢的方向不断拓展。马塔雷拉总统2017年访华后将未来发展中意关系的努力方向归结为五个关键词（简称5C）：务实（concretezza）、可持续性（continuità）、创造性（creatività）、沟通（comunicazione）和信任（crediblità）。由此不难发现，意方对于两国关系的定位带有明显的战略性与前瞻性色彩。2017年5月，在意大利总理真蒂洛尼来华出席"一带一路"国际合作高峰论坛期间，中意两国又签署了《中国和意大利关于加强经贸、文化和科技合作的行动计划（2017

年至 2020 年)》，为未来几年双方全面开展与深化各领域合作指明了方向。① 可以预料，在双方政府的积极支持下，两国经济社会文化教育等各界通过互学互鉴大力推进务实合作，将会携手创造出更加骄人的合作成果，使中意关系走得更实、更快、更远。

本章将从不同角度、不同领域关注新形势下的中意关系发展。第二节是意大利汉学发展史述略，作者是文铮。意大利汉学在世界汉学发展历史上具有不可替代的特殊地位，对于当代中意关系发展亦有着深远影响。这一节旨在梳理意大利汉学发展的历史脉络，对各个时期意大利的重要汉学家、汉学著作及其思想做出简要述评。意大利汉学的发展大致可分为三个阶段：早期游记汉学时代、早期传教士汉学时代和现代专业汉学时代。马可·波罗、利玛窦、马国贤等人既是意大利汉学史上的杰出代表，又是中西方交流史上具有划时代意义的重要人物。由于历史、宗教、政治等诸多方面的原因，意大利汉学的发展经历了巅峰和低谷，也经历过"空窗期"，一度远离了西方汉学研究的核心地位。如今，意大利的汉学研究已迎来了二战结束以来最为繁荣的时期。需要强调的是，虽然本书主要关注近年来意大利的变化，并以此为背景观察中意关系的发展，但是鉴于中意交往源远流长，同时国内学界对于意大利汉学发展脉络进行详尽梳理的著述并不多见，因此这一节将时间跨度扩展为 13 世纪至今，以期厘清中意关系尤其是中意文化交流的"源"与"流"，为读者更好地理解中意关系现状提供必要的历史背景分析。

第三节将以米兰世博会为切入点，分析近几年中意经济合作的最新进展，作者是孙彦红。2015 年，第 42 届世界博览会在意大利米兰举行。无论从意大利力图实现经济复苏，还是从中国进一

---

① 《中国和意大利关于加强经贸、文化和科技合作的行动计划（2017 年至 2020 年)》全文请见本书附录 2。

步扩大对外开放以及加强中意/中欧经济关系的角度看，这一届世博会都具有重要意义。一方面，与米兰世博会主题密切相关的农业与食品加工业成为中意经济合作新的增长点；另一方面，受世博会及其他有利因素的推动，中意经济合作呈现蓬勃发展的新局面，尤其是中国对意大利投资持续迅速增长，成为当前中意经济合作的新趋势，也是最引人瞩目的亮点。总体上看，近来中国对意大利投资额增长迅猛的同时，投资的深度与广度也迅速拓展，正在进入一个"量"与"质"全面提升的新阶段。

第四节聚焦于中意经济合作中的一个具体问题——意大利在华企业如何保护知识产权，作者是张海虹和戴菊颖。意大利经济是出口导向型的，"意大利制造"的名牌产品带来的出口收入在其国民经济中占据重要地位。为维护出口企业与国内品牌的利益，多年来意大利一直致力于打击知识产权侵权行为，已经形成了一套颇为全面有效的保护知识产权策略。鉴于中国在保护知识产权方面的立法与实践一度滞后，意大利企业在进入中国市场后即积极运用各种知识产权保护策略维护自身产品的信誉与经济利益。这一节将较为详细地剖析了意大利企业在华经营遇到的各类知识产权侵犯案例及相应的保护措施，期望令读者从微观层面更好地理解中意经济合作现状，同时也为中国企业开拓国际市场提供一定的借鉴。

第五节将视角转到中意两国在高等教育领域的交流与合作，重点关注中国学生留学意大利的现状与发展趋势，作者是邢建军。随着中意两国各领域交流的不断深化，两国的教育交流呈现良好的发展势头。中国学生赴意大利留学人数稳定增长，生源质量不断提高，中意高校间合作不断加强，为两国教育合作注入了活力与动力。可以预见，在教育领域的合作与交流将继续成为双边关系的一大"亮点"。这一节将详细剖析中国学生赴意大利留学的现状、趋势和存在的问题，并对未来做出展望，期望提高国内读者对意大利高等教育体系的认识，同时也为两国进一步加强教育合作提供必要的背景分析。

第六节将转到中意关系中的另一个重要侧面——媒体合作，作者是金京。中意媒体合作已成为两国公认的双边交流中的重要部分，但是相对于其他领域，两国媒体合作起步较晚，加之国情与文化等方面的差异，双边合作既存在巨大机遇，也面临不少挑战。这一节基于欧洲与意大利媒体发展现状，引出对中意媒体交流合作的梳理与分析，最后针对中国媒体向意大利传播提出建议，旨在全面展示与剖析中意媒体合作的现状与未来，引发国内媒体界与研究界对如何在新形势下加快中意媒体更全面深入合作的思考。

第七节仍关注中意关系中的媒体领域，将视角由双边合作转移至意大利主流媒体对中国"一带一路"倡议的报道上来，作者是付卓。过去两年，意大利政商两届对"一带一路"倡议的态度由起初的冷淡，到慢慢开始接受并试图了解，再到近期的积极踊跃参与，与其国内主流媒体的介绍宣传密切相关。这一节将以意大利国内影响力最大的财经类报纸《24 小时太阳报》为例，选取该报 2015 年全年有关"一带一路"的报道，分析该报在这类议题上的报道视角、态度与话语构建，并基于此探究意大利主流媒体对"一带一路"倡议的态度，展望中意两国借助"一带一路"这一平台继续深化经贸合作的前景。

第二节　意大利汉学发展史述略[①]

意大利汉学在世界汉学发展历史上的地位重要而特殊，对当

---

① 本节作者：文铮，北京外国语大学欧洲语言文化学院副教授，意大利语教研室主任，北外意大利研究中心主任。主要研究领域：意大利语言文学，中意文化交流史，东西方艺术史，翻译理论与实践。主要代表作品：《耶稣会与天主教进入中国史》(译著)，商务印书馆，2014;《西方汉学十六讲》(合著)，外语教学与研究出版社，2011。

今世界汉学研究有着深远的影响，其价值是无可替代的。本节的目的是梳理意大利汉学发展的历史脉络，对各个时期意大利的重要汉学家、汉学著作及其思想做一简要述评，为对这一领域感兴趣而又未知其详的读者提供线索和便利，使意大利汉学为更多的中国读者所熟悉。

总体而言，意大利汉学的发展大致可分为三个阶段：早期游记汉学时代、早期传教士汉学时代和现代专业汉学时代。① 这三个阶段之间有必然的联系，但并非连续发展。意大利的汉学研究由于历史、宗教、政治等诸多方面的原因经历过巅峰和低谷，甚至也遭遇过"空窗期"。如今，意大利的汉学研究已迎来二战结束以来最为繁荣的时期。

一　早期游记汉学时代

1222 年，成吉思汗派一支蒙古军队进入欧洲，在第聂伯河畔击溃俄罗斯王公们的联军。与此同时，另一支成吉思汗的军队进军中国北部。60 年之后，鼎盛时期的蒙古帝国东吞中国，西并俄罗斯，建立了横跨欧亚的蒙古帝国，成为从黑海到太平洋唯一的宗主国，② 并创造了一个辉煌但短暂的和平局面，这就是西方史学家们所说的"蒙古和平"时期。

欧亚大陆的和平为中亚、西亚和欧洲的商旅们开辟了一条安全自由的通道，意大利人裴哥罗梯（Francesco Balducci Pegolotti）在他所著的《各国差异》一书中曾说，③ 从顿河河口的塔纳港出发，经过中亚大草原，有一条商路通往中国，这条路线"无论白天或夜晚都十分安全……如果你们一行有六十名同伴的话，你就

① 张西平主编《西方汉学十六讲》，外语教学与研究出版社，2011，第 119～145 页。
② 赫德逊、李申等译《欧洲与中国》，中华书局，1995，第 99 页。
③ 转引自亨利·玉尔（Henry Yule）《中国和通往中国的道路》（卷三），1914，第 139～173 页。

可以像在自己家里一样安全了"。大批的欧洲商人来到中国进行贸易，在这些商旅的队伍里还有欧洲的旅行家们，正是他们的观察和记录为西方带去了有关中国的真实信息。自此，越来越多的西方人知道"在亚洲东部有一个帝国，其人口、财富、奢侈和城市的伟大均不仅是等于而且超过了欧洲的规模。"① 对于中西交通史而言，这一短暂的和平时期具有划时代的意义，因为从这时中国才开始真正进入了西方人的知识与视野，从此西方人眼中的中国再也不是那种传奇式的异域乌托邦形象了。

威尼斯人马可·波罗（Marco Polo）来华可被视为中西交通史上的一座里程碑。1271 年 11 月，马可·波罗随父亲和叔父沿丝绸古道，经过三年半的跋涉，终于到达了元上都开平。② 马可·波罗在中国一共居留了 17 年，受到了忽必烈宫廷的礼遇，还经常奉命到各地巡视，甚至出使外国。1295 年马可·波罗回到故乡，不久后便参加了威尼斯与热那亚之间的海战，被热那亚军队俘虏，在狱中他把自己在东方的见闻讲述给狱中难友鲁斯蒂恰诺（Rusticiano）听，后者便把他的口述记录下来，加以润色，这就是《马可·波罗游记》的由来。

《马可·波罗游记》共分为四卷。第一卷记载了马可·波罗一行由威尼斯启程辗转到达元上都的沿途见闻。第二卷介绍了蒙古大汗忽必烈及其宫殿、都城、朝廷、各级政府和节庆、狩猎等情况，以及自大都南行至杭州、福州、泉州及东南沿海的情况。第三卷介绍了日本、越南、东印度、南印度、印度洋沿岸及诸岛，以及非洲东部的情况。第四卷记述了作为成吉思汗后裔的鞑靼宗王们的战争和亚洲北部的情况。每卷又分章，每章记述一地的情况或一个历史事件，全书共计 229 章。

---

① 赫德逊、李申等译《欧洲与中国》，中华书局，1995，第 135 页。
② 今内蒙古正蓝旗东。

马可·波罗的这本书是一部关于亚洲的游记，其中记录了中亚、西亚、东南亚等地区许多国家的情况，而全书的重点则是关于中国的记述。马可·波罗在中国的足迹遍及西北、华北、西南和华东，他以大量篇幅描述了中国的地大物博和物阜民丰。例如在第二卷中，他详细地描述了杭州城的繁华、富庶与舒适，他说杭州人口稠密，房屋达 160 万所，商业发达，城中大规模的交易市场不下十个，沿街小市则星罗棋布。在他眼中，杭州市容整洁，街道宽阔平整，市民讲究卫生，行政管理细致，他断言杭州给人提供的舒适和快乐是世界任何城市都无法企及的，人在杭州会自以为置身天堂。

《马可·波罗游记》在西方认识中国的历史进程中具有里程碑的意义，与以往关于中国的西方著作相比，它具有更强的真实性、全面性和深入性，极大地丰富了西方对东方，尤其是对中国的认识。书中对蒙元帝国统治下中国的政治、经济、军事、社会生活和皇室生活的记载大部分都能在中国的历史文献中得到印证，甚至某些内容还能为中国史籍补遗。《马可·波罗游记》在欧洲广泛传播的时代正值文艺复兴前夜，书中描述的富庶繁荣、文化昌明的中国逐渐成为拓宽欧洲人世界观念的参照系，也激发了欧洲人对美好世俗世界的向往和憧憬，甚至催生了近代的地理大发现，哥伦布对横渡大西洋到达东方和契丹的执念就与《马可·波罗游记》紧密相连，他认真阅读过的一本《马可·波罗游记》今天还陈列在西班牙塞维利亚大教堂图书馆中。

继马可·波罗之后，还有一些意大利旅行家、外交官或商人来中国游历，并留下了一些记游著作，比如鄂多立克（Odorico）就是其中比较重要的一位。鄂多立克出生于意大利北部弗留利大区的波代诺内城（Pordenone），年轻时加入天主教方济各会。1316

年前后他开始苦行生活，于 1322 年辗转来到中国，[①] 在经过几年的游历之后，于 1330 年春返回意大利。同一年，友人将其所述见闻笔录编纂为《鄂多立克东游录》。此书除讲述了中国的地理、行政、物产、建筑外，也记录了一些特殊的风俗习惯，甚至还谈到了西藏的情况，因此鄂多立克一直被视为第一个到达西藏的欧洲人。1331 年 1 月 14 日，鄂多立克病逝于意大利乌迪内市。在西方，鄂多立克一直与马可·波罗、依宾拔都他和尼哥罗康梯也并称为中世纪四大旅行家。[②]

虽然《鄂多立克东游录》不像《马可·波罗游记》那样出名，但同样具有很高的学术价值，其中的很多内容都可与《马可·波罗游记》相互印证，比如马可·波罗把中国南方的"蛮子"地区誉为"世界上最富裕的地区"，而鄂多立克说"'蛮子省'的大城市多达两千……其中任何一座的规模都绝非特雷维佐（Treviso）或维琴察（Vicenza）[③] 所能相提并论"。再如，马可·波罗说杭州周边约有一百意大利里，而鄂多立克则说在这座城市的十二座城门以外的每个郊区都要比威尼斯或帕多瓦还要大。与《马可·波罗游记》相比，《鄂多立克东游录》还有一些独到之处，比如描述了钱塘江上渔人用鸬鹚捕鱼的经过，提及了中国妇女裹小脚和男人留长指甲的习俗等。如果不是亲眼所见是无法如此详尽记述的。

虽然《马可·波罗游记》和《鄂多立克东游录》是两部极有汉学价值的历史著作，但是意大利中世纪旅行家的游记还不能被视为真正的汉学著作，这些旅行家也并不是真正意义的汉学家，正如意大利汉学家白佐良（Giuliano Bertuccioli）指出的那样，"马

---

① 关于鄂多立克来华时间，可参见张星烺编著《中西交通史料汇编（第一册）》，中华书局，2003，第 337 页。

② 见张星烺编著《中西交通史料汇编（第一册）》，中华书局，2003，第 338 页。

③ 此二者都是意大利北方的历史名城，在当时非常发达、富庶。

可·波罗似乎并不懂汉语，这足以使他失去汉学家的资格，意大利汉学也就不能从他开始。"① 当然，会不会汉语不是评判一个外国人是不是汉学家的唯一标准，但这至少可以说明以马可·波罗为代表的旅行家们基本是无法用汉语与绝大多数中国人深入交流的，更无法借助中文书籍和资料来进一步研究中国。再者，游记式的叙事方法和传奇式的故事内容使他们的作品更加具有文学性，学术性相对较弱。此外，由于观察不够细致、随意夸大、道听途说、以讹传讹等原因，中世纪西方旅行家的东行记叙往往令人疑窦丛生，不敢完全相信。其实，自《马可·波罗游记》问世以来，质疑其真实性的声音就不绝于耳，直到今天还有学者坚持认为马可·波罗本人根本没有到过中国，书中的记述只是间接取自波斯或阿拉伯人印制的中国指南手册。② 归根结底，还是由于这些游记式的著作缺乏严谨的科学性。

但是我们也不能因此否认游记汉学时期作品的价值，它们对欧洲汉学的产生和发展奠定了基础，为传教士汉学的诞生创造了条件。英国学者赫德逊（G. F. Hudson）说："马可·波罗一家在哥伦布之前就已经为中世纪的欧洲发现了一个新大陆……新时代的思想已越出了欧洲和地中海地区。"③ 总之，以意大利《马可·波罗游记》为代表的西方游记汉学拉开了欧洲人认识中国的历史帷幕。

二　意大利早期传教士汉学

1368 年，连通欧亚大陆的商路因蒙古人在中原政权的颠覆而不再畅通无阻。1453 年，奥斯曼土耳其帝国攻陷东罗马帝国的首

---

① 白佐良："意大利汉学：1600~1950"，载张西平编《欧美汉学的历史和现状》，大象出版社，2005。

② 杨志玖："马可波罗到过中国——对《马可波罗到过中国吗?》的回答"，《历史研究》1997 年第 3 期。

③ 赫德逊、李申等译《欧洲与中国》，中华书局，1995，第 37 页。

都君士坦丁堡，控制了中东地区尤其是波斯湾，中断了欧洲人世代通往印度和中国的另一条道路。然而 15 世纪末，随着哥伦布、达·伽马等大批航海家、探险家的扬帆起航，人类历史上最重要的一次地理大发现拉开了序幕。1497 年，达·伽马率船队从里斯本出发，绕过非洲好望角，最终抵达印度，开辟了从欧洲前往东方的新航线。16 世纪初，天主教传教士们也纷纷搭乘驶往东方的商船，再度踏上前往远东传教的征程。

在 16 世纪末以前，欧洲介绍中国的著作或多或少都带有中世纪游记或见闻录的色彩，其作者多为西班牙和葡萄牙的旅行家、商人或外交官，如西班牙门多萨（Juan Gonzalez de Mendoza）的《大中华帝国史》等。这些著作为汉学的诞生播下了良种，为欧洲汉学传统的形成奠定了良好的基础。但是这些作家到底算不算真正意义上的汉学家，在学术界还有很多争议。《明代欧洲汉学史》①一书中把这些 16 世纪的欧洲作家统称为"前汉学家"，认为他们存在一些"难以弥补的缺陷"。首先，他们都是自发来到中国，没有一个强大的组织作为后盾；其次，他们来华时间较短，活动范围不广，又大都不通汉语，因此也就无法对中国做广泛深入的了解。作家自身的"缺陷"直接影响到他们的作品，使之往往"流于外在的介绍，且谬误不少，或言过其实，想象色彩过重，与事实相去甚远"。②

16 世纪末至 17 世纪中叶，具有坚定天主教信仰、较高人文素质和社会交往能力的耶稣会士成为来华传教士的主要力量，根据费赖之《在华耶稣会士列传及书目》记载，自 1552 年耶稣会创始人之一沙勿略（Saint Francis Xavier）在传教途中病瘗于广州上川岛，至 1773 年罗马教廷宣布解散耶稣会的二百余年间，来华耶稣

---

① 吴孟雪、曾丽雅：《明代欧洲汉学史》，东方出版社，2000。
② 吴孟雪、曾丽雅：《明代欧洲汉学史》，东方出版社，2000，第 32 页。

会传教士共计 400 余位。正是这些集传教士、学者和民间外交家
于一身的来华耶稣会士成了欧洲汉学的缔造者，为东西文化交流
开创了崭新的时代，开启了西方汉学研究的一个重要历史时
期——传教士汉学时期。

以利玛窦（Matteo Ricci）为代表的意大利籍耶稣会士是来华
耶稣会士中的骨干力量，他们以西方知识分子的形象出现在中国
人面前，彻底改变了中国人对西方传教士所固有的"番僧"印象，
甚至还赢得了"西儒"的美誉。白佐良曾这样评价这些意大利耶
稣会士："他们向中国展示了欧洲的形象，特别是意大利的形象，
这个形象与其他国家的商人和船员留下的印象大为不同，是更为
高贵的形象。由于利玛窦和其他耶稣会士们的努力，我们的国家
（意大利）在 17 世纪的中国享有极大的声望。这一切正是因为不
是来自武力，而是来自文化和'西方学者'的言谈举止所产生的
力量。而这一点也正是耶稣会士们在中国所要竭力表现的。"①

早期来华意大利耶稣会士们已具备了成为真正汉学家的条件：
既有丰富的学养，又通晓汉语，还有完备的组织作为后盾。因此，
能将中国文化有系统、大规模、深层次、多角度地介绍到欧洲的
人选非他们莫属。他们翻译中国的典籍，深入研究中国文化，向
西方介绍中国各方面的情况，正是从他们开始"中国文化才真正
与西方发生关系"。② 由此看来，以意大利人为主的初期耶稣会传
教士才是汉学的创立者，也正是他们开启了汉学研究的一个重要
历史时期——传教士汉学时期。

这一时期的来华耶稣会士们都非常重视学习汉语和中国文化，除
传教之外，他们还能潜心著书，留下了大量重要著作。就其写作目的
和内容而言，这些著作大致可分为两类，一类是向中国读者介绍西方

---

① 白佐良、马西尼：《意大利与中国》，萧晓玲等译，商务印书馆，2002，第 82 页。
② 吴孟雪、曾丽雅：《明代欧洲汉学史》，东方出版社，2000，第 34 页。

的著作，如艾儒略的《职方外记》，另一类是向西方读者介绍中国的著作，如利玛窦的《耶稣会与天主教进入中国史》。从严格意义上讲，只有后一类著作才属于汉学著作范畴，也是本节重点关注的作品。

在长达一个多世纪的时间里，耶稣会传教士们取得了辉煌的汉学成就，这些成就的文化意义已超出了宗教范畴，他们在中国传教的同时，也把中国的文化传播到了欧洲。但是，一场旷日持久的中西"礼仪之争"几乎中断了意大利传教士汉学的发展。① 从此，欧洲传教士更难进入中国传教，在这种情况下，教会希望培养一批中国人自己的传教士，以使传教事业继续发展。他们计划先将一些优秀的中国教徒带到欧洲培训，学成后再派回中国传教。这项事业的倡导者和发起人是意大利籍天主教布教会士马国贤（Matteo Ripa）。他于 1710 年初来到澳门，由于精通绘画，被康熙皇帝任命为宫廷画师。与此同时，马国贤在对当时教务情况进行分析和思考后，提出要培养中国人自己的传教士。1723 年马国贤返回意大利时，就带去了四名中国青年和他们的老师。在马国贤的请求下，教宗批准在那不勒斯成立"中华学院"（Collegio dei Cinesi），② 主要目的就是培养中国籍传教士。所以，从某种意义上说，马国贤在传教士汉学发展的艰难时期延续了这一西方汉学传统，同时又为汉学发展的新阶段——专业汉学时代奠定了基础，起到了承前启后的作用。

（一）罗明坚与传教士汉学的兴起

罗明坚（Michele Ruggieri）初到澳门时，按照远东教务视察员范礼安（Alexandre Valignani）神父的要求，开始学习中文，了

---

① 礼仪之争，又称"中西礼仪之争"，指 17 世纪至 18 世纪西方天主教会内部围绕"祭孔""祭祖"等中国传统礼仪是否违背天主教义而发生的争议。起因是康熙与传教士就儒教崇拜引发的争论，当时的教宗克雷芒十一世认为中国儒教的帝皇及祖先崇拜违反天主教义，支持多明我会，打压耶稣会，结果引发清朝廷反制，严厉限制西方传教士在华活动。直到 1939 年，罗马教廷才撤销禁止中国教徒祭祖的禁令。

② Collegio dei Cinesi 为意大利语，直译为"中国人学院"。

解中国的风俗习惯。他认为学习汉语是传教的先决条件和必要步骤。中文能力的提高大大推动了罗明坚的传教事业。他在澳门建立了一座传道所，并开始用中文为澳门的中国人宣教。罗明坚把这个传道所起名为"经言学校"，这是中国第一个用汉语来传教的机构，也是晚明时期中国第一所外国人学习汉语的学校。罗明坚之所以成为晚明时天主教进入中国内地长期居住的第一人，与其娴熟的中文能力有直接关系。1581 年罗明坚曾三次随葡萄牙商人进入广州，并很快取得了广州海道的信任，允许他在岸上过夜，因为广州海道认为罗明坚是一个文质彬彬的君子，"是一个有中国文学修养的神父及老师"。

就汉学研究而言，罗明坚的贡献主要体现在以下三个方面。

1. 编写了第一部汉语与西方文字的字典——《葡华辞典》

我们今天能见到的《葡华辞典》的手稿是 1934 年由意大利汉学家德礼贤（Pasquale D'Elia）在罗马耶稣会档案馆中发现的，这部手稿的第 32 页至第 165 页就是《葡汉辞典》。手稿中收入葡语词条 6000 个，汉语字词 5460 个，其中有 540 多个葡语词汇未填入汉语的对应词。

这部辞典在汉学史和汉语发展史上都有着划时代的意义和贡献。《辞典》中用罗马字注汉字音，是汉语最早的拉丁字母拼音方案，是利玛窦《西儒耳目资》拼音系统的前身，也是后世一切汉语拼音方案的鼻祖。编写这部辞典时，罗明坚到中国不久，中文水平尚有限，所以对有些汉字注音方法还不能统一，有模棱含混的地方。不过从这套拼音资料整体来说，已可使我们归纳出一个大致的官话音韵系位。①

---

① 见杨福绵："罗明坚、利玛窦《葡华辞典》所记载的明代官话"，《中国学院学报》1995 年第 5 期。参阅罗常培："耶稣会士在音韵学上的贡献"，《历史语言研究所集刊》1930 年第一本第二分册，第 267～388 页。

2. 成为最早将儒家经典翻译成西方语言的人之一

有些欧洲学者认为，罗明坚把《四书》中的《大学》的部分内容译成了拉丁文，但只发表了其译稿的一小部分，其《四书》的全部拉丁文原稿现仍保存于罗马的意大利国家图书馆中。[①] 尽管罗明坚的全部译文未能公开发表，但《大学》部分译文的发表仍是西方汉学发展史上的一件大事，仅此一点，其功不可没。

3. 编绘了西方第一部中国地图集

16 世纪以前，西方没有一幅完整的中国地图，那时的西方地图绘制学还建立在托勒密的宇宙观基础上，而对东方和中国的认识，中世纪以后大多还停留在《马可·波罗游记》的影响之中。14 世纪保利诺·未诺里的《分成三个部分的世界地图》中第一次出现了关于契丹或大汗的描述：契丹母王国和它的大汗。[②]

这本地图集共有 37 页说明和 28 幅地图，其中有些是草图，有些则绘制得很精细。与以往的同类地图集相比，这部地图集有以下几个特点。

（1）第一次较为详细地列出了中国的省份。罗明坚介绍了当时中国的十五个省份，他对每个省份都进行了分析性的介绍，从该省的农业生产、粮食产量、矿产到河流及其流向，还介绍了各省之间的距离、边界、方位以及皇家成员居住地、茶叶等特殊作物产地、学校和医科大学以及宗教方面的情况。

（2）在地图的文字说明中，首次向西方介绍了中国的行政建构。当时欧洲人十分关心中华帝国的情况和国家的组织结构。罗明坚按照省、府、州、县顺序，逐一介绍各地的主要城市，甚至连各地驻军的场所"卫"和"所"都有详细的介绍。

---

① Knud lundbaek, "The First Translation from a Confucian Classic in Europe", in *China Mission Studies* (1500 – 1800), Bulletin 1. 1977。

② 参见本卡尔迪诺："15～17 世纪欧洲地图学对中国的介绍"，澳门文化司署出版《文化杂志》1998 年春季号，第 11 页。

（3）突出了中国南方的重要性。意大利学者欧金尼奥洛·萨尔多认为罗明坚的中国地图肯定受到了中国地图学家罗洪先《广舆图》的影响,[①] 罗明坚所使用的许多基本数据大都来自《广舆图》。但在对中国的介绍上,罗明坚却显现了西方人的观念,他不是首先从北京或南京这两个帝国的首都和中心开始介绍,而是从南方沿海省份逐步展开介绍,因为对当时的欧洲人来说,他们更关心的是与其贸易相关的中国南部省份。[②] 值得一提的是,罗明坚的这部《中国地图集》一直被遗忘在意大利罗马国家图书馆之中,直到 1987 年才被人发现。1993 年意大利国家印刷及印钞局将其正式出版。

（二）西方汉学之父——利玛窦

利玛窦作为西方汉学的创始人,对欧洲汉学研究做出了巨大贡献,为近代中西文化交流奠定了基础,史学家方豪先生称他为"明季沟通中西文化之第一人"。利玛窦虽然不是第一个进入中国的欧洲耶稣会传教士,却是第一批入华耶稣会士中最具历史影响的杰出人物。方豪在其《中西交通史》中高度评价了利玛窦对欧洲汉学的影响,认为欧洲人迻译中国经籍,研究中国儒学及一般文化的体系与演进,以及在政治、经济、文学、教会各方面广受中国影响,都始自利玛窦开启的时代。

利玛窦的著作甚丰,大致可分为两类:一类是中文著作,另一类是西文著作(拉丁文、意大利文、葡萄牙文等)。他的中文著作主要是为了传播天主教教义(如《天主实义》)、宣扬天主教伦理思想(如《交友论》《畸人十篇》)、介绍欧洲先进的科学知识(如《几何原本》《同文算指》等),从而更好地服务于在中国传

---

① 参见本卡尔迪诺:"15~17 世纪欧洲地图学对中国的介绍",澳门文化司署出版《文化杂志》1998 年春季号,第 11 页。

② 参见本卡尔迪诺:"15~17 世纪欧洲地图学对中国的介绍",澳门文化司署出版《文化杂志》1998 年春季号,第 11 页。

播天主教的目的。利玛窦撰写、翻译的这些中文著作在中国思想史和学术史上有着举足轻重的地位，他本人也凭借这些著作成为明清之际西学东渐的开拓者，这些中文著作也体现了利玛窦作为汉学家的才华和素养。

利玛窦对汉学最重要的贡献还是他用意大利文写成的《耶稣会与天主教进入中国史》。此外，他向耶稣会长上、同会修士以及亲朋故交汇报传教工作、介绍中国情况的书信也是汉学研究不可多得的一手资料。这些信件，根据收信人身份或国籍的不同，分别用拉丁文、意大利文、葡萄牙文等文字写成，目前发现的有 50 余封，大部分保存在罗马耶稣会档案馆。此外，利玛窦把一些中国儒家经典译成了拉丁文，还首次用罗马字母拼注汉字，为西方研究中国思想、文化和语言开辟了道路。

1. 《耶稣会与天主教进入中国史》

《耶稣会与天主教进入中国史》是利玛窦在他临终前三年（1607～1610 年）在北京奉罗马耶稣会总会之命，参照他进入中国后的日记、札记和中国各地的教务报告，用意大利文写成的回忆录，全书共有五卷。第一卷一开始就阐明了撰写此书的原因："我希望由于保留这样的记录而使我们耶稣会进入中国这片封闭多少世纪的辽阔土地，以及我们在这个高尚民族采摘的第一批天主教果实的故事不致淹没。"[1] 对利玛窦而言，开始撰写此书是因为像他一样亲身经历了天主教进入中国全过程的传教士已所剩无几，他感到有必要把这段历史记录下来。在这一章的最后，利玛窦还指出了此书与以往欧洲关于中国著作的不同之处："我们在中国已经生活了差不多三十年，并曾游历过它最重要的一些省份。而且我们和这个国家的贵族、高官以及最杰出的学者们友好交往。我

---

[1] 利玛窦：《利玛窦中国札记》，何高济等译，第一卷第一章，广西师范大学出版社，2001。

们会说这个国家的语言，亲身研究过他们的习俗和法律……还专心致志、夜以继日地研读他们的文献。这些优点当然是那些从未进入过这个陌生世界的人所缺乏的。因此，那些人写中国，并不是以亲历者的身份，而是只凭道听途说……"这段话也概括了传教士汉学的最大特点，就是在掌握汉语的基础上，对中国的文化与社会进行深入系统的研究。

第一卷的主要内容就是对中国的全面介绍，从国名的由来到地理位置和疆域、从富饶的物产到工商业状况、从行政机构到科举制度、从风俗习惯到宗教信仰等，几乎是一部关于中国的小型百科全书，也是一份让欧洲人全面了解中国的国情报告。利玛窦之所以在一部传教史的首卷中对中国国情作如此细致的描写，就是为了让读者在了解背景知识的前提下阅读此书，从而加深对中国传教事业的理解与认识，同时也为后面几章的叙述做铺垫，以免读者被不断插入的注释所打断。

从第二卷起，利玛窦就以时间为主要线索，叙述天主教进入中国的经过，从耶稣会最初在澳门的筹备工作，一直说到1610年他去世之前北京及其他各地的传教情况，时间跨度近三十年。除开辟传教寓所，建立教堂，发展教友，宣传教义等基本传教情况以外，利玛窦还在书中详细记述了他本人及同伴与中国各界人士交往的经过，在各地传教时的见闻和感触等，内容极为丰富。

利玛窦去世时，这部著作并没有最终完成，而是由同会的金尼阁将利氏准备好却又未及成文的材料补入手稿中，这些材料多为葡萄牙文，是中国各地传教寓所呈给利氏的教务报告。至于第五卷中利玛窦之死和对他身后之事以及墓地的描述则是由他北京寓所的同伴完成的。

金尼阁奉罗马耶稣会总会之命，于1613年将利玛窦手稿带回罗马，并在途中开始将手稿译为拉丁文。在翻译过程中，金尼阁对手稿进行了修改，添加了一些章节，如第二卷沙勿略努力进入中国未果的情况，还删去了一些"不利于利玛窦形象的词句"，如利玛窦对儒家思想的正面评价，因为当时天主教会内部的一些人对利玛窦"合儒""适应"的传教策略持反对意见，仍把儒家思想视为"异教"。1615年秋，经金尼阁译成拉丁文又做了一些增删的《耶稣会与天主教进入中国史》在欧洲出版，作者署名是金尼阁、利玛窦二人。这部著作在欧洲立刻引起强烈反响，还在短期内被转译成多种文字出版。但是，利玛窦的手稿却就此沉寂在了耶稣会档案馆中，直到近300年后（1909年）才又被发现。1911年，这部手稿在罗马整理出版。1942年，意大利国家书店出版了一部由德礼贤详细注释的利玛窦《耶稣会与天主教进入中国史》，弥补了以前版本的不足。2000年，此书的意大利文单行本出版。

以利玛窦为代表的耶稣会士进入中国是欧洲汉学史上一个划时代的重要事件，《耶稣会与天主教进入中国史》则开了欧洲传教士汉学家汉学著作与研究的先河。

如前所述，这部著作第一次向欧洲全面地介绍了中国，更为重要的是，它向欧洲介绍并分析了中国的道德和宗教思想以及在这种背景下的中国社会。欧洲人也是第一次从此书中知道了中国的孔子和中国文化的精粹——儒家经典。所以说，为利玛窦确立"欧洲汉学之父"这一美誉的作品正是这部《耶稣会与天主教进入中国史》。这主要有三方面的原因：一是利玛窦精通汉语，谙识中国文化，27年的在华经历使他积累了丰富的经验和大量的第一手资料；二是因为利玛窦虽为耶稣会传教士，但具有人文主义者的心胸与学养，以及科学家的理智与敏锐，能客观、公正地向欧洲人介绍中国，比以往那些游记作家深刻，又比后来那些"欧洲中心论"作家公允；三是利玛窦还在书中比较和分析了中西文化、风俗、制度、科技、艺术的异同与优劣，为欧洲的汉学研究开辟了新领域。因此，有些学者认为，这部著作对欧洲文学、科学、哲学、宗教及生活方面的影响，或许要超过17世纪其他任何史学著作。

《耶稣会与天主教进入中国史》的另一个重要汉学成就是对契丹与中国同为一国的考证。利玛窦在第五卷中用大量篇幅详细记述了耶稣会士鄂本笃（Benedict Goes）由印度出发，经中亚地区进入中国甘肃的探险经历。

鄂本笃此行的目的就是去探寻传说中的契丹，因为自马可·波罗以来，欧洲人一直认为，在中国以北还有一个名叫契丹的国度。鄂本笃于 1607 年到达中国西北的肃州，这时他已确信，中国和契丹就是一个国家，而契丹只是中国的另一称呼。但是，鄂本笃还没来得及回印度汇报，就死在了肃州。他的部分游记和一名亚美尼亚随从被利玛窦派去接应的人带回北京。根据这些残缺的资料和亚美尼亚人的口述，利玛窦还原了鄂本笃的探险经历，做出"契丹即中国"的结论，写入《耶稣会与天主教进入中国史》向欧洲公布，并写信给罗马和印度方面，要求修改欧洲人绘制的地图上契丹与中国为相邻两国的错误。

英国历史学家加拉格尔（L. J. Gallagher）指出："从历史角度看，《耶稣会与天主教进入中国史》的最大价值或许要算它证明了契丹是中国的另一个名字，而不是自马可·波罗以来欧洲人一直相信的，它们是两个不同的国家。"早在利玛窦于 1598 年第一次到北京时，他就对马可·波罗为什么称中国为契丹作了考证，指出"契丹"这个名称就是蒙古人对中国的称谓，而马可·波罗一直与蒙古人在一起，当然也会使用这一名称。当利玛窦第二次到北京住在会同馆时，从回教徒那里再次证实了他对"契丹即中国"的考证是正确的。鄂本笃死后，向欧洲人揭开"契丹之谜"的使命就落到了利玛窦的肩上，正是他对契丹问题素有研究，才对这一历史使命有着深刻的认识，及时为欧洲人澄清了事实。这无疑是利玛窦对欧洲汉学的又一大贡献。

2.《利玛窦书信集》

1913 年，耶稣会士历史学家、意大利人文涂里（Pietro Tacchi

Venturi）将他收集、整理和注释的 54 封利玛窦书信编辑成集，收录在其主编的《耶稣会士利玛窦神父历史著作》的第二卷《中国来信》中，在利玛窦的故乡玛切拉塔市出版。2001 年，意大利 Quodlibet 出版社重新编辑出版了此书，收录了 4 封《中国来信》中没有的信件，并改书名为《利玛窦书信集》。这些书信都是利玛窦于 1580～1609 年从印度或中国各地寄出的，其中大部分用意大利文写成，但也有一些葡萄牙文和西班牙文书信。从这些信件的内容和功能来看，一部分是写给亲友的私人信件，另外一部分则是写给天主教会及耶稣会内部各级领导、机构的教务报告，信中的很多内容都可以与《耶稣会与天主教进入中国史》相互印证，其素材基本来自他平时的笔记或收集到的资料。然而不同的是，在《耶稣会与天主教进入中国史》中，利玛窦站在修史者的角度，在书中以第三人称书写，尽量隐藏个人身份，从而保持历史的客观性。但在书信中，利玛窦除了可以以第一人称叙事以外，还可以充分表达自己的思想，袒露自己的情感。因此，这些信件对深入研究传教史及利玛窦本人有着非常重要的作用。

（三）"中国地理之父"——卫匡国

卫匡国（Martino Martini）是明清之际来华耶稣会士中另一位著名的意大利汉学家，他在中国历史学和地理学研究方面都取得了空前的成绩，是继马可·波罗和利玛窦之后，对中国和意大利两国之间的友好关系和科学文化交流做出杰出贡献的一位重要历史人物。值得一提的是，利玛窦去世后不久，其传教思想和策略就遭到了耶稣会内部乃至其他修会的诟病，尤其是针对中国"礼仪"问题的争论愈演愈烈。于是，卫匡国奉命代表耶稣会赴罗马教廷为中国礼仪问题辩护，并最终促使教宗发布敕令，支持利玛窦的立场，允许中国天主教徒参加祭祖、祭孔的仪式。

卫匡国的主要汉学著作共有 4 部，都是用拉丁文写成的，它们是《中国文法》《鞑靼战纪》《中国历史初编十卷》和《中国新地图集》，其中后三者为当时的欧洲了解中国提供了第一手资料，影响极为深远。卫匡国在欧洲用拉丁文出版的这些著作是自利玛窦的著作《耶稣会与天主教进入中国史》问世之后至 17 世纪晚期大批汉学著作诞生以前，欧洲读者所能见到的关于中国最新、最全面的介绍和评论。

1. 《鞑靼战纪》

1653 年，卫匡国为赴罗马教廷参加辩论，须乘船到达阿姆斯特丹，这部著名的汉学著作就是他在此次旅途中完成的。《鞑靼战纪》于 1654 年在安特卫普出版，同年即在德国科隆、英国伦敦、意大利罗马、荷兰阿姆斯特丹等地刊行，在全欧洲广泛流传。这部著作是卫匡国根据在中国收集到的第一手资料以及亲身经历而写成的，记述了从满人入主中原至 1651 年在中国发生的一些重大历史事件。卫匡国返欧期间，又收集到了其他耶稣会士提供的资料，并把这些资料作为附录编入书中，使此书记录的历史延续到了 1654 年。

该书主要记述了明清之际中国基督教发展的基本状况和战乱中各地传教士的遭遇。书中首先谈到长城以外的北方民族——鞑靼人，然后叙述了自明朝建立以来与女真交往的历史，继而又介绍了万历以降的辽东战事和天启、崇祯两朝的社会与政治形势，还把辽东战事、以李自成为代表的流民起义和宦官魏忠贤专权视为明朝覆灭的三个因素。此外，书中对李自成进京、崇祯自杀以及吴三桂引清兵入关等历史事件都有细致的描述。

《鞑靼战纪》之所以为后世称道，主要有以下三方面原因[①]：第一，它是最早反映明清易代之际历史的著作之一，其叙述冷静、客观，具有较高的史料价值；第二，它不仅按照历史发展的顺序，

① 沈定平："论卫匡国在中西文化交流史上的地位与作用"，《中国社会科学》1995 年第 3 期。

简明地介绍了明清战乱的史实，还从理论上探讨战争胜败的深层次的原因，或转述他人见解，或发表自己的评论，显示出敏锐的洞察力；第三，真实记录了明清战乱之际耶稣会士和中国教徒的活动情况，从中可窥见天主教在中国各地的活跃程度，成为填补这一研究领域空白的弥足珍贵的历史资料。

卫匡国这部著作在西方被誉为当时第一部中国现代史和中国政治史，也为后世学者研究卫匡国的在华活动提供了一手资料。例如，作者在书中记述的清兵南下征服南明几个小朝廷的过程，就是根据亲身经历写成的，其中很多记述极为翔实，足可补证我国正史的阙略。《鞑靼战纪》对 17 世纪至今的欧洲中国史研究产生了重大的影响，作为世界上第一部记录明清易代历史的著作，其作用是不可替代的。虽然后来这方面的历史著作也有另外的信息来源，但大都不免受到《鞑靼战纪》中第一手材料的影响，而且从整体上看也未能超过此书。[①]

另外，《鞑靼战纪》对 17 世纪欧洲英雄骑士小说和宫廷戏剧的创作有着显著的影响。[②] 17 世纪的欧洲作家们喜欢将明清易代这一历史题材作为创作的主题，这当然与《鞑靼战纪》在欧洲的广泛流传是分不开的。

2. 《中国历史初编十卷》

这部著作的全称是《中国历史初编十卷：从人类诞生到基督降世的远方亚洲，或中华大帝国周邻记事》。1658 年首版于慕尼黑，翌年在阿姆斯特丹再版。

《中国历史初编十卷》记述了从盘古开天辟地到西汉哀帝元寿二年，即公元前 1 年的中国历史，是一部中国古代断代史著作，也是一部以王朝体系为中心的政治史，对经济、文化方面的叙述

---

① 张国刚等：《明清传教士与欧洲汉学》，中国社会科学出版社，2001，第 135 ~ 136 页。
② 张国刚等：《明清传教士与欧洲汉学》，中国社会科学出版社，2001，第 139 页。

较少，而对史前文化的发展以及春秋时代老子和孔子的哲学思想作了比较详细的介绍和分析。① 卫匡国在此书中第一次将中西纪年方式对应使用，弥补了此前西方中国历史著作在纪年断代方面的不足。

全书共分十卷：第一卷介绍了中国的神话和中国人观念中的世界起源以及伏羲、神农、黄帝等三皇五帝的传说，将中国历史的发端定于公元前 2952 年的伏羲时代。在卫匡国看来，伏羲氏是中国传说年代和历史年代之间的分界线；第二卷为夏代史，自禹至桀；第三卷为商代史，自汤至纣；第四、五两卷为周代史，包括西周和东周，自公元前 122 年的周武王至赧王亡国（公元前 255 年）；第六卷为秦代史，自秦昭王五十三年（公元前 254 年）至子婴降刘（公元前 206 年）；第七卷至第十卷均为西汉史，自高祖刘邦（公元前 206 年）到哀帝刘欣（公元前 1 年）。在书中卫匡国统计了中国每一位帝王的在位时间，并注明了相应的公元纪年。

虽然卫匡国在撰写此书时遵循了李维《罗马史》的模式，参考了《史记》《通鉴纲目》等中国史籍，但也做了大量的研究工作，发表了一些自己独到的见解，因此《中国历史初编十卷》可以被认为是西方最早的科学系统地介绍中国历史的著作之一，也是欧洲第一部科学、严谨、详细、系统的中国历史著作。② 18 世纪法国人杜赫德（Du Halde）在编写《中华帝国全志》时，很多史实都取自卫匡国的这部著作。③ 卫匡国把这部史书的书名定为"初编"，可能是有接着写下去的意思，但最终未能实现。

3.《中国新地图集》

卫匡国是第一个用科学方法测绘并刊印中国地图的欧洲人，

---

① 王祖望等主编《欧洲中国学》，社会科学文献出版社，2005，第 723 页。
② 王祖望等主编《欧洲中国学》，社会科学文献出版社，2005，第 723 页。
③ 吴孟雪、曾丽雅：《明代欧洲汉学史》，东方出版社，2000，第 162 页

《中国新地图集》就是他在中国地理方面的代表作，他也因为这部作品而被誉为"中国地理学之父"。

1665 年，《中国新地图集》在阿姆斯特丹首次出版，印制精美，为大型对开本，每幅图都是由手工染色，色彩鲜艳，图上还有精密的经纬度格。地图集共收入卫匡国绘制的 17 幅地图，其中包括一幅以中国为主的东亚地图，中国当时 15 个行省的地图以及一幅日本地图。就图集的编选思想而言，它打破了中国地理志书重行政建制而轻地理知识的模式，体现了欧洲地理学中所主张的综合性学科的性质。例如，作者在图集的长达 26 页的序言中，介绍了中国的地理位置、自然环境、居民、城乡状况、手工技艺、建筑、科学、宗教、王朝纪年、长度单位等内容。最后还讲述了女真族的历史、语言、习俗、宗教及与汉族的关系。另外，卫匡国也沿袭了中国传统地理方志的编写方法。例如，在介绍各省概况时以府县为单位，内容包括地理位置、名称来源、建制沿革、气候物产、山川河流、重要城镇、人口租赋、风俗习惯、名胜古迹、名人逸事等。综观整部图集，地理勘测较为准确，介绍文字翔实严谨，是代表当时世界最高水平的中国地理学著作。

尤其值得一提的是，卫匡国在福建省图中明确表示台湾是中国的领土，属福建行省管辖。在前面的中国总图中，卫匡国把台湾岛标注为"福摩萨"，这是沿用葡萄牙人的叫法，但他也在文字说明中指出，中国人原来把此岛称为"大琉球"。

《中国新地图集》是 17 世纪欧洲关于中国地理研究的最高成果，是卫匡国长期在华游历并且"综合了中西双方资料又加以自己的研究才写成的"，[1] 在欧洲备受重视，为当时欧洲了解中国地理的必读之书，一版再版，并被译成多种文字。欧洲地理学家把这部地图集的出版视为地图绘制史上的一个重要的里程碑，其权

---

① 马雍："近代欧洲汉学家的先驱马尔蒂尼"，《历史研究》1980 年第 6 期。

威地位一直保持到 1735 年法国杜赫德出版《中华帝国全志》之前。

4. 《中国文法》

卫匡国对中国文字学和汉语语法进行过深入的研究，他还用中文写过一些神学著作和关于礼仪问题的辩护书。卫匡国在返回欧洲为耶稣会传教士申辩期间，曾把一本亲笔撰写的《中国文法》留在了德国科隆，旨在为欧洲学者学习汉语提供方便。这部《中国文法》可以说是欧洲第一部中国语法书，可惜只有手稿存世，[①]未能在欧洲广泛流传。即便如此，卫匡国仍然是最先在欧洲介绍和推广汉语语法的传教士汉学家。

（四）殷铎泽

耶稣会士殷铎泽（Prospero Intorcetta）也是一位很有贡献的汉学家，他 1659 年进入中国后，被派往江西参加《四书》的翻译工作。1662 年在他主编的《中国智慧》一书中收入两部儒家经典著作，一部是他与葡萄牙籍耶稣会士郭纳爵（Ignatinus de Costa）共同翻译的《大学》，于 1662 年在江西出版。另一部是《论语》的部分章节，很可能是利玛窦未完成的译本。[②]

1664 年，清政府在全国范围内展开了反对天主教的运动。次年 9 月，殷铎泽与来自全国的 25 名欧洲传教士一起被解往广州，监禁在一座教堂里。他在那里完成了《中庸》的拉丁文翻译工作，分别在广州（1667 年）和印度果阿（1669 年）出版，所用书名是《中国政治伦理学》。殷铎泽还用拉丁文为此书写了序言和一篇题为《孔子生平》的小传。

与此同时，为了让欧洲人了解孔子的思想，认识到它是一种

---

① 手稿现存于意大利格里高利大学亨特博物馆，见王祖望等主编《欧洲中国学》，社会科学文献出版社，2005，第 723 页。

② *Fonti Ricciane*, Vol. Ⅱ, 1949.

哲学思想，而不是一种宗教，耶稣会于 1687 年在巴黎编辑出版了
《中国哲学家孔子》一书，书的扉页上殷铎泽的名字被列于编著者
的首位，书中收录了他与柏应理（Philippe Couplet）、恩理格
（Herdtricht）、鲁日满（Francois de Rougemont）用拉丁语合译的
《中庸》《大学》和《论语》。殷铎泽让欧洲人认识了孔子，为儒
家思想在欧洲的最初传播做出了不可磨灭的贡献。

（五）马国贤

马国贤，天主教布教会传教士，于 1710 年初来到澳门，后来
又北上进入北京。由于他精通绘画，被康熙皇帝任命为宫廷画师。
同时，马国贤也提出要培养中国人自己的传教士。1723 年马国贤
返回意大利时，带去了 4 名中国青年和他们的老师。在马国贤的
请求下，教宗批准在那不勒斯成立“中华学院”（Collegio dei
Cinesi），主要目的就是培养中国籍传教士。在培养中国人传教的
同时，该学院也进行汉语和汉学的教学研究，成为意大利第一个
专门的汉学研究机构，现在意大利汉学研究中心之一——那不勒
斯东方大学就是在它的基础之上建立的。

1743 年，61 岁的马国贤开始编写一部名为《中国传教会和中
华学院创办记事》的两卷本回忆录，该书上卷记录的史实始于
1705 年，这一年的 11 月 26 日他奉教会之命，从那不勒斯前往罗
马待命，准备进入中国，并于两年后开始了海上之旅。他在书中
详细记述了沿途的见闻、物产，测量了所经城市的经纬度，同时
还绘制了一些地图。1709 年底，他穿越马六甲海峡，经马尼拉，
抵达澳门，次年 7 月又进入广东，开始了他在中国的游历。下卷
从 1711 年讲起，至 1724 年，记述了他在华 13 年的经历，尤其是
在宫廷任画师期间的见闻以及当时的一些教务情况，对当时中国
宫廷内外的生活做了细致的描述。

该书的第一卷于 1844 年在伦敦出版，英文版的题目为《马国
贤神父留居北京宫廷为中国皇帝效力 13 年回忆录》。1996 年，那

不勒斯东方学院出版了该书的意大利文版（原版），上、下两卷，共 411 页。这部书是研究马国贤和中西交通史的重要文献。书中关于"礼仪之争"的记述为后世的研究提供了珍贵的一手资料，书后所附的 14 封《康熙与罗马使节关系文书》具有极高的史料价值，可与中国的历史文献相互印证。

此外，以宫廷画师身份在清宫供职的马国贤很得康熙皇帝赏识，并屡屡被委以重任。他主持印制的铜版《皇舆全览图》是中国历史上第一部带有经纬线的全国地图。奉康熙之命，马国贤共镌刻刊印中国地图 44 幅，并将雕刻铜版的技术传授给中国同事，这是欧洲铜凹版印刷术传入中国的最早记录。

三 意大利专业汉学的兴起与发展

（一）18 世纪以后意大利汉学的衰落

1814 年 12 月，法国法兰西学院设立了"汉·鞑靼·满语言文学教授席位"，由雷慕沙（Abel Rémusat）教授执教，这标志着欧洲现代专业汉学的诞生，也预示着汉学作为独立的学科开始走向成熟。[1] 但这个时候，孕育出马可·波罗和利玛窦的意大利却走入了汉学研究的低谷，把现代专业汉学发祥地的殊荣拱手让给了法国。其实，从 18 世纪开始，意大利汉学在西方的领先地位就逐渐被法国等其他欧洲国家所取代，这主要是由两个原因造成的。一方面是耶稣会被废除。从 18 世纪初开始，耶稣会在罗马教廷内部频频受挫，尤其在关于中国礼仪问题的争论中，耶稣会全面落败，逐渐失去了教宗的信任。1773 年耶稣会被教宗废除。此后，在长达半个多世纪的时间里，作为意大利乃至整个欧洲汉学研究中坚力量的耶稣会士们沉寂了下来，欧洲汉学的发展速度也随着中西

---

① 张国刚等：《明清传教士与欧洲汉学》，中国社会科学出版社，2001，第 339～340 页。

交往的障碍而发展缓慢。这样，由利玛窦开创的以"适应"政策为基础的传教士汉学传统便衰落了下去。另一方面是由意大利国内的政治环境造成的。意大利直到 1870 年才最终实现了国家统一，长期动荡局势和复杂的政治环境导致它对远东的兴趣不如其他欧洲强国浓厚。在这种情况下意大利人自然也就没有学习中文和研究汉学的热情。在相当长的一段时间里，意大利汉学家寥寥无几，也没有出现什么有影响的汉学著作，形成了一段"空窗期"。①

（二）那不勒斯东方大学与意大利汉学传统的延续

即便是在"空窗期"，意大利的汉学传统也没有完全中断，这主要归功于那不勒斯的中国学院。这座在耶稣会士马国贤积极倡导下成立的学院，创办宗旨是培养欧洲的青年传教士，让他们在完成神学课程并取得神职的同时，也学习中文，从而为赴中国传教打下基础。在当时的欧洲，这是独一无二的汉语教学机构，一些已有神职的教士、枢机主教和外国使节也纷纷来此学习中文。1870 年意大利统一后，那不勒斯中国学院更名为"皇家亚洲学院"。为了扩大意大利在东方的影响，学院增设了蒙文、俄文等课程。就当时意大利国内政治形势而言，这所学院的宗教职能已逐渐被削弱，因为它已"对教廷几乎派不上用场"。② 于是，这所有着浓厚天主教背景的学院开始转变职能，开设非宗教部门，交予教会以外的人士管理，招收对外交和商业有兴趣的学生。1925 年学院升级为"那不勒斯东方大学"。这所历史悠久的学院在意大利汉学走入低谷的时期延续了汉学传统，为意大利的汉语教学和中国文化研究积累了经验，最终成为意大利专业汉学时期的一个重要研究和教学机构。

---

① 图莉安："意大利汉学研究现状——从历史观点"，《汉学研究通讯》2006 年第 8 期。
② 图莉安："意大利汉学研究现状——从历史观点"，《汉学研究通讯》2006 年第 8 期。

（三） 19 世纪意大利汉学的缓慢发展

整个 19 世纪，意大利汉学的发展也几乎是一片空白，在这个欧洲"汉学家内战"的时代里，虽然也有几位意大利汉学家被卷入激烈的论战，但终因未写出有影响的作品而渐渐被人遗忘。

19 世纪意大利汉学家最有影响的作品当属晁德莅（Angelo Zottoli）的《中国文学教程》。1814 年，耶稣会在欧洲重新建立，耶稣会传教士再次进入中国。1848 年，耶稣会士晁德莅来到上海徐家汇天主教堂从事传教工作，并在此度过了他的后半生。晁德莅在中国古典文学方面造诣颇深，他编写了五卷本的《中国文学教程》，其内容包括《三字经》、《百家姓》、《千字文》、"四书"、"五经"，以及诗、词、歌、赋、小说、戏剧等。直到 19 世纪 50 年代以前，这部书一直是西方收录中国古典文学作品篇目最多、最全面的中国古典文学选集。本书于 1879～1883 年在上海出版，中文和拉丁文双语对照，文选中除译介作品以外，还讲解了中国古诗文的创作方法。但由于晁德莅的拉丁文有些艰涩，耶稣会最终决定在欧洲出版这部教程的法文译本。虽然晁德莅是一名耶稣会士，但在当时专业汉学的大背景下，他的这部作品已具备了专业汉学著作的面貌。

除了晁德莅以外，19 世纪意大利有影响的汉学家还有阿尔方索·安德烈奥齐（Alfonso Andreozzi）和安特尔莫·塞韦里尼（Antelmo Severini）。此二人师出同门，他们的老师是接替雷慕莎主持法兰西学院汉语教学的法国汉学家儒莲（Stanislas Julien）。安德烈奥齐将《水浒传》中鲁智深的故事译成意大利文，于 1883 年在佛罗伦萨出版，取名《佛牙记》，这是《水浒传》的第一个西方语言译本。此外，他还出版了《中国古代刑法》等汉学研究著作。塞韦里尼在 19 世纪末获得了佛罗伦萨"皇家高等研究院"汉语讲座的教授职位，这是意大利第一个正式的大学汉语教授的教席。1903 年，塞韦里尼的学生洛多维科·诺琴蒂尼（Lodovico

Nocentini）参与创办了罗马大学东方学院，隶属于罗马大学文哲学院，是今天罗马大学亚非文明与文化系的前身。

（四）20 世纪初至第二次世界大战中的意大利汉学

19 世纪末至 20 世纪初，意大利专业汉学伴随着佛罗伦萨皇家高等研究院、罗马大学东方学院和那不勒斯东方大学汉语课程的设立（或恢复）而逐渐形成气候，但好景不长，"两次世界大战的爆发以及天主教会禁止向中国读书人传教的政策，使意大利汉学的发展几乎停顿"，[①] 刚刚萌发的新芽又蒙受摧残。然而，就在战争的夹缝中，意大利出现了一位承上启下的著名汉学家——德礼贤，他"几乎是两次世界大战之间的二十年中意大利最重要的汉学家"。[②] 如果说利玛窦开创了意大利以耶稣会士为代表的传教士汉学传统的话，那么德礼贤就是为这一传统画上圆满句号的最后一位耶稣会士汉学家。他曾在罗马大学教授了一年的中国语言文学，后来的著名汉学家白佐良和兰乔蒂（Lionello Lanciotti）都是他的学生。德礼贤的著作无论从数量还是质量上讲，都是首屈一指的，其中《利玛窦文献》无疑是他最有学术价值的汉学著作，一直被学界视为研究利玛窦的最重要的参考资料。

1934 年，正在中国传教的德礼贤被耶稣会调回罗马，准备编辑出版新版的利玛窦作品集。他回到罗马后立即开始工作，在工作中他"有幸读到了欧洲很多以前从未披露过的重要资料"，而且还得到了中国历史学家向达等人的帮助。

德礼贤编辑的《利玛窦文献》原计划包括《耶稣会与天主教进入中国史》和《利玛窦书信》两部分，但最终完成出版的只有前者。德礼贤编辑工作的内容包括以下 5 个方面：①为全书做了

---

① 王祖望等主编《欧洲中国学》，社会科学文献出版社，2005，第 737 页。
② 白佐良著："意大利汉学：1600～1950"，李江涛译，载《海外中国学评论》第 3 辑，上海辞书出版社，2008。

详细的注释（包括汉字注释）、考据和校雠；②对利玛窦手稿的来龙去脉以及写作方法、特点等做了深入研究，并以序言的形式载录于书中；③编纂了详尽的中、意文索引；④为每一章撰写了内容提要；⑤配置了必要的地图与插图。

在某种程度上可以说，德礼贤编辑出版的这"半套"《利玛窦文献》是意大利汉学家在20世纪上半叶对世界汉学的最大贡献，全世界研究利玛窦的学者无一例外地要研读这部著作。德礼贤秉承了17世纪以来意大利传教士汉学的优良传统，同时又为意大利专业汉学的发展奠定了坚实的基础。然而，由于政治倾向和个人性格等原因，德礼贤晚景凄凉，学术界也对他颇有微词。

二战期间，尽管意大利法西斯政府颁布了妄自尊大的对外政策，但实际上对意大利的汉学研究毫无益处，中文教育几近瘫痪。1945年二战结束时，意大利只剩下了一名中文教授，也即时任罗马大学教授的德礼贤。这种形势使意大利汉学经历了一段艰难的"重建时期"，当时从事中国语言文化教学研究的人少得可怜，教师和图书资料都严重缺乏，"学生的人数用一只手就可以数完"。①

（五）二战后意大利汉学的发展与专业化进程

二战后，罗马大学、那不勒斯东方大学和威尼斯大学成为意大利汉学研究与汉语教学发展的主导机构，白佐良、兰乔蒂、萨巴蒂尼等著名汉学家分别在上述三所大学内辛勤耕耘，取得了斐然成果，学生人数逐年增加。1970年，中意两国实现外交关系正常化，对意大利汉学的发展起到了巨大的促进作用。在两国建交后一年的时间内，意大利众议院科隆博（Vittorino Colombo）在社会学家弗兰科·德马尔基（Franco Demarchi）教授的协助下，建立了旨在发展意中文化和经济交流的友华组织"意中协会"，并出版汉学杂志《意大利—中国》《中国新闻》和《中国世界》，这些

---

① 蓝乔蒂、潘琳："意大利汉学：从1945年至今"，《国际汉学》2007年第1期。

举措在此后的数十年里"促进了意大利人对中国的了解和消除对中国的政治偏见，同时向人们揭示了中国最终必将成为世界政治经济大国的前景"。①

从1990年代起，都灵大学、米兰国立大学、博洛尼亚大学等意大利著名学府也陆续开设了汉语专业。截至2010年，意大利全国已有近30所大学开设了汉语专业，开设汉语或汉学硕士、博士课程的大学将近10所，汉语专业学生总人数达5000人。在一个人口总量不到6000万的欧洲国家里，这一比例已是相当惊人了。2006年，中国国家汉办/孔子学院总部委托北京外国语大学与罗马大学联合建立了意大利第一所孔子学院——罗马大学孔子学院，罗马大学著名汉学家马西尼（Federico Massini）教授担任外方院长。中国国际形象和文化软实力的提升使汉语和中国文化在意大利不断升温，社会对于学习汉语、了解中国的诉求日益增加，意大利国家电视台（RAI）、《晚邮报》等主流媒体纷纷发声，强调学习汉语的重要性，认为"汉语是属于未来的语言"，"在意大利经济低迷的状态下，年轻人学习汉语可以提高30%的就业率"。在这样的社会背景下，截至2016年，意大利各地已开设了12所孔子学院，下设孔子课堂和教学点上百个，学员涵盖社会各阶层和各个年龄段，前所未有的"汉语热"已经悄然形成，而且还在不断升温。在这种形势下，意大利政府已经开始尝试将汉语纳入意大利中小学教学大纲，并作为高中毕业和升学考试的正式科目之一，与英语、法语等传统外语享有同等地位。

近二三十年间，随着意大利学习汉语人数的快速增长，从事汉学研究的人才也越来越多，研究的深度和广度都得到了大幅度的提升，涉及语言、文学、哲学、宗教、历史、艺术、考古、民

---

① 意大利共和国参议院编《意大利共和国与中华人民共和国外交关系正常化》，Catanzaro：Rubbettino Editore，2010，第166~167页。

俗等诸多领域，专业从事汉学研究的大学教授、研究员和自由研究者利用意大利得天独厚的人文环境和学术资源，不断提升着意大利汉学在西方汉学界的学术地位，恢复着他们前辈的荣光，使意大利汉学进入了空前繁荣的时期。

对汉语语言学的研究主要是在开设了汉语专业的高校中展开的。威尼斯大学司马儒（Maurizio Scarpari）教授主编的《古代汉语研究》是 1970~80 年代意大利最有影响的汉语语言学期刊，他本人也经常在期刊上发表文章。1982 年他为威尼斯大学的汉语教学编著了《古代汉语教程》。同为威尼斯大学的里卡尔多·弗拉卡索（Riccardo Fracasso）教授在中国古文字学方面颇有建树，他出版了《甲骨文字汇集》，并发表了一系列关于甲骨文的论文，如《文献中的文献：作为历史文献的甲骨文》等。兰乔蒂的汉学研究涉猎广泛，他先后担任过《中国》和《东方和西方》杂志的主编。自 1998 年起，他就任意大利东方研究会的会长，并主持亚洲词典编纂中心的工作，他参与编写的《华意大辞典》就是该中心的重要学术成果。米兰大学政治学系语言研究所的研究员，欧洲研究中国协会会员布雷桑·卢恰纳（Bressan Luciana）于 1983 年参加了《汉意字典》的编纂工作，并发表了《关于中华人民共和国文字改革讨论会的讨论》等论文。罗马大学的马西尼教授在读博士期间曾经研究过 20 世纪中国报纸的词汇，以及汉语中外来词的引进。1996 年，他还发表了一篇关于传教士编写的中国字典的研究论文《对 17 世纪耶稣会传教士编写的中文字典研究的初步评论》。

一专多能、涉猎广泛是意大利当代汉学家的共同特点，上述的汉语语言文字学家往往是中国古典或现当代文学作品的翻译者和研究者，无论是《唐诗三百首》《红楼梦》《闲情偶寄》这样的古典作品，还是康有为、梁启超、鲁迅、胡适、郭沫若、老舍、巴金、冰心、王蒙、王朔、莫言、阿城这样的近现代以及当代作家的作品都有了意大利文译本，而且由翻译家直接翻译原著已经成为一种风气，告别了以往转译自英、法、德文等译本的商业翻译阶段，这说明精通汉语的译者已形成规模。罗桑达（Alessandra Lavagnino）女士在中国文学理论方颇有建树，她从 1979 年着手翻译南朝（梁）刘勰的《文心雕龙》，这是《文心雕龙》的第一个西文译本。近年来意大利汉学家对于中国古典文学，特别是对明清小说、散文的研究也已相当深入，并形成了自己的特色，比如史华罗（Paolo Santangelo）教授对古典小说中情感词汇的研究就有很多独到之处。

在中国哲学和宗教领域，关于儒家思想的著述最为丰富。其中有代表性的作品有史华罗的《中国之罪：14、15 世纪以来的儒家独尊》（1991 年），安东尼奥·佛尔特（Antonio Forte）关于佛教的著作《明堂和佛教乌托邦在历法史上的意义》（1990 年）等。萨巴蒂尼（Mario Sabattini）教授对朱光潜的美学理论，尤其是对朱光潜对克罗齐的接受、疏离与批判进行了深入的研究。

在历史领域，研究中国古通史、断代史和各种专门史的著作、论文不断出现。如萨巴蒂尼和史华罗合著的《中国通史》，柯拉迪尼（Piero Corradini）的《中国——五千年民族与社会史》，[①] 白佐良和马西尼合著的《意大利与中国》，阿马萨里（Antonio Amassari）的《中国古代文明——从商朝甲骨刻辞看中国上古史》，[②] 等等。

二战以后意大利汉学向着专业化的方向不断发展。纵观意大利四百余年的汉学史，我们发现它是一个既古老而又年轻的学科。

---

① 这是一部简明中国通史著作，从史前写到 20 世纪 90 年代，还对中国的地理和民族作了简要的介绍，是目前意大利汉学家编写的时间跨度最大的一部中国通史。作者为罗马大学东亚史教授。1996 年出版。

② 此书中译本由社会科学文献出版社于 1997 年出版，刘儒庭、王天清等译。作者曾从师于张光直、夏鼐等名家。

所谓古老，是指意大利是欧洲最早与中国接触并最先开始汉学研究的国度，所以在很长一个历史时期，"中国和西方的往来，也可以说就是中国和意大利的往来"①。自《马可·波罗游记》出版以后，欧洲人才开始对中国抱有空前的兴趣；自利玛窦开创了传教士汉学的传统以后，汉学才逐渐成为一门相对独立的学科。而这一切都是意大利人的贡献。所谓年轻，是指从 18 世纪初至 20 世纪中叶，意大利汉学经历了一个漫长的停滞时期，直到最近三四十年才又重新发展起来，向着专业汉学的方向前进，其研究领域也不断扩大。

意大利汉学家兰乔蒂认为，意大利专业汉学之所以得到发展，"是出于超越欧洲中心主义的渴望"，意大利汉学家们正以学术的自觉来摆脱欧洲中心主义的影响和制约，而学术机构也终于意识到，西方人学习中文和研究中国文化的目的也正悄然发生着变化，由自发变为自觉，因为这"并非出于好奇或是一种奢侈的异国主义情调，而是出于实际的文化需求"。②

第三节　米兰世博会与中意经济合作新趋势③

2015 年 5 月至 10 月，第 42 届世界博览会在意大利米兰市举行。意大利政府将米兰世博会视为该国 2015 年经济发展中的首要大事，期冀借此拉动国内投资与消费，加强国际经济合作，尽快

---

① 白佐良、马西尼：《意大利与中国》中译本序，萧晓玲等译，商务印书馆，2002。
② 兰乔蒂："意大利汉学：从 1945 年至今"。
③ 本节作者：孙彦红，中国社会科学院欧洲研究所副研究员，欧洲科技政策研究室副主任。主要研究领域为欧洲经济、意大利经济、欧洲科技政策、中欧/中意经济关系。主要代表作：《欧盟产业政策研究》，社会科学文献出版社，2012。另，本节主要内容曾以"米兰世博会与中意经济合作新趋势"为题发表于黄平、江时学主编《欧洲发展报告（2015～2016）》，社会科学文献出版社，2016。

扭转国内经济颓势。中国以中国国家馆、中国企业联合馆、万科馆三个展馆参加米兰世博会，规模为所有外国参展国中最大，力图借助这一平台进一步促进中意/中欧经济合作。相应的，与米兰世博会主题密切相关的农业与食品加工业正在成为中意经济合作新的增长点。与此同时，中意经济合作呈现蓬勃发展的新局面，尤其是中国对意大利投资进入迅猛增长的新阶段。本节将以米兰世博会为切入点，分析近两年中意经济合作的新特点与新趋势。

一 米兰世博会为中意经济合作创造新契机

2015 年 5 月 1 日至 10 月 31 日，第 42 届世界博览会在意大利米兰市举行，为期 184 天。本届世博会由米兰市政府主办，伦巴第大区政府、米兰博览会基金会以及米兰工商协会等机构联合协办。作为全球最高级别的展览活动，世博会在倡导新理念新思维、推广新科技新产品、加强国际经济科技合作、促进人文交流方面的重要作用为世界各国广泛认可。就意大利而言，由于近几年经济持续低迷，至 2014 年仍未摆脱衰退，该国政府对本届世博会可能发挥的经济"强心剂"作用格外重视，将其视为 2015 年度经济发展中的首要大事，期望借此拉动国内需求，推进国际经济合作，实现经济复苏，也为正在艰难推进的一系列结构性改革创造有利条件。鉴于此，虽然公共债务问题依然严峻，意大利政府仍决定投入高达 13 亿欧元的公共预算用于世博会的场馆建设与其他筹备工作。①

基于自身在可持续发展方面的先进理念，以及在农业与食品加工业方面的独特优势，意大利将本届米兰世博会的主题确定为"滋养地球，生命的能源"（Feeding the Planet, Energy for Life）。具体而言，就是要探寻为全球提供充足、优质、健康的食品保障

---

① 此外，意大利总理伦齐与前总统纳波利塔诺以及前总理普罗迪、达莱马、蒙蒂等一同出席开幕式，总统马塔雷拉出席闭幕式并致辞，也体现了意大利政界对本届世博会的高度重视。

的方式，寻找合理利用资源、保护环境、反哺地球的有效途径，促进人与自然和谐均衡发展。这是世博会首次以食品和农业为主题，且以"可持续发展"与"创新"理念贯穿始终。

总体而言，本届米兰世博会的确为意大利带来了颇为可观的经济收益。从短期来看，世博会直接拉动意大利国内新增投资约26亿欧元（包括13亿欧元公共投资、3亿欧元私人部门投资，以及世博会官方合作伙伴共约10亿欧元的投资），直接或间接地为超过6万人创造了就业岗位。此外，有超过2150万人次参观了世博会①，除带来超过5亿欧元的门票收入外，还通过旅游、餐饮、住宿等渠道拉动意大利国内消费增加超过100亿欧元。② 考虑到意大利经济仍在困境中挣扎，上述短期收益对于经济复苏的拉动作用不容忽视。从中长期来看，世博会对于意大利经济的积极影响将主要通过拓展国际经济合作的渠道逐步显现，包括促进意大利对外出口和促进外国对意直接投资等方式。世博会是以国家为基础单位的展览，各国的知名企业又在其中扮演着重要角色，这为促成国家间经贸合作与企业间合作提供了难得的契机。本届米兰世博会共有148个国家和国际组织参展，除展示与主题相关的理念、科技与产品外，各参展方还特别重视寻求合作机遇。作为东道国，意大利必将受益匪浅。

对中国而言，无论从全面扩大对外开放还是从发展中意/中欧经济合作的角度看，本届米兰世博会都具有重要而特殊的意义。首先，中国首次以自建馆形式参加海外世博会，这是与往届相比最大的不同，具有历史意义。从规模上看，中国以中国国家馆、中国企业联合馆和万科馆三个馆联合参展，展馆总面积超过6700平方米，仅次于东道国意大利。这既表明了中国作为2010年上海

---

① 其中1200万人次来自欧盟国家，950万人次来自非欧盟国家。
② 以上数据来自意大利米兰世博会官方网站：http://www.expo2015.org/it/index.html。

世博会东道国对本届米兰世博会的全力支持，也体现了中国加强
对外经济合作的明确愿望。其次，中国国家馆对于推介与提升中
国的国家形象意义重大。中国国家馆是面积仅次于德国国家馆的
第二大外国国家馆，主题为"希望的田野，生命的源泉"，意在向
世界展示中国悠久的农业文明、丰富多样的饮食文化以及中国为
解决粮食问题所做的不懈努力。中国国家馆的陈列设计不仅得到
了国际展览局和意大利主办方的高度认可，也受到了观众的广泛
欢迎，累计接待观众超过 300 万人次。在闭幕式上，中国国家馆
获得国际展览局颁发的"大模块建筑奖项铜奖"和意大利著名传
媒集团科拉斯出版社（Class Editori）组织评选的"世博展馆遗产
大奖"循环利用杰出奖一等奖，同时被媒体评为最受观众欢迎的
三大场馆之一。① 最后，米兰世博会为对外推介中国企业以及加强
中意经济合作提供了新契机。以中国企业首次以自建馆形式赴海
外参展世博会的万科馆为例，该馆从房地产发展的视角展示了中
国由乡村文明向城市文明转型过程中的能源与资源可持续性问题
及应对方案。此次参展为万科集团提升自身国际知名度以及拓展
其在意大利与欧洲的业务创造了重要机遇。②

　　值得注意的是，在与本届米兰世博会主题密切相关的农业与
食品领域，中意两国合作也获得了前所未有的新动力。意大利的
农业与食品行业以地方特色、知名品牌、产品质量、生态环保、
食品安全等优势享誉世界。中国农业正面临向绿色化、特色化发
展转型升级的压力，同时保障食品安全也已成为迫在眉睫的问题。
基于此，如何借助世博会这一重要平台，切实推动双方在农业与

----

① 参见米兰世博会中国国家馆政府总代表、中国国际贸易促进委员会副会长王锦珍在中
　国国家馆闭馆仪式上的发言。发言原文网址：http：//en. expochina2015. org/2015 - 11/
　12/c_ 3387. htm。
② 2015 年 5 月 27 日，在万科馆"杭州日"活动当天，万科董事局主席王石宣布，万科
　将开设米兰分公司，正式进军欧洲市场。

食品领域的互补性合作受到两国的高度重视。

实际上，中意两国企业在农业与食品领域的合作已先于米兰世博会起步，且得到双方政府的大力支持。2014 年 6 月，在意大利总理伦齐访华之际，意大利联合圣保罗银行（Intesa Sanpaolo）与中国农业发展银行即签署了合作协议，双方明确表示将以米兰世博会为契机推进两国在农业领域的切实合作。2015 年 6 月，作为米兰世博会的一项重要双边活动，由中意两国联合举行的"中意农业食品经贸合作论坛"颇令人瞩目。该论坛由中国农业部、中国国际贸易促进委员会，意大利农业政策、食品和林业部以及意大利对外贸易委员会共同举办，来自中意两国政府部门及农业、食品和金融等领域的 300 多位代表围绕促进中意农业和食品领域的合作进行了探讨和交流。更重要的是，中意双方均有大量农业与食品企业参展，这为两国切实加强合作提供了难得的契机。值得一提的是，中国汇源集团成功跻身 2015 年米兰世博会官方合作伙伴之列，是唯一同时赞助两大联合馆（果蔬馆与香料馆）的中国企业，其旗下的果汁、生鲜食品及农副产品在世博会场馆区内享有产品体验与宣传推广专区。作为中国知名的果蔬饮料企业，汇源集团借世博会之机在意大利与欧洲推广品牌的积极尝试对未来中国农业与食品企业走出国门具有重要的示范意义。

二　中国对意投资迅速增长成为中意经济合作新趋势

早在米兰世博会召开之前，中意经贸关系就已出现明显回暖迹象。2008～2012 年，中意双边贸易经历了剧烈"跳水"、强劲复苏、再度大幅下滑的震荡过程，2012 年双边贸易额同比跌幅高达 18.6%。2013 年以来，随着欧元区经济复苏与意大利经济形势逐步好转，双边贸易开始回暖。根据中国商务部的数据，2013 年和 2014 年，中意双边贸易额分别达到 437.3 亿美元与 471.7 亿美元，同比增长率分别为 3.9% 和 7.9%，明显高于国际金融危机爆发前的水平。进入 2015 年与 2016 年，虽然有了米兰世博会的推动，但是由于世界经济形势整体未有明显改善，中意双边贸易没能继续保持增长势头，贸易额分别为 446.9 亿美元和 430.6 亿美元，呈现同比下降态势。①

  与双边贸易的缓慢回暖相比，中意相互投资的增长，特别是中国对意大利投资的迅猛增长更加令人瞩目。在经历了 2013 年的低谷之后，2014 年中国对欧盟国家投资实现了"井喷"式的增长。根据欧盟委员会的数据，2014 年，中国对欧盟国家投资总额由 2013 年的约 86 亿美元大幅增加至 180 亿美元，增幅超过 100%。从成员国方面看，中国对意大利投资的快速增长尤为抢眼。截至 2013 年底，中国对意大利的投资存量尚不足 10 亿美元，新增投资额也远低于英国、卢森堡、法国、德国等国家；然而，仅 2014 年一年，意大利吸引来自中国的新增投资即高达 35 亿美元，占中国对欧盟国家新增投资总额的约 20%，仅低于英国（51 亿美元）。2015 年与 2016 年，中国对意投资继续保持迅猛增长的势头。2015 年 3 月，中国化工集团宣布斥资 71 亿欧元购入意大利轮胎制造商倍耐力（Pirelli）26.2% 的股份，成为该企业的最大股东。这是迄今中国企业在意大利的最大一笔投资，也创造了中国制造业企业海外并购投资金额的新纪录。② 2015 年 5 月，中联重科宣布出资 7500 万欧元收购意大利那都勒公司（Ladurner）75% 的股权，后者是欧洲领先的环境与可再生能源解决方案提供商和投资运营商。2016 年 6 月，美的集团收购意大利中央空调企业 Clivet 80% 的股权，后者是欧洲领先的商用空调企业之一。2016 年 6 月，

---

① 此处历年中意双边贸易数据来自中华人民共和国商务部网站：http://www.mofcom.gov.cn/。

② 倍耐力公司成立于 1872 年，至 2014 年底为世界第五大轮胎生产商，因其产品的高品质与性能，不仅是目前世界一级方程式锦标赛（F1）的唯一轮胎供应商，还是兰博基尼、玛莎拉蒂、法拉利等超级跑车的指定原配轮胎供应商。

苏宁集团宣布斥资 2.7 亿欧元，通过认购新股和收购老股的方式，获得国际米兰俱乐部约 70% 的股份。表 4-1 列出了 2014 年初至 2016 年底中国投资并购意大利企业的主要案例，由此可循意大利在短短两年多时间里成为最受中国投资者青睐的欧元区成员国的发展脉络。毋庸置疑，中国对意大利投资快速增长已成为当前中意经济合作的新趋势，也是最引人瞩目的亮点。

表 4-1　2014 年初至 2016 年底中国投资并购意大利企业主要案例

时间	案例	行业
2014 年 3 月	中国国家外汇管理局收购意大利油气巨头埃尼集团 2.1% 的股份	能源
2014 年 5 月	上海电气出资 4 亿欧元收购意大利安萨尔多能源公司 40% 股权	燃气轮机
2014 年 7 月	中国国家电网公司收购意大利存贷款公司旗下能源网公司 35% 股权	能源
2014 年 7 月	中国国家外汇管理局收购菲亚特克莱斯勒汽车公司 2% 的股权	汽车、橡胶制品
2014 年 10 月	光明食品集团宣布收购意大利橄榄油企业 Salov 集团多数股权	食品
2014 年 10 月	中国国家外汇管理局收购意大利电信 2% 的股权	电信
2014 年 10 月	中国国家外汇管理局收购意大利中期银行（Mediobanca）2% 的股权	金融
2014 年 10 月	亿赞普集团宣布完成对意大利帕尔玛国际机场的收购	基础设施、电子商务
2014 年 12 月	卧龙电气集团以 1.36 亿元（1780 万欧元）收购意大利机器人公司 SIR 89% 的股份	自动化
2015 年 3 月	中国化工集团以 71 亿欧元收购轮胎制造商倍耐力 26.2% 股份	轮胎
2015 年 5 月	中联重科以 7500 万欧元收购那都勒公司（Ladurner）75% 的股权	环境与可再生能源
2015 年 7 月	中国建设银行成立米兰分行	金融业
2015 年 7 月	广州卡奴迪路收购意大利时尚品牌 Dirk Bikkembergs 公司 51% 股份	时装时尚
2016 年 6 月	美的集团收购意大利中央空调企业 Clivet 80% 股权	建筑暖通
2016 年 6 月	苏宁集团收购国际米兰 70% 的股份	体育
2016 年 11 月	隆鑫通用收购意大利 C. M. D. 公司 67% 的股份	航空

资料来源：笔者根据各企业官方网站整理。

那么，近来意大利缘何备受中国投资者瞩目呢？其背后的推动因素可简要归结为以下三个方面。

第一，从意大利方面看，在国际金融危机、经济危机、债务危机的轮番冲击下，近几年其国内资产价格普遍降至历史低点，加之欧元贬值幅度较大，投资成本相对较低。此外，随着欧元区层面一系列制度性"防火墙"的构建，欧债危机总体上已渐趋平复，意大利国内的投资风险也相应下降。

第二，从中国方面看，经过之前若干年"走出去"的积累，中国的对外投资模式正逐渐发生转变，由过去旨在获得发展中国家的自然资源和市场，转向寻求获得发达国家的品牌、技术、管理经验和高端市场。在国际金融危机爆发前，这种转型已初露端倪。危机发生后，包括意大利在内的发达国家的经济困境为中国企业切实推进上述转型、提升对外投资质量创造了契机。①

第三，中意两国政府为推动双边经济合作做出了切实努力。2014 年是中意建立全面战略伙伴关系十周年，伦齐总理与李克强总理成功实现互访，并签署了《中意关于加强经济合作的三年行动计划（2014～2016 年）》与《中国和意大利政府联合声明》，确定了五大重点合作领域，倡议联合成立了中意企业家委员会，并直接推动双方企业签署了数十项合作协议。随后，2015 年中国大力支持米兰世博会，意大利外交部长真蒂洛尼出席中国纪念抗日战争胜利 70 周年阅兵仪式，2016 年伦齐总理赴杭州参加二十国集团领导人峰会，2017 年 2 月意大利总统马塔雷拉访华等积极互动，均为中国进一步对意投资营造了良好的双边关系氛围。可以说，上述积极行动为中国企业赴意投资注入了强劲的动力。

总体上看，近两年中国对意大利投资额增长迅猛的同时，投

---

① 正是在对发达国家尤其是对欧盟主要国家投资出现"井喷"的直接推动下，2014 年中国首次实现对外投资规模超过利用外资规模，成为资本净输出国。

资的深度与广度也迅速拓展，正在进入一个"量"与"质"全面提升的新阶段。具体而言，以下几个特点值得关注。

第一，从投资行业上看，多元化趋势日益明显。由前几年主要集中于批发与零售、物流、机械等行业，逐渐向通信、化工、纺织、时装时尚、农业、航空、食品、造船、自动化、汽车、金融、体育、基础设施、能源与可再生能源领域扩展，产业结构布局趋于全面。尤其是，中国国家外汇管理局收购意大利电信集团与埃尼集团股权，中国国家电网集团收购意大利电网公司股权，均表明中国对意投资正在向能源、电信等关键的战略性部门拓展。中国化工集团收购倍耐力股权则是中国制造业"走出去"获得意大利高端技术与品牌的典型。此外，中国银行业对意投资也方兴未艾。继中国银行在意大利开展业务之后，中国建设银行于2015年7月在米兰设立第一家分行，未来将立足意大利本土开展金融服务，并将注重选择合适的双边合作项目提供融资支持。总体上看，近两年中国对意投资所形成的产业布局为未来进一步投资打下了良好的产业链基础。

第二，从中方投资主体上看，也呈现明显的多样化倾向。除中国国家外汇管理局（斥资25亿欧元购入意大利五家最大企业各约2%的股份，有一家收购未列入表中，因数据不可得）这一特殊投资主体外，既有国家电网集团、上海电气集团、中国化工集团、山东重工等大型国有企业，也有华为、海尔、中联重科等大型民营企业，还有来自旅游、化工、纺织、食品等行业的中小型企业。在各类投资主体中，民营企业对意投资的进展尤其值得关注。由于在政策环境与融资方面与国有企业相比处于弱势，民营企业在对外投资中通常会遇到更多困难，因此也更加注重探索适合自身的对外投资模式。在这方面，中联重科近年来对意大利投资的成功经验可圈可点。2008年，当时在国内工程机械行业排名第三的中联重科联手弘毅投资、高盛集团和曼达林基金收购了世界第三大混凝土机械制造商意大利 CIFA 公司 100% 的股权，被公认为开创了私人产业资本联合国际金融资本进行跨国并购的新模式。经过一系列资本运作与企业内部整合，至 2012 年底，CIFA 并购案中的资本方全部退出，中联重科实现 100% 控股，同时也成功将 CIFA 的赢利能力提升至 2008 年国际金融危机爆发前的水平。2015 年，中联重科再度联手曼达林基金收购意大利那都勒公司（Ladurner）75% 的股权，正式将业务领域拓展至高端环卫设备制造与服务领域。上述两例收购助力中联重科在混凝土处理设备与环卫领域一跃成为世界级的重要企业。中联重科收购案对中国其他制造业企业，尤其是民营企业投资发达国家市场具有重要的借鉴与示范意义。

第三，从投资形式上看，由以"绿地投资"为主向以并购投资为主转变，同时意方企业技术转让的力度明显加大。在危机的反复冲击下，近几年意大利企业普遍面临资金链紧张的问题，寻求外部战略合作伙伴的愿望较为强烈，这为中国企业采取并购方式进行直接投资创造了机遇。总体而言，并购投资有利于中国企业更好地利用原企业的技术、技能、品牌与国内国际市场，也有助于更快地学习与积累先进的管理经验。此外，近两年中国企业通过收购共享意大利企业关键技术的案例明显增多。在这方面，除上文提及的中联重科收购那都勒公司之外，上海电气集团收购安萨尔多公司股权的案例也值得关注。燃气轮机被称为工业领域"皇冠上的明珠"，也是我国制造业无法忽视的短板。长期以来，包括上海电气在内的国内燃机制造商只拥有制造技术，没有研发能力，在核心技术上与发达国家差距甚大。安萨尔多公司是全球知名的重型燃机生产商，规模虽不及通用电气、西门子和三菱，但是其燃机产品与技术齐全，且拥有完整的知识产权。此番上海电气收购安萨尔多公司的重要前提就是两家企业在技术上全面共享，并由两家企业共同出资研发当今世界最先进的燃气轮机且共享知识产权。这种技术全面共享的并购模式有助于中国企业快速

追赶世界技术发展前沿，也有利于中国经济在转型升级过程中获
得更多"后发优势"。

三　中国对意大利投资的发展趋势与前景

总体上看，在双边关系积极发展的大背景下，未来中意经贸
关系仍有望保持稳步发展的势头。尤其是，作为当前两国经济合
作的新趋势，也是最引人瞩目的亮点，中国对意大利投资仍有较
大的增长空间。值得强调的是，意大利是欧盟第二制造业大国，
制造业增加值仅次于德国。与德国在机械、化工等中间产品领域
独占鳌头不同，意大利最具优势的产业包括食品饮料、服装服饰、
家庭装修装饰以及机械与自动化等，以最终产品尤其是消费产品
为主，因而对意投资有助于提高中国企业在终端产品领域的技术
与经营水平，对全面促进国内产业结构升级大有助益。此外，增
加对意投资也有助于缓解中意双边贸易不平衡问题，对中意关系
的全面稳固发展具有重要意义。

从意大利方面看，未来中国企业赴意投资的整体环境有望进
一步得到改善。

首先，从宏观经济环境方面看，得益于国际油价大幅下跌、
欧元贬值、米兰世博会拉动等有利条件，意大利经济在 2015 年与
2016 年实现了正增长，而经济复苏也为其继续推进一系列政治与
经济改革创造了有利条件。根据意大利国家统计局（ISTAT）的数
据，2015 年意大利实现 0.8% 的经济增长，2016 年的经济增长率
为 0.9%。虽然 2016 年 12 月举行的宪法改革公投以失败告终，但
是无论如何，在危机的重压之下，意大利终于开启了拖延已久的
改革进程，尤其是旨在释放市场活力、减少企业投资顾虑的劳动
力市场改革也已取得实质性进展，其国内经商运营环境有望逐步
得到改善。

其次，经历过去几年的危机，意大利政、商两界对待中国投资

的态度发生了积极转变。为尽快摆脱经济衰退，意大利政府特别重视吸引增势迅猛的中国投资。在 2014 年访华期间，伦齐总理曾力促签证便利化，在宣讲活动中多次表达欢迎中国企业赴意投资的强烈愿望。2017 年 2 月，意大利总统马塔雷拉访华期间也反复强调欢迎中国企业在意大利投资。从企业方面看，此前不轻易出售股权的意大利企业也因资金链紧张而逐步放开，同时一些成功并购案例对于其他陷入困境的意大利企业也有积极的示范效应。

鉴于中国企业对发达国家投资步伐加快这一整体趋势以及上述有利条件，预计未来一段时间中国对意大利投资仍有望保持较快增速，这也很可能成为未来几年中意经济合作的主流趋势。就投资方向与领域而言，以下几个方面有相对较好的发展前景，值得关注。

第一，为偿还高额公共债务，刺激经济复苏，当前意大利正在推进新一轮私有化与基础设施建设，且大大提高了对外资的开放度，为中国企业创造了机遇。具体而言，目前即将推动的铁路与邮政部门私有化值得中国企业关注。以邮政系统为例，其下的邮政储蓄银行在意大利全境有多达 14000 个网点，遍布几乎所有市镇，是吸收老年人储蓄的第一大银行，投资前景乐观。在基础设施建设方面，被意大利政府列入重点的投资计划包括修建北方威尼斯至米兰的高速铁路，修建南方多个大区之间的高速铁路，以及修建与维修一些大区的高速公路等。总体上看，目前在意大利投资修建与运营高速公路具有较好的赢利性，中方应密切关注可能的投资机会。

第二，在农业与食品、医疗卫生、节能环保、可持续的城镇化、航空航天等《中意关于加强经济合作的三年行动计划（2014～2016 年）》中确定的五大优先合作领域，中国企业对意投资也有较大的增长潜力。在上述领域，意大利均具有明显的优势，且未来仍将作为发展的重点；中国在技术和管理体制上则处于相对劣势，但是有迫切的转型升级需求。实际上，米兰世博会已经为两国企业在农业与食品领域的合作以及中国对意投资搭建了重要平台，今后需以此为基础继续加强合作。

第三，意大利大量处于经营困境的中小企业为中国投资者创造了合作机遇。意大利99%以上的企业是中小企业，在危机的冲击下，其中小企业经营状况出现了明显分化：约30%的企业因持续转型与创新始终保持了强劲的竞争力，约30%的企业由于竞争力较弱已经或正在被市场淘汰，另有约40%的企业仍具有较强的竞争力，其中不乏某些专业化领域的佼佼者，在知识产权、品牌、市场渠道方面具有独特优势，但是确实因资金链紧张而面临经营困境。[①] 对于这40%的中小企业，中方企业应及时给予关注，适时抓住投资机遇。

第四，电子商务领域也有较大的发展空间。意大利本土电子商务的发展在西欧国家中相对落后，尤其是大量出口导向的中小企业无法充分利用互联网寻求与扩大市场，发展明显受限。目前，意大利政府对于电子商务领域的外资总体上持欢迎态度。中国的电子商务企业具备资金、运营经验与国内客户等多方面的优势，相关企业若能通过投资意大利当地电子商务，促进意大利中小企业优质产品对中国出口，有望获得较大的赢利空间。

不可否认，虽然具备了诸多有利条件，但是中国企业投资意大利并非一帆风顺，也面临诸多困难，如投资决策过程中的有效沟通问题，企业并购后的整合问题，投资后如何适应意大利本土的制度与法律，如何赢得当地民众的接受与欢迎，等等。这些困难有的是中国企业在投资发达国家过程中遇到的普遍性问题，有

---

① 此处有关意大利中小企业的数据参见意大利工业家联合会（Cofindustria）于2015年发布的一份报告，Confindustria, *SME's in Italy – A Snapshot*, Jan 2015. 该报告摘要见网址：http://www.italiangoodnews.com/present – state – smes – italy/。

的则是投资意大利过程中独有的问题，都有待于在实践中不断摸索与应对。从这个意义上说，在中国经济亟待转型升级、企业技术与经营水平亟待提升的背景下，具备条件的中国企业"走出去"，尤其是到包括意大利在内的发达国家投资，的确是在制度、管理、技术方面快速追赶国际同行的重要机遇。鉴于此，未来一个时期，中国政府与企业应充分把握时机，进一步扩大与深化对意投资，并以此助力中国经济转型升级。

第四节　意大利企业在华知识产权保护策略[①]

知识产权不仅是人类的重要财富，更是企业获得利润的重要依托。意大利一直处于欧洲知识产权发展的最前沿，专利申请总量处于世界前列。2001~2010年，意大利申请专利共3.6万项，排在12个经济最发达国家的第8位，年均增幅为4.6%。[②] 此外，意大利在某些知识产权实践创新方面也处于世界领先地位，"最新的创新包括：引进新的防伪措施，与互联网有关的知识产权保护，合并、简化专利和商标规则，以及在线申请"。[③]

在中意商贸往来日益频繁的大背景下，如何应对中国市场中的各种"伪造"现象以及采取何种措施来保护其知识产权是在华意大利企业必须考虑的问题。而通过对意大利企业在华知识产权

---

① 本节作者：张海虹，广东外语外贸大学意大利语系副教授。主要研究领域：中意文化比较、语言教学法、词汇语义学；戴菊颖，广东外语外贸大学意大利语系2015届本科毕业生。另，本节为"广东省高等教育'创新强校工程'项目"（项目编号：GWTP－FT－2014－02）的研究成果。

② 中国商务部：《意大利申请专利数量在发达国家排第八》，2010.05.12，http://www.mofcom.gov.cn/aarticle/i/jyjl/m/201005/20100506910717.html。

③ 中国商务部：《意大利知识产权体系》，2008.12.22，http://www.cacs.gov.cn/cacs/news/paihangshow.aspx?articleId=48753。

保护策略的研究，既有助于我们更加全面地把握中意经济合作的现状，也可为中国企业开拓国际市场和提升自身竞争力提供一定的借鉴。

一　意大利企业在华知识产权保护概况

意大利国家统计局（ISTAT）的统计数据显示，2016 年在意大利对非欧盟国家的出口中，中国排名第三，仅次于美国和瑞士。而根据中国商务部的数据，2016 年中意双边进出口贸易总额为430.6 亿美元，中国是意大利在亚洲地区的第一大出口目的地国。两项数据无一不体现了意大利与中国的经济往来日益密切。

据意大利联合商会（Unioncamere）的统计，截至 2014 年 3 月31 日，意大利共有企业 601 万家。虽然意大利企业的规模较小，以中小企业为主，其中 95% 以上企业的雇员为 1 ~ 9 人，但是仍有大约 1500 家企业已在中国设立了代表机构，约占意大利企业总数的 0.25‰。以意大利服装奢侈品牌普拉达（Prada）为例，该品牌早于 1988 年经香港进入中国市场。2013 年，普拉达集团计划在全球新开 70 ~ 80 家门店，其中位于中国的就有 10 ~ 12 家，约占其全球拓展计划的 12% 。由此可见，意大利企业在中国发展势头良好，对中国市场比较了解，甚至已形成了一套应对中国市场的管理模式，也包括应对中国市场不甚理想的知识产权保护环境。

意大利企业在华知识产权纠纷多为商标侵权和商业秘密侵权两大类，其中又以商标侵权纠纷的数量为多。商标侵权多为经营性侵权，即销售侵权产品。因此，本节对意大利企业在华知识产权保护的研究主要是针对其商标保护策略的研究。目前，意大利企业在华商标被侵权主要发生于服装、箱包、皮具等设计含量较高的行业，而意大利企业的知识产权被侵权主要表现为以下四种模式。

第一种：直接贴牌生产和销售假冒伪劣意大利产品。

此类侵犯品牌商标现象常见于中国的二、三线城市和乡镇。侵权的主体主要是一些资本实力薄弱甚至仅具备基本生产工具和劳动力的中小型企业，它们无法承担代理授权费用，缺乏研发设计型人才，没有自我品牌。这些企业往往生产成本较低、质量一般的产品，然后直接使用名牌商标挂牌销售获利。

第二种：对意大利产品的商标名称进行小范围的修改。

对品牌的商标或（和）名称进行小范围的修改，并以此在国内或国外进行注册和生产，混淆视听。侵权的主体具备一定的资本实力，具有一定的研发设计能力，甚至拥有自己的品牌，但是为了塑造良好的品牌形象，提高知名度，扩大市场，通常采用"打擦边球"的方式，对具有一定知名度的国际名牌进行小范围修改，然后注册专利和商标，故意给消费者营造一种"大牌子"的假象，即时下常说的"傍名牌"。很多人认为这样的商标是合法的，但是从消费者的角度看，"傍名牌"的做法故意营造假象，误导消费者的判断，带有一定的欺骗性。

如，中国商人王某 2007 年注册的第 3461360 号袋鼠图案商标，与意大利阿尔皮纳（Alpina）公司的"文字＋袋鼠图形"商标非常相似，虽然王某的商标主要使用在书包、伞、兽皮等商品上，与阿尔皮纳公司的商标使用范围（人造皮革等商品）并不相同，但是由于该商标已构成在类似商品上的近似商标，最终意大利的阿尔皮纳公司在诉讼中取胜。

第三种：擅自盗用意大利商标或者跨领域使用。

这类侵权案件的主体与第二种模式相似，虽然与设计无关，但是侵权企业投机取巧，利用知名度较高的品牌名字来宣传自己的产品，这些产品可能与该品牌为竞争产品，也可能是完全不同领域的产品。从生产途径来看，侵权产品或许是合法的，但是侵权企业盗用他人商标却属于侵权行为。

在同领域盗用意大利企业商标的诉讼中，最为轰动的是 2008

年意大利机械业龙头企业凯摩高（Camoga）机械制造有限公司起诉盐城凯摩高公司擅自盗用其商标"CAMOGA"注册公司域名"www. camoga. net"和"www. chinacamoga. com"。该案件已成为中国知识产权司法保护的一个典型案例。最终，意大利凯摩高公司凭借"马德里国际商标注册"的领土延伸保护，即《马德里国际商标注册法》中给予的领土延伸保护，赢得了商标使用权。

在跨领域使用商标的案例中，南京奕讯科技有限公司与尤文图斯（Juventus）足球俱乐部股份公司的计算机网络域名纠纷案是个典型。虽然南京奕讯公司于 2003 年 6 月 3 日就以 juventus. com. cn 在中国注册了域名，而意大利尤文图斯公司 2005 年才正式开通中文官方网站，但是在 2006 年双方针对域名争议向中国国际仲裁委员会提出的诉讼中，意大利尤文图斯公司同样凭借领土延伸保护原则获胜。

第四种：伪造"意大利品牌"。

此类现象中的侵权主体资金实力雄厚，具备一定的生产和管理能力，甚至有些企业还在业内享有较高知名度，如此前曾轰动一时的达芬奇家具案件的主角。这些侵权企业通过自身的市场影响力，打造出一个伪意大利品牌，在名字或图标上给消费者营造"意大利制造"的假象，其中有些牌子甚至没有在意大利注册。

在中国，"伪洋品牌"的数量众多。意大利对外贸易委员会的知识产权部于 2012 年公布的中国"伪意大利"名牌有 30 多个，涉及多个行业，如嘉加梦（床上用品）、萨博（厨具）、圣马可（钟表）、托斯卡尼（皮具），等等。以 2005 年在香港成立的意大利普吉尼国际集团有限公司为例，虽然公司一直宣称其商标"pochini"是著名意大利商标，但事实上该商标 2010 年才在意大利注册，明显有欺骗消费者的嫌疑。

二 意大利企业在华知识产权的主要保护策略

分析相关资料与案例，可以将意大利企业在中国市场所采取的知识产权保护措施分为两种类型：防御型保护和应对型保护。

（一）防御型保护策略

从事设计或致力于创新的意大利企业一般都有专门的知识产权管理团队，这一团队通常由知识产权专家、律师、评估师、市场分析员等专业人士组成。对企业内部，这一专业团队要保证科研成果的所属权归企业所有，确保员工与公司间知识产权保护协议和商业秘密保护协议的实施；对企业外部，他们则负责企业商标和专利的管理和经营。一般而言，意大利企业常用的防御型保护措施主要有法律保护策略、防伪保护策略和品牌形象保护策略。

1. 法律保护策略

法律是最根本、最重要的知识产权保护途径。在中国，涉及意大利企业的知识产权纠纷案件中，多数案件胜诉的关键在于商标和专利的注册。申请法律保护最基本的方式就是注册商标和专利。中国企业在进入外国市场后也会申请法律保护。但是与中国企业不同的是，意大利企业选择在产品进入中国市场前就进行专利和商标的注册。这一策略称为"专利/商标先行策略"。

（1）专利注册

在专利注册方面，意大利在中国的专利申请具有"两高"特点：数量高、含金量高。根据中国专利局统计，自1985年至2011年底，意大利在华专利申请已达到18019项，包括13050项发明（占总数的72%），333项实用新型（占总量的2%）和4636项外观设计（占总量的26%）。由这些数据不难发现，意大利企业非常重视专利的申请，且大多擅长发明和创新，而发明类的专利又恰恰是各种专利种类中含金量最高的。

反观中国，根据国家知识产权局统计，截至2006年，中国超过 70％ 的国有中大型企业、95％ 的小型企业没有申请专利，"863"
计划中仅 20％ 的成果申请了专利，甚至有些处于国际研究前沿的
研究成果也因未申请专利保护而不得不拱手让人。

（2）商标注册

在商标注册方面，中国国家工商行政管理总局商标局的统计
数据显示，意大利在华商标注册量已超过 5000 项（不包括马德里
国际注册），是欧洲国家在华商标注册的第五大国，紧随英国、法
国、德国和瑞士之后。此外，在商标注册过程中，意大利企业注
意细节性的操作，如商标的有效地域范围、商标的适用领域以及
商标的外文注册等。

意大利企业还通过马德里国际商标注册，扩大其商标有效范
围。这一法律保护为维护商标权带来了很大便利，能有效防止海
外企业恶意抄袭其商标设计。在中国首例通过司法程序认定获得
领土延伸保护的意大利商标是著名巧克力制造商费列罗集团的立
体商标，自 2007 年获得领土延伸保护后，中国国内生产的巧克力
被禁止使用费列罗的经典金色包装。

意大利企业还会针对不同行业注册一系列相似性的防御商标。
以古驰（Gucci）为例，在与上海麦伦办公用品有限公司、江苏立
信纸品科技开发有限公司、世纪联华超市的商标侵权案件中，以
服装产品闻名世界的古驰，因为事前已注册了包括文具类别在内
的一系列商标，最终在诉讼中大获全胜。

此外，在华意大利企业很重视中文商标的注册。意大利阿里
斯顿（Ariston）热能集团在进驻中国时就注册了中意双语的图文
商标"Ariston 阿里斯顿"。2009 年意大利阿里斯顿公司在与佛山
"阿里斯顿"公司的诉讼中，凭借已注册双语商标"Ariston 阿里
斯顿"，被确认拥有该商标的中意双语使用权，最终在诉讼中获
胜。

中国国家工商行政管理总局商标局的数据显示，中国企业在

海外的商标申请注册量远远低于外国企业在华的商标申请注册量。以 2010 年为例，外国企业在华的商标申请量为 98727 件，而中国申请人通过马德里注册体系在国外的商标申请量仅有 1928 件。截至 2010 年底，外国在华商标申请量累计已达 15.4 万件，而中国企业在国外的商标申请量累计仅为 1.14 万件。

2. 防伪保护策略

防伪是最直接、最普遍的知识产权保护策略。意大利企业的防伪技术层出不穷，充分利用原产地标志、技术标准标志、材料标志等，为消费者提供辨别真伪的标志和信息。随着技术的进步，技术规范也越来越复杂。此外，产品的原材料往往决定着产品的质量，因此意大利企业充分利用技术标准等证明来提高自身品牌的辨识度，如纯羊毛标记、GB 标记、葡萄酒的 RFID 标签，等等。意大利企业在防伪技术方面投入了大量精力，发明了各种各样的防伪技术和方式。

在众多防伪发明中，意大利布雷顿工程公司的防伪发明可谓颇为现代化。该企业专注于为顾客提供各种机械产品，并建立了一个非常巧妙的网站 www. breton. it，并借此自动定位顾客的信息，而只有已购买产品的顾客才能登录并浏览详细的产品信息。

而最具颠覆性的防伪发明当属 DNA（遗传物质脱氧核糖核酸）防伪技术。它利用生物 DNA 排列顺序具有的独特性和复杂性，将 DNA 进行特殊处理，使其与一些特殊的媒介均匀混合，并植入防伪材料中。依照防伪材料的不同，这类方位技术又可分为三类：DNA 防伪油墨、DNA 防伪标签和 DNA 防伪芯片。

此外，发展迅猛的意大利奢侈品行业在防伪技术方面投入了大量资金。目前，在中国销售量最大的奢侈品主要是服装、皮具等，根据此类产品的属性，其防伪技术必须满足两个基本条件，既要有一定的仿制难度，又要有可识别性。然而，中国国内尚未建立权威的第三方鉴定机构，即使在个别建立了鉴定机构的领域，鉴定过程也十分漫长，有的甚至长达六个月，且鉴定费用极其昂贵。基于这一现状，目前中国市场上这一领域的产品常用的防伪手段仍然是吊牌和发票。

3. 品牌形象保护策略

品牌形象保护策略并不是每个企业都会使用的，需要根据企业自身发展及行业特点而定。而取得成功的跨国企业都有一个共同特点，那就是都对对象国的文化有深刻了解。意大利企业也不例外。在追求赢利的同时，意大利企业也注重跨文化沟通，努力融入中国当地的社会文化当中，并通过参与社会活动来打造品牌和企业的良好形象。

意大利著名珠宝品牌宝格丽（Bulgari）自 2009 年起就携手全球最大的国际儿童慈善组织——救助儿童会，为使全球 20 多万贫苦儿童接受更好的教育而筹集了 900 余万美元善款。为了支持救助儿童会，宝格丽还专门设计了第一款 STC 银质戒指，且在推出该款产品时就承诺，每售出一枚新款 STC 戒指，宝格丽便会捐出 75 美元，用于支持救助儿童会的儿童教育项目。此举成功地将其社会角色由商人转变成了社会公益活动的参与者甚至主人翁，提高了企业的社会关注度。同时还为企业招募到了更多高级人才，培养了忠诚的品牌消费者。

中国光华科技基金会的《2007 年度中国慈善捐赠情况分析报告》显示，在华意大利企业通过捐献、资助社会公益活动，捐助教育、环保等不同方式参与社会公益活动，其慈善捐款占中国境外慈善捐款的 12%。

（二）应对型保护策略

应对型保护策略主要针对已发生品牌被侵权的情况。针对不同模式的商标侵权或商业秘密侵权案件，意大利在华企业主要采用了"漠视"策略和"反攻"策略。

1. "漠视" 策略

"漠视" 策略主要针对直接贴牌生产和销售假冒伪劣意大利产品的侵权现象。在这类侵权现象中，侵权中国企业的产品主要针对的是中小城市的低消费群体，后者不仅不了解意大利产品，而且也不是意大利产品的潜在消费者。因此，主要针对中国大城市高消费群体的意大利企业，一般不愿意浪费资源来争取这部分消费者的认可，大多采取的是将这些侵权中国企业交予工商局和海关处理，而非诉诸法律诉讼。

但是也存在一些个案，有些意大利企业从整个中国市场的长期发展考虑，对一些侵权小企业采取法律诉讼。例如，2005 年，意大利普拉达集团状告北京秀水街服装市场有限公司对其市场内存在的侵犯他人注册商标专用权的行为未履行及时有效制止义务，该侵权案最终以普拉达集团胜诉结案。

2. "反攻" 策略

在出现侵权现象时，部分跨国公司会选择 "招安" 即将违法公司纳入旗下，成为其分销商或者代理商之一。但是，在中国，意大利企业很少使用 "招安" 策略，它们对侵权企业深恶痛绝，尤其面对商业秘密被侵犯的情况，它们会坚决通过法律诉讼解决问题。首先，意大利知名企业会定期进行市场调查，在调查中若发现其品牌权益受损，会快速组织专业人士进行查证、分析、搜集证据。一经查实被侵权，会立刻采取 "反攻" 策略。在情节不严重的情况下，意大利企业一般只是写一封警告信警示违法分子。若侵权企业继续从事侵权活动，意大利企业就会寻求中国工商局或者海关的帮助，采取没收货物或者取缔工厂等措施。如果侵权现象严重，危及企业品牌形象或经济利益时，被侵权的意大利企业则会诉诸法律途径（见图 4－1）。一般而言，意大利企业更倾向于在中国进行诉讼，因为与意大利相比，中国的诉讼流程更简单，耗时短，且花费低。

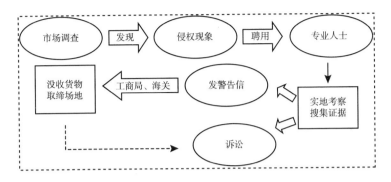

图4-1　意大利企业法律维权一般流程

意大利一直致力于不断完善其知识产权体系，其知识产权体系也一直走在欧洲知识产权发展的最前沿，目前已拥有了一套较为完善和成熟的理论体系和法律体系，在某些创新实践领域甚至居于世界领先地位。作为欧盟的重要成员国，意大利凭借自身的国际地位，不断促进国际知识产权体系的发展，推进了多项重要国际法律的达成。意大利企业在中国取得成功的经验值得我们研究与借鉴。

面对日益激烈的国际竞争，中国企业在"走出去"的过程中，可以借鉴意大利企业在中国市场的成功经验，在国外市场采用防御型和进攻型等措施来保护知识产权。此外，还应重视商标注册和专利申请，注重发展防伪技术并塑造良好的品牌形象，为开拓国际市场打下良好的基础。

第五节　中国学生留学意大利现状、趋势与展望[①]

2005年，中国和意大利签署了《中华人民共和国和意大利共

[①]　本节作者:邢建军,博士,意大利教育中心中国区负责人。

和国政府关于互认高等教育学历和学位的双边协定》。2006 年，中意两国为了扩大双边教育交流，推出了旨在吸引更多中国留学生就读意大利公立大学的"马可·波罗计划"。可以说，从 2006 年开始拉开了中国学生大规模赴意大利自费留学的序幕。2009 年，针对中国学生渴望就读意大利高等艺术学校的实际需求，意大利政府又推出了"图兰朵计划"。2006 ～ 2016 年十年间，赴意大利就读本科和硕士研究生的中国学生人数已超过 3 万人。中国学生留学意大利已经成为两国教育交流与合作的一项重要内容。随着中意两国双边教育合作的不断加强，意大利高等教育体系的优势得到更多中国学生的了解和认识。目前中国赴意大利留学学生规模已经趋于稳定，生源质量逐年提高，但是也存在一些问题。本节将对中国学生留学意大利的现状、趋势和未来展望进行分析，希望能够令读者对意大利的高等教育体系和中国学生留学意大利的概况有一些基本认识。

一 中国学生留学意大利的历史与现状

从 20 世纪改革开放初期到 2000 年以前，留学意大利基本以国家公派为主，出国渠道主要是通过政府奖学金互换、国家各部委合作项目以及意大利高校和科研机构提供的奖学金。在留学人员中，在意大利就读完整的学位课程的人数较少，主要是短期交流和技术交流课程，其中以意大利语语言学习课程居多。

进入 21 世纪，随着中国经济的高速发展，中国家庭经济收入不断增加，同时中意两国在各领域的交流合作不断扩展和深入，中国学生自费留学成为可能。更重要的是，受到博洛尼亚进程的推动，意大利高等教育体系在 2001 年进行了深层次改革，与大多数欧洲国家，如德国、法国、西班牙等国统一了学制、学分和学分互认机制。与此同时，意大利政府将高等教育国际化作为提升其国家竞争力的战略手段之一，从国家层面鼓励大学吸引更多的外国留学生。在此背景下，意大利的一些大学开始推广针对中国留学生的项目。例如，意大利都灵理工大学推出了"中国工程"项目。2005 年是中意两国教育合作史上极其重要的一年。时任中国教育部长周济和意大学科研部长莫拉蒂代表两国政府签署了《中华人民共和国和意大利共和国关于互认高等教育学历和学位的双边协定》，这为两国学生交流的便利化奠定了基础。2006 年，两国教育主管部门经过商议共同推出了旨在推动教育合作和中国学生赴意大利综合性大学就读的计划，称为"马可·波罗计划"，从此拉开了中国学生成规模自费赴意大利就读本科和硕士研究生学位课程的序幕。众所周知，意大利是文艺复兴的发源地，艺术教育资源极其丰富，也是其高等教育的优势所在。2009 年，意大利政府又专门推出了"图兰朵计划"。无论是"马可·波罗计划"还是"图兰朵计划"，其实质是推动学生通过这两项计划，注册意大利大学或高等艺术院校，在意大利进行为期不少于十个月的意大利语语言培训课程，之后参加入学考试，在通过考试后进入意大利大学学习（见表 4 - 2）。2006~2016 年，"马可·波罗计划"和"图兰朵计划"成为中国学生留学意大利的主要渠道，其间通过这两个计划赴意留学的中国学生总数已突破 2 万人，加上每年夏季招生计划的学生（累计约 1 万学生），赴意大利学生总数已经达到 3 万人①。意大利成为继英国、法国、德国之后中国学生留学欧洲的第四大目的地国。根据意大利官方统计（2015 年），在意大利综合性大学注册的外国学生中，中国学生数量已位居第三位。在意大利美术和音乐院校注册的外国学生中，中国学生数量更是占据首位（见图 4 - 2、图 4 - 3）。2013 年以前，就读综合性大学的中国学生人数超过就读高等艺术院校的学生人数，而从

---

① 这一数字不包括申请私立大学和技术课程，访问学者，联合培养研究生、博士研究生以及中意大学校际间互换学生。

表 4 - 2   "马可·波罗计划""图兰朵计划"及国际生计划基本入学条件

本科		
	"马可·波罗计划"-"图兰朵计划"	国际生计划
证书	高中毕业证书	高中毕业证书
高考分数	按规定	按规定
会考	合格	合格
语言要求	预注册后有 10 个月或 11 个月语言课程	意大利语语言水平由各大学自主确定标准
是否需要预注册	需要	需要
研究生		
	"马可·波罗计划"-"图兰朵计划"	国际生计划
证书	学士学位证书	学士学位证书
成绩单	需要	需要
课程描述	需要	需要
语言要求	预注册后有 10 个月或 11 个月语言课程,达到该课程入学的语言要求	达到该课程入学的语言要求
是否需要预注册	需要	需要

2013 年起,就读艺术院校的学生人数超过就读综合性大学的人数。2015 学年和 2016 学年,就读高等艺术院校的学生数量是就读综合性大学学生数量的两倍。据意大利教育中心统计,通过"马可·波罗计划"和"图兰朵计划"赴意大利留学的学生中主要以高中毕业生为主,而通过"国际生计划"赴意就读的学生则以硕士研究生为主。根据意大利教育中心对留学意大利生源省份的分析,近两年来,山东、广东、江苏、浙江、四川、陕西、河南、湖北和河北等地是留学意大利的重要生源地,每年通过"马可·波罗计划"和"图兰朵计划"赴意留学的人数较多,约占总人数的70%,其中山东、广东、江苏和浙江的人数超过 200 人,超过 120人的省份为四川、陕西、河南、湖北和河北。分析其原因,笔者认为,山东、河南、河北等省是"高考大省",考生较多,竞争激烈,国内高校所能提供的录取名额有限。另外,这些省份是经济

相对发达的省份，人均收入较高，尤其是工薪阶层和国家公职人员的收入逐年提高，使得家长有足够的经济能力负担子女留学意大利的经济支出（人均年费用不超过十万人民币）。而除广东外（含广州）的一线城市，上海、北京留学意大利的生源相对较少。

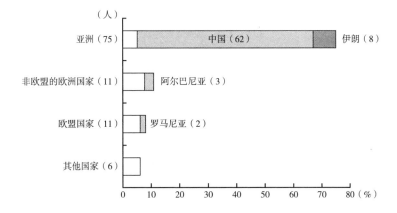

图 4 - 2 2014/15 学年美术院校注册外国学生数

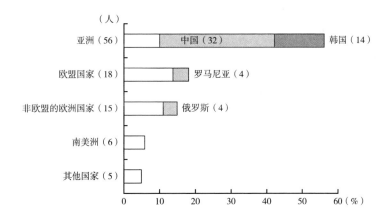

图 4 - 3 2014/15 学年音乐院校注册外国学生数

据图 4 - 4，从 2008 年开始，留学生人数突破千人，至 2012 年期间增长幅度较大，2013 年以后，留学意大利学生规模基本呈小幅增长，每年的人数基本稳定在 4000 人左右。总体而言，中国学生赴意大利留学在两国交流方面起到了非常积极的作用。另外，中国学生赴意大利留学还带动了诸如境内外语言培训、留学咨询、签证服务、境外服务等一系列服务业的成长，在国内外创造了一批就业岗位。

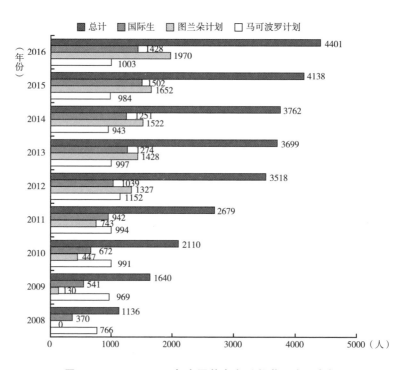

图 4-4　2008~2016 年中国赴意大利留学预注册人数

二　意大利高等教育体系特点及优势

（一）意大利高等教育体系

众所周知，意大利是欧洲乃至世界高等教育的发源地。意大利的博洛尼亚大学是世界上第一所具有完整体系的高等学校。根据意大利大学与科学研究部的统计，目前该国共有公立综合性大学 61 所（包括 3 所理工大学），私立大学 30 所，高等美术、音乐、舞蹈、设计等门类的公立艺术院校 128 所，高水平研究生院 6

所。2001 年意大利高等教育完成了与欧洲其他国家"接轨"的改革。此次改革，着眼于改变过度追求本科阶段知识积累、学生按期毕业率低和中途放弃学生数多等主要问题，目的在于增加高等学校毕业生的就业数量，服务于意大利的产业需要，增加意大利毕业生在欧洲国家的就业竞争力。从 2001/2002 学年，意大利实行与大部分欧洲国家接轨的"3＋2＋3"的高等教育体制。经过将近 15 年的实践，意大利在高等教育方面已形成了涵盖本科、硕士和博士以及高级进修课程为主的完整体系（参见前文图 3－1、图 3－2）。根据新的高等教育体系，本科学制为 3 年，学科总数为普通学科 42 个，医学专科技术学科 4 个。对于硕士研究生（2 年制），意大利确定的学科总数为 104 个，另有 4 个医学专科技术学科。对于高等艺术教育，本科学制确定为 3 年，硕士研究生学制也为 2 年。

（二）意大利高等院校的学分制

意大利高等院校一律采用学分制。本科总学分为 180，每学年为 60 学分。硕士总学分为 120，每学年也是 60 学分。每一学分对应的学习时间为 25 小时，也就是说每获得 1 个学分，学生投入的时间为 25 小时。根据规定，至少 12.5 小时是由学生自主投入的时间（包括复习、自学过程），其他 12.5 小时包括上课、参加学术研讨会和实践课（见表 4－3）。

表 4－3　意大利高等教育体系

	大学	高等艺术学院
第一阶段	本科	本科
·入学条件	高中毕业证书（或在国外获得的、被意大利政府认可的同等学历）	高中毕业证书（或在国外获得的、被意大利政府认可的同等学历），并参加入学考试
·学制	3 年/180 学分	3 年/180 学分
·教学目标	使学生掌握科学合理的学习方法，并获得基本的专业知识	使学生充分掌握艺术学习方法和技巧，并且具备专业的学科知识和技能

续表

	大学	高等艺术学院
第二阶段	硕士	硕士
·入学条件	完成第一阶段学习,第二阶段结束时有毕业论文。	完成第一阶段学习(或在国外获得的、被意大利政府认可的同等学历),并参加入学考试
·学制	2 年/120 学分	2 年/120 学分
·教学目标	通过更高水平的教育使学生具有更高的专业素质,达到更高的专业技能	为学生提供更高水平的培训,使其充分掌握艺术学习方法和技巧,达到更高的专业水平
第三阶段	博士	博士
·入学条件	硕士毕业,且通过选拔考试	硕士毕业(或在国外获得的、被意大利政府认可的同等学历)
·学制	3 年	至少 3 年
·教学目标	使学生获得必要的从事高水平科学研究的能力	使学生掌握设计、规划的必要技能,并且能够开展高水平的研究与策划活动

（三）意大利高等院校的考试制度

意大利高等院校的考试制度与中国差别较大。对于人文和社会科学以及大部分学科而言,考试采取的主要方式是口试。这要求学生在听课的基础上根据教师讲授的内容进行全面复习,融会贯通所学知识。分数等级为 0 ~ 30 分,18 分为及格,最高分为 30 Lode（即 30 + ）。分数作为衡量学生的学习能力和对所学知识理解程度的重要指标,也是学生申请更高一级学位课程的参考指标。在就业求职时,用人单位也比较关注学生学习成绩的稳定性。如果学生对考试成绩不满意,可以重新参加考试。意大利很多专业除论文外,还设有毕业考试,毕业考试成绩也占有重要的位置。

需要强调的是,与中国高等院校硕士课程实行导师制不同,意大利的硕士学位课程以上课、考试修学分为主,课程难度较大。学分和考试成绩是主要指标。

（四）意大利高等院校的课程设置特点

意大利高等院校的课程设置分为主干核心课程、专业方向课程和选修课。区分主干课程主要以该课程所占的学分多少和授课的学时数来衡量。意大利高校的课程设置在注重交叉学科设置的同时，也会设置一些体现学科最新进展的课程。另外，各个学校根据自身特点和相关产业研究方向，可在优先满足主干核心课程的基础上设置一些必修课程，充分体现课程设置和产业的关联度。例如，在意大利有三所综合性大学设置了"车辆工程"硕士专业，分别是都灵理工大学、摩德纳大学和比萨大学，且各有特色。都灵理工大学"车辆工程"学科的主要特色是汽车工程，学生在修完第一年的公共主干核心课程后，可在"发动机""底盘工程"和"车辆生产过程管理控制"三个方向中进行选择。同样，摩德纳大学"车辆工程"硕士课程学生在修完主干核心课程后，可根据自己的职业发展与爱好在"汽车工程""两轮车"和"轨道车辆工程"三个方向进行选择。比萨大学的"车辆工程"培养方向除主干核心课程配置外，汽车研发技术、新能源车等内容比重较大。另外，意大利还注重交叉学科和人文学科的课程设置。例如，建筑学本科和硕士课程中"史学"所占比例相对较大。建筑史成为艺术设计、时尚设计、工业与产品设计等很多专业的必修课程，社会学、人类学和伦理学则是设计、传播等专业的必修课程。

（五）意大利高等教育体系的优势

1. 高等教育体系与产业需求结合较为紧密

根据意大利大学与科学研究部的统计，意大利高中毕业生选择进入大学的比例为60%，而意大利高中生选择的主要是经济类（包括企业管理）、工程类、旅游产业相关专业和医疗卫生类专业，这有助于满足广大中小企业和服务业企业的人才需求。

2. 高等艺术教育优势明显

根据联合国教科文组织统计，意大利拥有世界约60%的历史、考古及艺术资源，拥有该组织确定的世界级文化遗产数量多达50项，位居世界第一。基于此，意大利的高等艺术教育资源丰富，在绘画、雕塑、舞台美术、多媒体艺术设计、产品设计和时尚设计等领域拥有诸多知名高等院校。意大利还拥有四所公立高等工艺美术学院，在产品设计、陶瓷艺术设计、时尚设计等方面拥有一批专业化和与设计时尚产业结合紧密的师资队伍。另外，意大利的音乐类教育也很发达，不仅在声乐、乐器演奏、音乐指挥、作曲等领域具有传统优势，还拥有一些现代音乐类学科，如电子乐、爵士演奏和音乐教育专业学科。

3. 意大利高等院校的优势学科

意大利的人文艺术资源以及以制造业为主的经济模式对人才的特殊需求，使其高等教育也被打上鲜明的烙印。在此列举一些优势学科，实际上也是近年来中国留学生赴意留学选择最多的专业学科。

（1）建筑类：建筑设计、建筑学、城市规划、生态与景观建筑设计、室内设计。

（2）设计类：产品与工业设计、时尚与服装设计、传播设计、博物馆及展示设计。

（3）管理类：工商管理、企业管理、文化艺术产业创新与管理、奢侈品管理。

（4）食品与农业类：食品工程、食品科学、饮食文化推广与意大利美食推广、食品安全与质量、葡萄栽培与酿酒技术。

（5）工程类：建筑工程、材料与纳米工程、通信工程、车辆工程、能源工程、管理工程、纺织工程、影视工程。

（6）文化遗产类：文化遗产学、文化遗产科学与技术、考古学、文物修复与保护、当代艺术品保护与修复技术等。

（7）人文科学：艺术史、传媒科学、美术，音乐与表演理论（DAMS）、旅游科学等。

（8）生物技术类：生物工程、海洋生物学、分子生物学等。

（9）法学与法律：罗马法、欧洲经济与法律、法学等。

（10）金融与银行类：金融科学、精算、银行科学、金融数学等。

（11）美术类：绘画、版画、雕塑与舞台美术、装饰设计、平面设计、企业艺术设计等。

（12）音乐舞蹈类：声乐、歌剧、舞蹈、编舞、作曲、音乐指挥、乐器演奏等。

4. 意大利大学英语授课课程逐年增多

近年来意大利高校开设全英文授课的学科不断增加。例如，久负盛名的米兰理工大学的大多数硕士课程都采用英语授课。罗马第二大学的一些经济学专业从 2005 年起实行全英文授课。这些课程越来越受到本国学生和国际学生的青睐。值得一提的是，罗马二大开设的"全球治理"本科英文课程是近年来该校设立的创新课程之一。另外，博洛尼亚大学开设文化艺术创新与管理的英文硕士课程，其申请人数每年都大幅度增加。

三　中国学生赴意大利留学的主要驱动因素

近年来越来越多的中国学生选择意大利作为留学目的地国，笔者认为主要有以下原因。

（1）意大利政府重视高等教育国际化。公立大学免学费（仅收取注册费）、课程质量高、重视创新能力培养、留学成本较低等都是吸引中国工薪家庭子女留学的重要原因。

（2）意大利许多学科具有国际优势，其中不乏中国大学教学资源相对薄弱或者"资源紧缺"的学科，这也是相当一部分中国学生选择留学意大利的原因。

（3）中意两国在经济、文化、贸易、产业等领域合作不断扩大和深化，急需有专业知识、了解中意文化背景和精通意大利语的人才。

（4）中国政府对文化产业尤其是文化创意产业的扶持力度不

断加大，对"文化创意"人才的需求也是中国学生留学意大利的一个驱动因素。

（5）中意两国已签署学历学位互认协定，在意大利获得的文凭可以获得承认。同时，在意大利获得的学位在世界其他国家也得到承认。

（6）回国就业前景较好。近年来，留学意大利并学成毕业的学生数量逐年增加，尤以硕士研究生居多。许多学生入职政府机关、大专院校、国有企业和私营企业，另有一些学生选择自主创业。还有一些学生从事中意两国交流、文化艺术管理等工作。总之，就业渠道呈现多样化。

四　中意两国教育交流的新特点和趋势

随着两国教育交流的不断扩展，呈现出一些新的特点。

第一，双边大学间的合作增多，合作形式呈现多样化，如短期学生交换、互认学分、合作办学与双学位项目。例如，意大利比萨大学和浙江海洋大学的食品安全与质量、海洋生物学专业联合培养硕士项目，以及米兰理工大学、都灵理工大学和同济大学的双学位项目。此外，近年来中意双方的合作科研活动也有所增加。意大利比萨大学与浙江财经大学共同成立"中意食品安全监管研究中心"。

第二，国家留学基金委项目逐渐增多。近年来，国家留学基金委先后与米兰理工大学、都灵理工大学、比萨大学、帕多瓦大学、博洛尼亚大学等签署合作协议，加大了对中国学生赴意大利攻读硕士、博士学位尤其是就读意大利优势学科的资助力度，还加大了对意大利语专业学生赴意进行短期交流、意大利语言与文化、意大利国别研究的资助力度。

第三，两国在职业技术教育方面的合作也已经起步。意大利的职业技术教育不直接隶属于教育部，而是由意大利各大区的教育主管部门负责。近年来，意大利的一些大区如伦巴第大区、艾米利亚大区、翁布里亚大区逐渐开始重视与中国在职业技术教育方面的合作。意大利负有盛名的服装打版和造型师时尚技术学院——卡洛世纪学院已经在广州开设分院，希望为中国服装界培养更多的"工匠型"高端人才。

第四，中国学生对意大利私立技术类学校的留学需求逐年增加。除中意两国在双边协定中认定的公立和私立院校之外，意大利还有一些以培养专门化技术人才为主的学校，主要集中在时尚设计、服装设计、餐饮服务和乐器手工制作（如小提琴制作）等领域。对这些学校的申请量也在增加。此外，在艺术品修复方面的专门技术学校正受到中国学生越来越多的重视。

第五，"马可·波罗计划""图兰朵计划"和国际生计划学生的生源质量不断提高。根据意大利教育中心的数据库系统显示，近几年赴意就读本科和研究生的中国学生生源质量有大幅度提高，尤其是国际生计划的学生，其中不乏一批高考成绩超过当地录取一本线的学生。在赴意就读研究生的学生中，毕业于"985"和"211"院校的学生人数比例大幅增加。从外语水平上来看，"雅思"达到和超过6分的学生居多。在中国毕业于"意大利语言与文化"专业的本科毕业生越来越多地选择去意大利攻读"翻译与翻译理论""公共与企业传媒科学""国际管理""跨文化交流语言与文化"以及"人类学"等课程。

五　中意两国教育合作中存在的一些问题

虽然中意两国教育合作已取得丰硕成果，且前景广阔，但是仍然存在一些有待改善与共同解决的问题。

第一，双边教育主管部门缺乏更高效的沟通机制。根据多个双边协定的计划，可考虑在两国的教育主管部门间设立一个专家混合委员会，便于双方定期就两国教育合作过程中出现的问题进行沟通和磋商。目前这方面还未有明显进展。

第二，意大利高等艺术院校文凭在中国的认证问题仍未得到彻底解决。2013 年以来，就读意大利高等艺术院校的中国学生人数已经超过综合性大学。由于意大利高等艺术院校的正式文凭发放时间滞后，学成回国的学生在落户、入职、参加国家公务员考试、入职事业单位和国有企业等方面遇到困难。虽经双方教育主管部门商议已提出解决途径，但在实际操作中仍然有困难，目前该问题尚未彻底解决。

第三，中国留学生赴意留学还面临不少现实困难。首先，意大利大学和艺术院校的入学门槛将进一步提高，无论对意大利语水平还是专业技能水平的要求会越来越高，因此需要学生在预注册前要对所报大学的入学考试情况深入了解。多年来，中国学生"扎堆"填报学校和专业的现象屡见不鲜。尤其是，中国学生申报的学校都集中在意大利的大城市，如罗马、米兰、博洛尼亚、都灵和佛罗伦萨。其次，大部分中国学生和家长不熟悉意大利高等教育体系，盲从现象普遍。意大利大学与研究部没有发布过意大利大学的官方排名（Ranking），而家长和学生受到一些留学机构信息的误导。事实上，意大利的高等教育资源分配比较均衡，大多数学校都十分重视本科和硕士课程的教学质量。最后，中国学生在专业选择上存在盲目现象。根据意大利教育中心了解的情况，有很多赴意大利就读本科的高中毕业生对所选专业的认知明显不足，没有根据自身特点和特长选择专业，导致学习上遇到困难。

第四，意大利高等教育仍然有许多值得深入挖掘的资源。例如，意大利的精英学校"六大研究生院"，包括比萨高等师范学院、比萨圣安娜研究生院、第里雅斯特研究生院、卢卡研究生院等，由于这些院校的推广和宣传力度不足，在中国学生中的知名度很低。对此，恐怕要有赖于意大利政府加强推广和宣传，尤其是与中国一些大学的研究生院建立合作关系，以吸引更多优秀的中国留学生赴意。

第五，赴意中国学生数量和来华留学的意大利学生数量明显失衡。虽然缺乏准确的统计数据，但是总体而言，意大利学生来华留学仍然很少，其中大多数属于短期学习，且主要集中在汉语言之类的专业。中国高等院校应该加强对意大利学生的宣传，尤其应重视对国内特色优势专业课程的推介，同时也应该加强与意大利大学间的交流和合作，促进"双向"交流的发展。

第六，中意双方教育部门与机构应为吸引对方的优秀青年学生设立更多的奖学金。目前虽然有一些奖学金项目，但是资助面过宽，资助力度不大。意大利一些企业和大区政府奖学金项目宣传范围过窄，很多项目已临近甚至超过申请期限还不为中国学生所知。为此，尽快建立一个有效的信息平台十分重要。

第七，中意两国亟待建立交流大学合作项目的高效信息平台。在"互联网＋"和大数据时代，应该利用现代信息传播技术建立中意大学合作项目信息平台，使信息更快更准确地到达"目标受益人"。

六　中意两国教育交流合作展望

随着双边各领域交流的不断深化，中意两国的教育交流呈现良好发展势头。中国学生赴意大利留学人数稳定增长，尤其是生源质量不断提高，中意高校间合作不断加强，为中意两国教育合作注入了活力与动力。可以预见，在教育领域的合作与交流将继续成为双边关系的一大亮点。随着中国学生对意大利高等教育体系认识的深入，以及双边各层级教育机构合作的不断加强，未来将有更多优秀的中国学生赴意大利留学，参加合作研究项目。与此同时，相信也会有更多意大利优秀学生来华就读学位课程，进行合作科研项目。长期而言，学生交流将带动两国在经济、科技、社会、人文以及文化创意领域的全方位合作，同时也将为两国企业合作培养出一大批专业技术及管理人才。

第六节　新形势下的中意媒体合作与发展[①]

一　欧洲媒体市场简况

欧洲国家众多，经济发达，大众传媒产业发展水平高。至20世纪末，欧洲共拥有约2.1亿个电台频道和1.2亿个电视频道，日均订阅报纸9000万份，是全球最大且最重要的大众传播市场。[②]根据《欧洲2014年社交、数字和移动报告》统计，截至2014年，欧洲互联网用户占人口总数的68%。

在欧洲，新闻传播业主要呈现如下特点：已成为国民经济的支柱产业或重要产业；竞争力越来越强，其他发展中国家难与其竞争，形成了所谓"信息鸿沟"；为占领市场份额合作兼并，向集团化方向发展；进入跨媒体、跨行业、跨地区、跨国发展格局；政府对传媒的经营政策放开，对传媒的监控进一步加强。

（一）广播电视

传统上，大多数欧洲国家都将广播电视视为公共服务事业。如今，欧洲的广播电视已转变成国营与民营并行发展的激烈竞争局面，同时呈现全媒体、多媒体态势。为促进泛欧框架下广播电视业的发展，欧盟一直致力于跨国广播电视与公共广播电视领域

---

① 本节作者：金京，中国国际广播电台意大利语部主任，译审。"意大利之星"骑士勋章获得者。主要研究领域：中意媒体合作、媒体融合、对意传播等。主要代表作为"从欧洲媒体实践看如何做好对欧传播"（载《国际广播论文集第十四辑》）等论文。

② 数据来自 WIRED 网站：http://www.wired.it/internet/social-network/2014/02/17/lo-scenario-social-digital-e-mobile-europa-e-italia/。

的立法规范工作。① 1989 年 5 月，欧盟成员国签署了《欧洲跨国广播电视协议》，协议规定各国不得妨碍跨国广播电视，提出了保护未成年利益、播出欧洲制作的节目等原则。该协议要求成员国用半数以上的时间播放欧洲国家制作的节目。事实上，上述协议于 1993 年 5 月才正式生效。芬兰是欧洲最早开放广播电视的三个市场之一，与意大利、英国一起于 1983 年向私营广播电视台颁发营业执照。如今，意大利公共电视台的市场份额为 45%，芬兰公共电视台占 42% 的市场份额，英国公共电视台占有 38% 的市场份额。

欧洲的视听新媒体规则在延续传统广播电视基本理念的同时，也随着通信与互联网技术演进而逐步发生变革。② 对此，欧盟作出规定，手机电视和网络电视适用与传统电视相同的监管规则。

在广播电台方面，欧洲各类广播电台数量众多，多数听众还保留着收听广播的习惯，不少电台之间的频率间隔仅有 200 千赫兹，市场竞争极其激烈。同时，广播技术发达，主要广播形态包括短波、中波、调频、有线广播、数字音频广播、网络电台、流媒体、地面数字广播、卫星数字广播等。调查显示，2009 年，欧洲公民平均每天看电视的时间是 228 分钟，听广播的时间是 170 分钟，上网的时间是 27 分钟，使用电话的时间是 26 分钟；年轻人看电视的时间比过去增加了，平均每天超过两个半小时。③ 电视的影响力仍然强大。

（二）报纸杂志

在欧洲，包括报纸等传统媒体在内的各国媒体仍各自保留强烈的区域与地方色彩，同时受媒体融合和新媒体技术快速发展的

---

① 张谦："欧洲理事会与欧盟的广播电视政策法规"，《国际新闻界》2002 年第 5 期。
② 参见柯研、唐晓芬："欧洲新媒体产业发展和规则变化"，《中国记者》2008 年第 5 期。
③ 此处数据来自陈中原："世界公共服务传媒管理体制浅析——以外国广播电视系统为例"，载郑保卫主编《新闻学论集（第 22 辑）》，经济日报出版社，2009。

影响，报业也在通过资产重组等形式不断巩固自己的地位，并推出电子版和手机版等多媒体展示平台。西欧报纸发行量最大的国家为英国，在欧洲发行量排行前 25 名的报纸中，有 15 家是英国报纸。德国报刊种类繁多，日报约有 367 种，人均报纸拥有量占世界第四位。发行量最大的日报是《图片报》，发行量上百万的刊物为时事政治性周刊《明镜》和《明星》画报。意大利主要报纸包括《晚邮报》《共和国报》《24 小时太阳报》《新闻报》《信使报》等。

（三）新媒体

新媒体技术的迅猛发展对媒体生态环境造成巨大震荡已是不争的事实。智能手机、平板电脑等移动互联网技术终端的普及使媒体产业数字化革命进入了一个新时代，与移动传播技术相伴而生的社交网络技术也在深刻地改变着媒体与受众的关系。在欧洲地区，各国的主要媒体纷纷适应媒体技术发展，不断调整其业态。包括法新社、德新社、英国广播公司（BBC）以及荷通社等，都在努力适应这一潮流，新闻信息服务向以推特和脸谱为代表的微博和社交网络等新平台拓展，这也使它们逐步跻身主流媒体的行列。①

欧洲国家的新媒体技术发展迅速。欧洲广播联盟（EBU）发布的"公共广播和新媒体平台 2011"研究报告表明，尽管传统的 AM/FM 广播电台消费下降，但公共广播电台正在成功地利用在线、移动服务，智能手机应用和社交媒体等手段覆盖新听众，同时提升其在公众中的影响力。截至 2015 年，西欧五国（英、意、法、德、西）手机用户中，使用智能手机的占比为 55%，约为 1.315 亿人。②

---

① 参见胡元军："欧洲新媒体发展特点及启示"，《对外传播》2014 年第 2 期。
② 数据来自 comScore 调研公司网站：http：//www. comscore. com/Insights/Press_ Releases/2012/7/1_ in_ 8_ European_ Smartphone_ Owners_ Conducted_ a_ Retail_ Transaction_ on_ their_ Device。

二　意大利媒体市场发展简况

意大利新闻出版业比较发达，共有 120 多家日报，其中以地方报纸为主，全国性报纸主要是《晚邮报》和《共和国报》。发行量超过 10 万份的意大利报纸主要有《晚邮报》《共和国报》《米兰体育报》《24 小时太阳报》《新闻报》《信使报》《讯息报》《罗马体育邮报》《日报》《意大利日报》和《都灵体育报》，等等。此外，意大利的主要综合性期刊有《展望》周刊、《快报》周刊、女性周刊《现代妇女》以及宗教性期刊《基督教家庭》等。1945 年建立的安莎通讯社（ANSA）是意大利第一大通讯社。意大利广播电视公司（Radiotelevisione Italiana，RAI）成立于 1954 年，是意大利全国性公共广播电视机构，总部设在罗马。目前，公司主办全国性广播电视节目，拥有包括模拟电视、地面数字、卫星数字、流媒体、高清电视等在内的 19 个电视频道，还使用包括中波、调频、有线广播、数字音频广播、网络电台、流媒体、ITunes、地面数字广播、卫星数字广播等手段开办了十套广播节目。此外，意大利全国还有 500 余家私人广播电视台。

据意大利国家统计局 2006～2015 年统计数字显示，意大利人大体保持着收看电视、收听广播和阅读书籍报刊的习惯。十年来，电视收视率从 2006 年的 94.2% 到 2015 年的 92.2%，广播收听率从 2006 年的 63% 到 2015 年的 57.9%，变化不大。同期，报刊阅读率从 2006 年的 58.3% 下降到 2015 年的 47.1%，始终保持良好的阅读习惯。①

据 2016 年 6 月公布的另一份统计数据显示，意大利网民人数

---

① 此处数据来自意大利国家统计局网站：http://www.istat.it/it/。

达 4200 万人，占总人口的 87.4%，智能手机普及率 62%，通过手机使用社交媒体人数为 2800 万人。[①]

三 中意媒体合作现状与发展

近年来，中国和意大利媒体交流合作整体进展顺利，成果丰硕。2016 年 11 月 16 日，习近平主席在意大利撒丁岛会见时任意大利总理伦齐时指出，欧盟是世界重要一极，是中国的全面战略伙伴。意大利是中国在欧盟内值得信赖的好朋友和重要合作伙伴。中方高度重视中意关系，双方要保持高层交往，密切各层级人员往来，积极加强"一带一路"建设，深化人文交流，加强在国际和地区事务中的协调配合。"一带一路"国际合作高峰论坛前夕，前来参会的意大利总理真蒂洛尼在接受国际台记者采访时提出，"一带一路"倡议对于意大利来说具有历史性的意义，因为意中两个古老文明之间有着悠久的人文联系和贸易往来。媒体合作是人文合作的重要组成部分，同时媒体还能发挥自身优势和特点，丰富人文合作内涵，为人文合作营造良好的舆论氛围。

在面临新兴媒体兴起、推进媒体融合、提升产业化水平等问题的新形势下，中国国际广播电台（以下简称"国际台"）积极推进在意全媒体建设及各类务实媒体合作项目。近年来，国际台意大利语部已拥有包括调频广播、网站、《中意》双语杂志、移动客户端、社交平台、广播孔子课堂等的全媒体平台，致力于组织各类媒体及文化活动。2015 年开始主打"中意"品牌系列媒体产品及活动，主要包括《中意》杂志、中意客户端、"中意美食节""中意媒体日"等。

---

① 此处数据来自 primaonline. com 网站：http：//www. primaonline. it/2016/08/04/242266/sono – 28 – milioni – gli – italiani – connessi – a – giugno – navigando – per – il – 73 – del – tempo – da – mobile – motori – di – ricerca – portali – generalisti – e – social – network – si – confermano – i – siti – piu – consultati – i – dati – audiweb。

（一）广播合作

目前，除短波节目外，国际台意大利语部每日还通过米兰、罗马、佛罗伦萨、都灵、热那亚等 15 个本土合作调频台 24 小时不间断地向意大利播出广播节目，内容涉及资讯、文化、经贸、旅游、体育、音乐、中文学习等。

2016 年，中国国际广播电台与意大利国家广播电视公司正式签署协议，达成中意媒体合作伙伴关系。同年 9 月，双方在意大利国家广播电台多个频率首次合作开展"中国日"报道，全天以直播、录播、节目合作、内容交换等方式全面介绍中国及中意各类交流与合作话题，全方位在意大利最主流的广播频率介绍中国及中意交流与合作，达到了较好的传播效果。同年 11 月，双方在习近平主席经停意大利撒丁岛当天，在意大利国家广播电台合作新闻直播节目。当月，双方在国际台覆盖中国的多个频率再次举办"意大利日"联合报道。

（二）网站建设

2002 年 6 月 1 日，国际在线意大利义网站正式对外发布，是目前中国最大的意大利文官方网站，网址为：www. cri. cn 或 italian. cri. cn。网站同时设有手机 WAP 版，网址为：italian. cri. cn。目前，网站每天发布大量国内、国际新闻，还设置了不同的频道，如新闻、经济、文化、音乐、生活、中文学习、互动专区和中国百科等。此外网站还充分发挥新媒体优势，发布了大量在线音频、视频节目及电子杂志等内容，并为网民提供全面的实用服务信息。

2015 年 4 月 30 日，意文中华网正式上线，网址为 www. china. com 或 italy. china. com。网站突出专题类报道，主打经济、文化、旅游、健康等频道，构建连接中意两国的高端网络平台。意文中华网的特色专题包括"2015 米兰世博会""美丽的陆上丝绸之路""全国高校意语演讲比赛""2016 年 G20 杭州峰会"，等等。

（三）《中意》双语杂志

2012 年 4 月，国际台意大利语部正式推出《中意》双语杂志，这也是唯一一本进入中意两国政府视野的官方双语杂志。《中意》杂志双月出版，在意大利设计版面，在北京和意大利同时印刷发行。杂志全面介绍中国文化及中意在政治、经济、文化等各个领域的双边交流与合作，目标受众主要是意大利总统府，总理府，议会，各大区、市政府，中国各大部委，中意两国知名企业、高校，孔子学院等机构的高端人士。中国驻意大利大使馆与意大利驻华使馆是《中意》杂志的官方合作伙伴。同时，杂志与国航、东航、罗马机场、米兰马尔本萨机场、中国银行米兰分行和罗马分行、意大利裕信银行、意大利 Italianway 网站、意大利国家电台 RaiWorld 等均达成合作意向，影响力和知名度不断提升。

2014 年 10 月 4 日，《中意》正式推出《中意·李克强首访意大利》特刊。10 月 13 日，意大利第一大财经类报纸——《24 小时太阳报》推出李总理访意专版，并在第二版发表署名文章《〈中意〉杂志，连接意大利和中国的信息桥梁》，介绍了中国国际广播电台及《中意》杂志的主要情况。2015 年，《中意》为北京市政府设计制作了《北京特刊》，并在米兰世博会北京周开幕式上举办特刊首发式。2015 年 5 月，《中意》杂志与中国国家旅游局展开合作，策划了"美丽中国·丝绸之路"系列报道。2015 年 12 月，杂志与中国驻意大利使馆合作推出《中意建交 45 周年副刊》。

（四）广播孔子课堂

2008 年 9 月，中国国际广播电台意大利广播孔子课堂正式在罗马挂牌成立，成为欧洲西南地区的首家广播孔子课堂。课堂合作方为意大利教育中心，课堂办公地点设在意大利外交部大楼内，也成为意大利外交部大楼内唯一一个外国合作机构办公室。课堂除利用媒体优势展开各类媒体活动外，主要从事组织和参与中意两国各类大型文化活动及汉语教学推广课程与交流等。

（五）中意客户端及其他新媒体社交平台

当地时间 2016 年 9 月 19 日，"中意客户端发布仪式"在意大利外交部成功举行。这是中国首个新媒体产品在意外交部进行发布。中、意两国百余位嘉宾出席。中意客户端为中国国际广播电台意大利语部正式产品，由国广互联科技（北京）有限公司负责技术开发。中意客户端主要合作伙伴包括中国驻意大利大使馆、意大利驻华大使馆、意大利教育中心、《参考消息》报社、意大利国家广播电视公司、意大利记者通讯社、中意两国政府机构、高校、企业、媒体等。中意客户端是一款集中意两国资讯和服务功能为一身的新媒体产品，也是中意两国之间第一个官方的权威双语客户端，主要面向中意两国民众。在内容方面，中意客户端现有中意资讯、旅游、使领馆及签证服务、语言翻译、留学服务、中意美食节等主要内容。

此外，中国国际广播电台意大利语部还拥有中华浏览器（重庆版）、"筷意——米兰罗马中餐导航" App、微信公众号、新浪微博、Facebook 等新媒体平台。

（六）中意美食节

2015 年，"中意美食节"活动由中国国际广播电台意大利语部、国广互联科技（北京）有限公司创意发起并举办，旨在发挥媒体优势，以美食和文化主题推动中意两国间交流，搭建两国间全面合作的桥梁。作为中国国际广播电台的"中意"品牌系列活动之一，美食节不定期分别在中国和意大利举行。

2015 年 11 月，第一届"中意美食节"正式亮相第六届彭州菜博会，由中国国际广播电台与意大利驻重庆总领事馆联合主办，彭州市政府承办，意大利驻华大使馆、国广互联科技（北京）有限公司、《参考消息》报社、中国意大利商会协办。同月，在第三届四川农业博览会期间，由中国国际广播电台意大利语部与意大利驻重庆总领事馆主办、意大利 Bucciano 餐厅承办、国广互联科技（北京）有限公司协办的第二届"中意美食节"文化体验活动再次启动。2016 年 3 月，中国食品行业规模最大、影响最广的展览会——第 94 届全国糖酒商品交易会在成都开幕，多家意大利葡萄酒企业集体组团亮相展会。其间，中国国际广播电台意大利语部、意大利驻重庆总领馆、国广互联科技（北京）有限公司、《参考消息》报社与意大利 Bucciano 餐厅再次联手成功举办了第三届"中意美食节"文化活动。2016 年 8 月，由国侨办、宁波市外办、中国驻意大使馆、中国国际广播电台联合主办，"道"餐厅承办，"云应用"平台及《参考消息》报社媒体支持的第四届中意美食节在罗马成功主办。美食节旨在通过展示中餐美食文化与经典菜肴品鉴等活动，推广中餐的国际形象及中意美食文化交流等。

（七）中意媒体日

2014 年，中国国际广播电台意大利语部正式创立"中意媒体日"活动，旨在通过不同的媒体主题与社会各界及相关专家进行专题研讨，推动各类中意媒体合作项目的创新与发展。

2014 年 12 月 12 日，由中国国际广播电台意大利语部、意大利驻重庆总领事馆和四川外国语大学主办，重庆市人民政府新闻办公室、重庆市人民政府外事侨务办公室协办的"重庆·中意媒体论坛日"活动在重庆拉开帷幕。来自中意两国政府、媒体及学界的数十位来宾齐聚一堂，共同探讨中意平面媒体间合作与发展前景。2015 年 11 月 6 日，由重庆市委宣传部、重庆市人民政府外事侨务办公室、中国国际广播电台意大利语部、意大利驻重庆总领事馆共同主办的第二届"重庆·中意媒体日"在重庆举办，来自中意两国政府、媒体及学界的近百名来宾围绕"互联网和新媒体时代的中意交流"这一主题进行探讨。

（八）主要媒体合作

2015 年 12 月，中国国际广播电台与意大利国家广播电视公司正式签署《中意媒体合作伙伴关系谅解备忘录》，双方将加强在文化、经济和科技发展方面的相互了解，展开在广播、电影、电视、新媒体等方面的交流与合作，加强人员交流，组织各类培训，策划并联合制作针对在意华人和在华意大利人的各类节目。双方成立工作小组，定期在罗马及北京召开各类工作会议，并确立了在对方国家互办"中国日"与"意大利日"广播直播节目、杂志内容交换、互办"丝绸之路2.0中意媒体会议"、基于中意客户端等新媒体平台的各类务实合作。

2016年5月20日，中国国际广播电台副总编马博辉率团访问意大利，其间与意大利记者通讯社（AGI）总裁亚历山德罗·皮卡共同签署合作谅解备忘录，双方同意将在新闻传播领域互相支持，启动包括新闻及评论产品交流互换在内的一系列务实合作，以期增进中意两国在政治、经济、外交和社会交往过程中的相互了解。该协议是对双方2007年签署的合作协议的深化与补充。

四　关于中意媒体合作的几点思考与建议

意大利是一个媒体高度发达的国家，其媒体市场呈现高度集团化竞争态势，几乎所有具备市场竞争力的媒体平台都隶属于几大传媒集团，因此在进行中意媒体合作及拓展对意传播时，应采用全媒体发展、多媒体融合的思路，全面开展和创新合作模式。以下是有关加强中意媒体合作的思考与建议。

（一）加强交往，创新合作模式

持续推动两国媒体往来，加强政策沟通，相互学习借鉴彼此成功经验，共同探讨新兴媒体挑战的应对之策，探索和构建务实有效的合作机制。鼓励双方各类媒体机构继续开展新闻资讯、节目、人员和技术交流合作，尤其根据当前新技术发展趋势和世界传媒市场格局变化等因素，积极创新合作模式。中意双方可围绕人员培训、业务合作等主题，定期开展人员交流，通过人员交流推动业务合作。中意两国位于"丝绸之路"的东西两端，都是世界文明古国和文化大国，双方可围绕"丝绸之路"主题开展媒体合作。

（二）做好综合传播

作为欧洲传媒强国，意大利各媒体集团紧跟国际传媒发展步伐，迅速开展全媒体、新媒体业务。以国际台为例，近年来，国际台已拥有音、视、网、刊、孔子课堂等多项业务与平台，媒体影响力大大提升，受到了意大利政府及其主流媒体的高度重视，目前已与意大利国家广播电视公司、意大利记者通讯社签署全面合作备忘录，展开新闻、广播、平面媒体、新媒体等多领域合作。在未来发展中，应抓住最有效平台，做强做精某个平台，打造媒体品牌，进一步提升综合传播质量。

（三）重点打造新媒体平台

为顺应媒体发展趋势，将传播效果最大化，应着力打造中意新媒体平台。该平台将主要针对智能手机、平板电脑等移动终端，突出服务和实用功能，为用户推送中意两国资讯和服务信息、推动媒体合作、提供实用服务、开展商务交流。同时，也要跟踪研究受众及市场需求，打造真正可持续发展的新媒体服务平台。

（四）本土合作传播

意大利媒体高度发达，本土化程度极高，同时鉴于我国与西方国家在意识形态及文化传统方面的巨大差异，以本土化形式进行传播，或与当地权威媒体进行合作传播才是唯一有效的途径。以国际台为例，近年来实现了广播节目本土化，《中意》杂志设计、发行、印刷、内容本土化，新媒体平台多以双语形式本土传播，本土化广播孔子课堂持续开展多项活动等，同时积极与当地各类媒体开展各类联合报道、活动与务实项目。

（五）实现有效传播

了解市场规律、把握精准定位、满足受众需求。如今内容提供者和接收者之间的界限正在消失，信息大爆炸极大地丰富了信息资源，互联网和其他媒体平台已使受众获取信息的通道无限增加。大众传播从"大众"转向"分众"，由"广播"走向"窄播"。细分化市场、专业化频道、差异化产品、分众化自己的服务对象，在差异中突出特色，在分众中达到聚众。应充分关注和研究对象国媒体，了解对象国受众关切。加速发展新媒体平台，尽量实现简约、双语、实用、优质的新媒体平台，创新与对象国的合作模式。

（六） 打造品牌产品

"内容为王"始终是媒体界的不二法则。这就要求媒体把生产和提供更多更好的内容产品作为自己的立足点与归宿，通过最大限度满足受众对内容产品消费和服务的需求，实现其价值最大化。细分受众市场，走个性化之路是媒体品牌化的策略。[①] 美国品牌研究专家艾克和乔瑟米塞勒认为，"品牌定位能够突出品牌识别的焦点。它确定了传播目标，即什么样的信息最能体现差异化，最吸引目标市场"。媒体品牌只有注入独特个性，才能在今天的媒介市场中避免同质化，在竞争中以特色抓住观众的注意力与心理，收到最佳沟通效果。近年来，国际台意大利语部开始推出"中意"系列品牌产品，从《中意》杂志、中意客户端到中意美食节和中意媒体日，旨在突出中意特色、双语特色、媒体特色，打造权威多样的综合媒体平台及媒体品牌。无论是打造还是推广品牌，始终坚持与对象国政府、使领馆、机构、企业等保持密切合作，实现资源整合，共赢发展。

（七） 培育专业化团队

不管从媒体建设还是品牌打造的角度看，人才始终是决定成败的重要因素。在激烈的市场竞争中，"内育外引"是形成专业化媒体团队的基本途径。在媒体融合及新媒体技术高速发展的今天，培养复合型媒体人才也是发展面临的最大问题之一。应该让媒体人才不断接受专业化培训，与国际接轨，参与对外交流，特别是与意大利媒体的交流。另外，还要建立完善的、符合当地市场规律的激励机制，为优秀人才的成长和优秀作品的诞生提供制度保障。培养和引进懂媒体、熟悉跨国传播和市场的复合型人才，打造专业团队。

---

① 陈仲龙、杨亚初："突破定势效应 化解嬗变之困"，《当代电视》2014 年 3 月第 3 期。

（八）借助专业力量

以对意大利传播为例，国际台拥有较多的是语言人才，而在媒体、技术、市场推广和运营等方面不甚专业。在这种情况下，加强对外合作与交流，借助外部专业力量和机构，才是实现专业化传播的捷径和必经之路。充分发挥语言和人脉优势，通过与专业力量深度合作，打造强有力的品牌、产品、平台，做到事半功倍，真正在竞争激烈的传媒市场立于不败之地，实现可持续发展。

（九）探索灵活机制

要实现对意传播的综合媒体化、本土化、有效性、专业性，在符合各项政策、纪律、法规的同时，根据不同国家特别是意大利的特点，探索并实现必要的机制保证，主要包括对外合作机制、人员派出机制、内容发布机制等。

（十）实现可持续发展

在媒体技术日新月异、新媒体平台层出不穷的今天，无论是合作还是发展，都应保证其可持续性。这里的必要因素主要包括中意两国政府的重视与支持，对合作项目或产品启动是否符合用户及市场需求和未来发展趋势的判断，以及充分的人员、资金和后期维护。此外，找准合作项目的定位与特色也是实现可持续发展的必要条件。

第七节　意大利主流媒体有关"一带一路"倡议的报道与话语构建[①]

自习近平主席 2013 年底出访中亚和东南亚国家期间先后提出

---

① 本节作者:付卓,中国传媒大学意大利语专业教师,意大利摩德纳·雷焦大学应用语言学在读博士.主要研究领域:意大利语言与文化、意大利媒体、话语研究.主要代表作:《意大利大学女校长》,中国传媒大学出版社,2014。Franca Poppi,意大利摩德纳·雷焦大学文学院副教授,博导,主要研究领域:话语分析、语料库语言学.

共建"丝绸之路经济带"和"21 世纪海上丝绸之路"倡议以来，
"一带一路"构想不断发展和完善。2015 年 3 月，国家发改委、
外交部、商务部联合发布了《推动共建丝绸之路经济带和 21 世纪
海上丝绸之路的愿景与行动》，并规范了该战略的英文译法，即
"the Silk Road Economic Belt and the 21st – Century Maritime Silk
Road"（"丝绸之路经济带"和"21 世纪海上丝绸之路"）和"the
Belt and Road Initiatives"（"一带一路"）。"一带一路"倡议继承
和发扬古丝绸之路精神，致力于促进亚欧非多个区域沿线的经济
合作。该倡议自提出以来一直受到西方媒体的持续关注，成为外
媒涉华报道最热表的议题之一，如 2013 年 9 月至 2015 年 2 月，海
外媒体有关"一带一路"的英文报道就高达 2500 余篇。这些外媒
的报道分析也为国内学者研究外部世界如何看待"一带一路"倡
议提供了重要素材。例如，有学者考察了美国媒体对该战略议题
的新闻话语建构，并基于此对中美合作提出了建议，有学者运用
评价理论研究了印度媒体如何通过不同评价资源表达对"一带一
路"的态度，还有学者研究了德国主流报刊有关"一带一路"报
道的客观真实性。本节将研究意大利主流媒体有关"一带一路"
的报道，意在了解该国媒体对"一带一路"倡议的态度与评价，
进而为在"一带一路"框架下加强中意合作提供参考。

自 1970 年与中国建交以来，意大利历届政府都十分重视中意
关系，2004 年两国开启全面战略伙伴关系。2016 年，中意双边贸
易额为 430.6 亿美元。目前意大利是中国在欧盟的第五大贸易伙
伴，中国是意大利在亚洲的第一大贸易伙伴。意大利是古丝绸之
路的终点，又作为新时期"丝绸之路经济带"与"21 世纪海上丝
绸之路"的交汇点，因此"一带一路"倡议引起了意方较高程度
的重视，并越来越表现出积极参与的热情。2015 年 3 月，意大利
宣布加入为"一带一路"提供重要资金保障的亚洲基础设施投资
银行（亚投行）。除政府层面外，意大利科技、环保、农业、航空

航天等部门也积极开展和我国相关部门的多项合作，努力实现"中国制造 2025"与意大利"工业 4.0"的对接与合作。

意大利主流媒体就"一带一路"倡议，特别是该倡议下中意合作、中欧合作发展进行了全面解读和报道。我们通过对有关"一带一路"新闻话语进行跟踪分析，可以及时把握意大利对该倡议的态度，并了解我国在意大利本国乃至欧洲的影响力，为我国政府对中意关系、中欧关系决策提供参考。此外，通过研究意大利主流媒体涉华报道还有利于我国在意大利的国家形象建设，提高我国在国际社会的认知度。本节将以意大利影响力最大的财经类报纸《24 小时太阳报》（*Il Sole 24 Ore*）为例，基于该报 2015年全年有关"一带一路"的报道，运用内容分析理论，从议题分布、语言标示符运用、报道视角和内容分析三个维度来研究该报纸有关"一带一路"议题的认知和建构，并试图以此解析意大利主流媒体对该倡议的态度和评价。

一　《24 小时太阳报》及其对中国的关注度

在进行意媒有关"一带一路"倡议报道的分析之前，有必要先了解一下《24 小时太阳报》及该报对我国的"关注度"。《24小时太阳报》是意大利最大的综合财经类报纸，前身是《太阳报》（*Il Sole*），创立至今已有 150 多年的历史。该报隶属于意大利工业家联合会，总部位于米兰。据 2016 年 3 月的数据显示，该报已成为意大利最大的数字报纸和第二大全国性日报，日发行量纸质版38 万余份，电子版 22.6 万余份，主要受众为意大利企业家、工商界人士、商界精英和政府官员。[1] 该报于 2004 年 3 月在我国开设办事处，派遣常驻记者。

为了解《24 小时太阳报》对我国的关注度，笔者以 2015 年全

---

[1]　数据来自《24 小时太阳报》网站：www.ilsole24ore.com。

年为时间段，考察了该报对世界主要国家的报道数量。我们以 2015 年世界各国 GDP 排名为标准，选择了排名在前 15 位的亚洲四国，分别是中国、日本、印度和韩国。在《24 小时太阳报》官方网站检索国别关键词，发现该报在 2015 年对这四国的报道程度和关注度不尽相同：中国名列榜首，高达 2679 篇，其次是日本，共 1421 篇，第三是印度，共 595 篇，最后是韩国，为 293 篇。看得出来，《24 小时太阳报》涉华报道数量明显高于其他亚洲国家，超过涉及日本的报道数量的近一倍。而放眼欧洲本土，《24 小时太阳报》2015 全年对欧洲主要国家的曝光度如下：法国 4141 篇，德国 3895 篇，西班牙 2243 篇，英国 1913 篇。对比以上数据不难发现，不论是在亚洲范围内还是与欧洲主要国家相比，中国都是《24 小时太阳报》的重要关注国家，深受意大利主流媒体的重视。

二 《24 小时太阳报》有关 "一带一路" 报道的议题分布与语言建构

（一）议题分布

我们通过在《24 小时太阳报》官方数据库 Lex 24 Omnia（Il Sole 24 Ore）检索关键词 "一带一路"（Via della Seta, One Belt and One Road），搜集了 2015 年全年共 29 篇有效新闻文本来观察该报有关 "一带一路" 报道的主要议题分布。总体而言，议题内容分散，涉及领域广泛。该报曾从中意关系、中意经贸合作、中国政府报告、共建亚欧铁路线、米兰世博会、人民币国际化等多角度对 "一带一路" 进行了全面解读和报道。

由表 4 - 4 可知，在 2015 年中意建交 45 周年之际，以 "一带一路" 推动中意关系与中意合作方面的新闻数量最多，共有 8 篇（约占 27%）；在 "一带一路" 大背景下，中方投资意大利、中国政府报告与领导人发言、大国关系成为新闻报道的重要议题，共计12篇（占14%）；其余报道议题较分散，多以"一带一路"为契机，涉及中意2015年全年的重大新闻事件，如人民币国际化、米兰世博会、亚欧铁路线建设等内容。

表4-4　《24小时太阳报》2015年全年有关"一带一路"的报道议题分布

主题	数量	比例（%）
中意关系/中意合作	8	27
中方投资意大利	4	14
中国政府报告及领导人发言	4	14
大国关系	4	14
米兰世博会	2	7
亚欧铁路线建设	2	7
人民币国际化	2	7
其他分散议题	3	10
共　计	29	100

数据来源：《24小时太阳报》官方数据库 Lex 24 Omnia（Il Sole 24 Ore）。

（二）语言标示符的运用

语言不仅是描述现实的工具，还是建构现实的手段，新闻本质上就是对现实社会的建构。语言标识符在不知不觉中引导受众使用这类语言进行表达，进一步扩大其舆论效果。[①] 以下从语言标示符运用的角度分析《24小时太阳报》如何报道和评论"一带一路"倡议。

1. 从"一带一路"倡议命名来看

《24小时太阳报》就"一带一路"倡议命名选择了意大利语和英语两个版本，这两种语言版本常常在同一篇新闻文本中交叉出现。英文译法上，《24小时太阳报》统一使用"One Belt, One

---

① 郑华、李靖："美国媒体建构下的中国'一带一路'战略构想——基于《纽约时报》和《华盛顿邮报》相关报道的分析"，《上海对外经贸大学学报》2016年第1期。

Road"。意文对"一带一路"的命名则出现了三种方式：既有对
"一带一路"的直译"una Striscia e una Via"，也有沿用"丝绸之
路"的译本，将"一带一路"释义为"新丝绸之路"，即"Nuova
Via della Seta"，第三种译法出现频率较少，转译为"la Via della
Seta Terrestre e Marittima"。此外，部分报道中对于"一带一路"
的命名还使用了英、意混译法，即"la Silk Road e la Marittima Silk
Road"。而对于"一带一路"中具体所指的"丝绸之路经济带"
和"21世纪海上丝绸之路"的命名统一使用了意文版，即
"Cintura Economica della Via della Seta"或"Striscia Economica della
Via della Seta"和"la Via della Seta Marittima del 21° secolo"。

　　2. 从"一带一路"的搭配词来看

　　从选取的29篇文本材料出发，通过考察《24小时太阳报》
对"一带一路"的描述，可以发现，常搭配的名词或是在诠释
"一带一路"的概念和作用，如"piano"（规划）、"programma"
（计划）、"iniziativa"（倡议）、"costruzione"（建设）和
"strategia"（战略），或是将"一带一路"作为当今中意关系、中
欧关系发展的时代背景，如："ambito"（界限、范围）和
"occasione"（机会）。在报道"一带一路"时，多数文章使用了一
系列正面形容词如"ambizioso"（雄心勃勃的）、"importante"（重
要的）、"grande"（伟大的）、"energica e vitale"（充满活力的，生
机勃勃的）、"megaprogetto"（宏伟战略）等对该倡议给予了积极
评价。总体而言，从"一带一路"搭配词和语境使用中，我们可
以看出《24小时太阳报》强调该倡议是中国提高自身在国际社会
影响力的一项重要举措，并肯定了"一带一路"倡议将有助于推
动亚欧非大陆沿线国家的共同繁荣，特别是加快中意贸易和中欧
合作的步伐。具体实例见下。

　　（1）"一带一路"对于中国和意大利而言都是一个重大的机
会。意大利既是"古丝绸之路"的终点，又是当今"丝绸之路经

济带"和"21世纪海上丝绸之路"的交汇点。(摘自《24小时太阳报》2015年4月15日)

（2）"一带一路"是中国政府的一项重要战略。(摘自《24小时太阳报》2015年7月4日)

（3）2015年上半年，"一带一路"为中欧合作创造了376亿美元的价值。两年前由中国国家主席习近平提出的这项宏伟计划不仅是为了加强贸易合作，也体现出中国希望通过此战略，包括金砖国家开发银行和亚投行等渠道，自身进一步提升"软实力"。(摘自《24小时太阳报》2015年7月30日)

（4）"一带一路"将为沿线国家和金融机构创造巨大的机会。(摘自《24小时太阳报》2015年10月20日)

（5）此外，对于意大利乃至欧洲来说，"一带一路"将开辟重要的合作机会，其中数字领域合作尤为重要。(摘自《24小时太阳报》2015年11月16日)

三 《24小时太阳报》有关"一带一路"报道的视角与内容解析

第一，报道中引述了大量政界人士、商界精英、学者和研究人员的观点，通过权威人士或专业人士之口增强新闻报道的可信度和权威性，引起全民对"一带一路"倡议的关注和重视。

分析上述29篇《24小时太阳报》有关"一带一路"的报道，可以发现其消息源呈多样化态势，政府要员、企业高管、商界精英、学者、研究人员的观点均被采纳。在对"一带一路"概念进行普及和诠释的报道中，多次直接引用了中国驻意大利大使李瑞宇的观点。例如，在2015年7月的一篇题为《2015米兰世博会——中国飞向意大利》的评论文章中，提到中国对该活动的重视，派出国家馆、企业馆，万科馆三大中国馆亮相意大利米兰。文章开篇介绍了中国三大馆的规模和特色，之后谈到中意关系与中欧关系的良好发展态势，展望中国和意大利、中国和欧洲在"一带一路"背景下的合作愿景。文章最后引入了李瑞宇大使对该活动的点评和对中意关系的寄语。李大使表示，"我相信米兰世博会定会成为全球人民的盛宴，特别是将作为中国和意大利、中国和欧洲务实合作的'孵化器'，为中意关系、中欧关系开启新篇章"。① 再如，在 2015 年 4 月的一篇题为《中意携手共创未来》的报道中，李大使全面介绍了"一带一路"倡议，对其进行深入解读，强调了我国国家主席习近平提出"丝绸之路经济带"和"21 世纪海上丝绸之路"的根本目的是通过沿路国家的区域合作，打造互利共赢的"利益共同体"和共同发展繁荣的"命运共同体"。李大使在聚焦"一带一路"倡议就中意合作议题时表示，"'一带一路'是中意双方的共同机遇。意大利是古丝绸之路的终点，也是新时期'丝绸之路经济带'与'21 世纪海上丝绸之路'的交汇点。双方应抓住机遇，把'一带一路'建设和中意合作结合起来，充分发挥在高端制造、节能环保、时尚设计、现代农业等领域的合作优势，不断完善并推广'中意设计、共同制造、全球销售'的互利合作新模式，为中国经济转型升级和意大利经济复苏贡献力量。相信'一带一路'建设将为传承两千多年的中意友谊注入新的活力和生机"。②

除中国政要之外，《24 小时太阳报》还引用了意大利政界人士对"一带一路"的看法和评论。如在 2015 年 4 月意大利外交部长率企业代表团访华期间，该报以题为《意大利经济迈进"新丝绸之路"》的评论进行了跟踪报道，在谈到中国和意大利政府、中意企业在"一带一路"框架下的合作时，专门引用意外交部长的话，"我们可以借'一带一路'契机，特别是中欧货运班列，将承

---

① Li Ruiyu, "L'Expo 2015: volano della Cina in Italia", *Il Sole 24 ore*, 11 luglio 2015.

② Li Ruiyu, "Cina e Italia insieme per un futuro comune", *Il Sole 24 ore*, 25 aprile 2015.

载满满的'意大利制造'运回中国"。①

除政府要员外，学者的评论也频频见诸报端。在一篇题为《中意之间的桥梁》的深入报道中，该报道引入了罗马国际事务研究所亚洲方向高级研究员尼古拉·卡萨里尼（Nicola Casarini）的分析，"迄今中国已向意大利投入了65亿欧元，相当于中国投资于整个欧洲市场的十分之一。如今中国对意投资首次超过了法国，几乎与英国持平。这一大好形势预示着中意合作关系将迈向一个新台阶，两国间的合作不仅体现在经济层面，政治方面和安全问题也将成为中意两国合作的新热点。"②

第二，报道从意大利本国利益出发，突出意大利在"一带一路"框架中的重要作用，探讨意大利如何从"一带一路"倡议中受益，加强与中国的紧密合作。

在2015年全年《24小时太阳报》有关"一带一路"的报道中，中意经贸合作是核心议题。中国化工集团收购意大利轮胎制造商倍耐力，中国建设银行在米兰开设分行，中联重科收购意大利领先环保企业那都勒公司等经贸合作典范都成为该报的焦点。《24小时太阳报》通过对这些中意经济合作案例的详细报道和评论，突出意大利作为中国重要的海外投资目的国对参与"一带一路"的积极态度。同时，该报从中意合作成果出发，字里行间折射出意大利在地缘政治上的重要性，同时强调中意关系在中欧关系中所处的重要地位。例如，2015年7月的一篇题为《意大利企业的转折》的报道指出，近期中国几大集团收购意大利企业，不论从数量还是质量来看，都标志着中国对意大利的投资迈上了新台阶。通过这些收购项目，意大利将有373家企业加入中国集团，

---

① Rita Fatiguso, "Il business italiano passa per la nuova Via della Seta", *Il Sole 24 ore*, 29 aprile 2015.

② Rita Fatiguso, Nicola Casarini, "un ponte fra Roma e Pechino", *Il Sole 24 ore*, 18 ottobre 2015.

新就业人数将达到约 2.15 万人次。文章最后总结道，"中国致力于加强'一带一路'的基础设施建设，意大利作为重要的亚投行创始成员国将积极参与'一带一路'。'一带一路'与丝路基金将促进中意合作共赢，中国化工集团收购意大利轮胎制造商倍耐力就是一个成功典范"。① 再如，2015 年 7 月另有一篇题为《中国通过"一带一路"向欧洲迈进》的报道，开篇以"一带一路"为背景，谈到中欧合作，突出中欧合作项目规模大、涉及人口众多。特别谈到在"丝绸之路经济带"和"21 世纪海上丝绸之路"建设中，意大利基于得天独厚的地理位置将发挥重要作用，如意大利威尼斯港和中国宁波港已经签署了一项合作意向书，启动海上丝绸之路战略对接项目，加强技术开发领域的合作与交流。② 又如，2015 年 5 月的一篇题为《中国与欧盟开启新对话》的深度报道，全篇总结了自 2004 年中国和欧盟宣布建立全面战略伙伴关系以来双方的战略合作和竞争。该报道重点突出在"一带一路"新形势下，中欧合作的一个重要组成部分就是中意合作，"欧盟是中国最大的贸易伙伴，而以意大利为中心的地中海又被看作'一带一路'战略的一个重要地带。因此，意大利也成了中国重要的对话方"。③

第三，通过中意两国重大事件和政府报告加强对"一带一路"的报道，突出该倡议对中意互利共赢的重要意义。

2015 年为期六个月的米兰世博会无疑是意大利的年度盛事。我国派出国家馆、企业联合馆和万科馆齐亮相世博会。《24 小时太阳报》特别对中方参展进行了专题报道。例如，2015 年 4 月一篇题为《中国进驻米兰》的报道开篇就评价了中国对世博会的高度

---

① Marco Mutinelli, "la svolta delle aziende", *Il Sole 24 ore*, 11 luglio 2015.
② Rita Fatiguso, "Pechino avanza verso l'Europa sulla Via della Seta", *Il Sole 24 ore*, 30 luglio 2015.
③ Rita Fatiguso, Nicola Casarini, "Ue e Cina rilanciano il dialogo", *Il Sole 24 ore*, 04 maggio 2015.

重视，指出"中国是除意大利本国之外 2015 世博会最大的投资国"。报道中重点谈到相当数量的中国企业将借助世博会加强对意大利企业的投资与合作，特别提到"一带一路"将加快中国巨额外汇储备"走出去"的步伐，包括意大利在内的沿线国家将从中国投资中受益。① 再如，2015 年 7 月另一篇题为《2015 米兰世博会——中国飞向意大利》的评论文章高度评价了米兰世博会为中国和意大利合作翻开了新的一页。该文通过中国参加世博会主题，特别提到了中欧关系，积极肯定了"一带一路"倡议将在促进中欧合作与发展方面发挥巨大作用。在中欧关系中，文章又将中意合作作为聚焦点，充分肯定了意大利在"古丝绸之路"和"一带一路"中的地缘优势以及在亚欧合作中扮演的重要角色，强调两国在高端制造、节能环保、现代农业、文物保护、中小企业发展和可持续城镇化建设等领域的合作具有良好基础和广阔前景。该评论以中国亮相世博会为引子，在谈及中欧关系和中意关系等议题后，最终落脚点还是放在"一带一路"框架下的中意合作，强调该倡议对中国和意大利的经济发展均有积极作用。该文在结尾处总结道，"中意双方一定能够发挥各自优势、把握机遇、深挖潜力、加强合作，通过共同参与'一带一路'建设，推动中意和中欧关系朝着互利共赢的方向深入发展，为促进世界共同繁荣、增进人类共同福祉做出积极贡献"。②

2015 年是人民币国际化取得关键性突破的一年，人民币成功加入国际货币基金组织（IMF）的特别提款权（SDR）"篮子"引起了全球的关注和热议。《24 小时太阳报》分别以"中国未来依靠市场经济"和"人民币成为国际货币的长征路"为题对该议题进行了深入报道。两篇报道都给予了正面评价，肯定了人民币

① Micaela Cappellini, "A Milano sbarca la Cina", *Il Sole 24 ore*, 27 aprile 2015.
② Li Ruiyu, "L'Expo 2015 volano della Cina in Italia", *Il Sole 24 ore*, 11 luglio 2015.

成为全球第四大支付货币将对中国经济发展、中国经济转型发挥巨大作用；认为中意两国将从中受益，"拓宽人民币离岸融资渠道，将为中意经贸特别是投资合作增添新机遇和助力"。两篇报道还特别提到"一带一路"倡议，强调人民币国际化进程是建设"一带一路"的重要条件，"打造新丝绸之路意味着开启新的贸易，为了保证区域贸易的公平，需要一种可自由兑换的货币来提供保证"。①

　　除米兰世博会和人民币国际化议题，我国的政府工作报告也引起了《24小时太阳报》的关注。2015年3月，该报通过两篇深入报道对我国当年的政府工作报告进行了解读，特别突出了"一带一路"的意义，"通过推进'丝绸之路经济带和21世纪海上丝绸之路'合作建设，一方面将加快互联互通、'大通关'和国际物流大通道建设，还能扩大内陆河沿边开放，促进经济技术开发区创新发展，并提高边境经济合作区和跨境经济合作区的发展水平"。2015年11月，该报的一篇题为《一个处于发展和改革岔路口的国家》的报道对党的十八届五中全会进行了全面解析，该报道在回顾了十八届三中全会和四中全会的会议精神和要点后，强调"十三五"规划的核心目标是"2020年将中国全面建成小康社会"，突出"一带一路"将致力于加快中国与整个亚洲中部、南部和东部、印度洋、中东地区乃至欧洲国家的经济合作。② 2015年12月，该报发表了一篇有关习近平主席在乌镇第二届世界互联网大会上演讲的报道，认为乌镇峰会的实际意义是建设"数字丝路"，强调在信息高度发达的今天，一切合作离不开信息的共享，"一带一路"倡导的"互联互通"还应体现在互联网平台上，呼

① Giorgio Barba Navaretti，"il future cinese dipende dai passi verso l'economia di mercato"，*il Sole 24 ore*，11 agosto 2015；Ben Shre，"la lunga marcia del renminbi per diventare moneta globale"，*il Sole 24 ore*，01 dicembre 2015.

② Andrew Sheng，"Un paese al bivio tra crescita e riforme"，*il Sole 24 ore*，04 novembre 2015.

吁众多国家共建网络空间命运体。

第四，深入剖析"一带一路"倡议背后折射的大国关系，并通过评论表明态度。

通过解读这 29 篇报道，我们观察到，意大利媒体在对"一带一路"倡议进行深入诠释的同时，尤为关注意大利如何从中受益和中意双方如何开创更多互利共赢合作模式。此外，该报还多次提到了"一带一路"背后折射的大国关系，并对此作出评论。作为亚洲的主要经济体，中国和印度两国在"一带一路"倡议中的合作也成了该报的关注点。2015 年 5 月 15 日，该报以《莫迪在中国签署百亿美元合作》为题就印度总理莫迪访华进行了报道，除谈到中印两国在贸易、旅游、矿业、文化交流和科技发展等领域签署了一系列合作协议外，还特别对中印关系的两面性进行了评论。报道表示，"中印两国作为全球人口大国，其政治关系一向是错综复杂的，在经济方面一直存在着潜在合作关系"。文章既肯定了中印的合作成果，又谈到两国在南海问题、边界问题和西藏问题上的分歧。报道还特别谈到了"一带一路"对中印关系的影响，"中国梦想通过雄心勃勃的'一带一路'战略再次开启'古丝绸之路'，而处于邻国的印度却担心中国的影响力会日益增强"。

《24 小时太阳报》在报道"一带一路"倡议时，经常提到"亚投行"这个关键词，评价意大利作为创始成员国加入的积极意义。在这些评论中，美国的反应和从中折射出的中美关系又成为一个关键点。2015 年 3 月，该报发表了一篇名为《意大利加入亚投行，美国不乐意》的评论文章，仅标题就能在一定程度上反映美国对亚投行的消极态度。此外，在 2015 年 4 月以《中欧再次开启对话》为题的报道中，该报对美国就意大利加入亚投行做出的反应进行了点评，"当今中欧关系可以说是全球最重要的关系之一，中欧全面战略伙伴关系已成为焦点，而美国对于中欧关系的良好发展态势表现出相当的担忧。意大利携同德国、法国、英国作为创始成员国加入亚投行，美国对此很明显是相当的失望"①。由此可以看出，一方面欧洲大国纷纷加入亚投行体现了中国国际影响力和全球范围内话语权的提升，另一方面，美国对亚投行的态度，特别是对欧洲大国加入该行做出的反应又体现出美国对中国"国际秩序观"的怀疑和担忧态度。

四　结论与启示

作为意大利的主流媒体，《24 小时太阳报》重视涉华报道。透过该报对"一带一路"倡议的报道和评论，大致可以看出意大利主流媒体对该倡议的总体态度是积极的。着眼于意大利本国利益，特别是经济发展，《24 小时太阳报》在"一带一路"报道的话语建构过程中，特别突出中意两国经贸关系与合作，从多角度、多议题探讨了意大利如何从该战略中受益，实现中意乃至中欧的互利共赢。此外，根据这些报道，还可以观察到意大利对中国国际影响力与外交的看法。

应该说，作为意大利最有影响力的财经类综合日报，《24 小时太阳报》无论是在诠释与普及"一带一路"倡议，还是在推动意大利对该倡议的社会认可度方面，都起到了积极的作用。该报在对"一带一路"倡议进行报道时，引用了大量政府要员、企业高管、学者、研究人员的观点，既增强了该主题的报道影响力，也逐步在该国民众中打造了"一带一路"倡议有利于促进亚欧非各区域共同发展的正面形象。

通过对《24 小时太阳报》有关"一带一路"报道的研究，也可为中国"一带一路"倡议的对外宣传工作总结出一些经验与启示。鉴于经贸合作是意大利媒体关注的焦点，我们在未来的宣传

---

① Rita Fatiguso, Nicola Casarini, "Ue e Cina rilanciano il dialogo", *Il Sole 24 ore*, 04 maggio 2015.

工作中要进一步突出"中意经贸合作共赢"议题，继续深挖"一带一路"倡议的内涵，积极回应意大利对"一带一路"倡议的期待。此外，由《24小时太阳报》的消息源可知，中国政要的发言和研究人员的观点得到意大利媒体的高度关注，因而我国应进一步通过政府部门和学界加大对"一带一路"的宣传力度，及时报道"一带一路"建设取得的进展，突出中意合作成就，进一步推动意大利媒体对"一带一路"倡议的积极传播。

参考文献

陈仲龙、杨亚初："突破定势效应 化解嬗变之困"，《当代电视》2014年第3期。

方豪：《中西交通史》，上海人民出版社，2008。

费赖之：《在华耶稣会士列传及书目》，冯承钧译，中华书局，1995。

赫德逊：《欧洲与中国》，李申、王遵仲译，中华书局，1995。

胡元军："欧洲新媒体发展特点及启示"，《对外传播》2014年第2期。

柯研、唐晓芬："欧洲新媒体产业发展和规则变化"，《中国记者》2008年第5期。

蓝乔蒂、潘琳："意大利汉学：从1945年至今"，《国际汉学》2007年第1期。

李贽：《续焚书》，中华书局，1975。

利玛窦：《利玛窦中国札记》，何高济等译，中华书局，1982。

利玛窦：《耶稣会与天主教进入中国史》，文铮译，商务印书馆，2014。

林金水：《利玛窦与中国》，中国社会科学出版社，1996。

罗渔编《利玛窦书信集》，台湾光启书店，1985。

马西尼著"纪念白佐良"，《中西文化交流史》2002年第24期。

马雍："近代欧洲汉学家的先驱马尔蒂尼"，《历史研究》1980年第6期。

彭增军：《媒介内容分析法》，中国人民大学出版社，2012。

荣振华：《在华耶稣会士列传及书目补编》，耿昇译，中华书局，1995。

沈定平，"论卫匡国在中西文化交流史上的地位与作用"，《中国社会科学》1995年第3期。

图莉安："意大利汉学研究现状——从历史观点"，《汉学研究通讯》（台湾）2006年第8期。

吴孟雪、曾丽雅著《明代欧洲汉学史》，东方出版社，2000。

徐光启：《徐光启集》，中华书局，1963。

杨慧林："意大利那不勒斯东方大学及其汉学研究"，《世界汉学》1998 年第 1 期。

张国刚等著《明清传教士与欧洲汉学》，中国社会科学出版社，2001。

张西平编《欧美汉学的历史和现状》，大象出版社，2005。

张星烺编著《中西交通史料汇编》，中华书局，2003。

郑保卫主编《新闻学论集（第 22 辑）》，经济日报出版社，2009。

郑华、李靖："美国媒体建构下的中国'一带一路'战略构想——基于《纽约时报》和《华盛顿邮报》相关报道的分析"，《上海对外经贸大学学报》2016 年第 1 期。

朱维铮编《利玛窦中文著译集》，复旦大学出版社，2001。

张谦："欧洲理事会与欧盟的广播电视政策法规"，《国际新闻界》2002 年第 5 期

ANVUR（2013），*Rapporto sullo stato del sistema universitario e della ricerca*.

Cappellini, M.（2015），"A Milano sbarca la Cina"，*Il Sole 24 ore*，aprile 2015.

Confindustria（2015），*SME's in Italy – A Snapshot*.

Fatiguso, R.（2015），"Il business italiano passa per la nuova Via della Seta"，*Il Sole 24 ore*，aprile 2015.

Fatiguso, R. e Casarini, N.（2015），"un ponte fra Roma e Pechino"，*Il Sole 24 ore*，ottobre 2015.

Fatiguso, R. e Casarini, N.（2015），"Ue e Cina rilanciano il dialogo"，*Il Sole 24 ore*，maggio 2015.

Fatiguso, R.（2015），"Pechino avanza verso l'Europa sulla Via della Seta"，*Il Sole 24 or e*，luglio 2015.

Fatiguso, R. e Casarini, N.（2015），"Ue e Cina rilanciano il dialogo"，*Il Sole 24 ore*，maggio 2015.

Li, Ruiyu（2015），"L'Expo 2015：volano della Cina in Italia"，*Il Sole 24 ore*，luglio 2015.

Li, Ruiyu（2015），"Cina e Italia insieme per un futuro comune"，*Il Sole 24 ore*，aprile 2015.

Masini, F.（1993），*The Formation of Modern Chinese Lexicon and its Evolution toward a National Language：The Period from 1840 to 1898*，UC Berkeley3.

MIUR（2015），*Focus Il Sistema dell'Alta Formazione Artistica，Musicale e Coreutica*.

MIUR（2008），Linee guida del Governo per l'università.

Mutinelli, M.（2015），"la svolta delle aziende"，*Il Sole 24 ore*，luglio 2015.

Navaretti, G. B.（2015），"il future cinese dipende dai passi verso l'economia di mercato", *il Sole 24 ore*, agosto 2015.

Ricci, M. (2001), *Della Entrata della Compagnia di Gesù e Christianità nella Cina*, Quodlibet, Macerata.

Ricci, M. (2001), *Lettere (1580 - 1609)*, Edizione realizzata sotto la direzione di Piero Corradini, Quodlibet, Macerata.

Rostan, M. (2011), *La Professione Accademica in Italia. aspetti, problemi e confronti nel contesto europeo*, LED Edizioni Universitarie.

Sabattini, M. (1970), *Crocianism in Chu Kuang - chien's Wen - i hsin - li - hsüh*, East and Owest.

Sandangelo, P. (1992), *Emozioni e desideri in Cina*, Monterza, Bari.

Sheng, A. (2015) "Un paese al bivio tra crescita e riforme", *il Sole 24 ore*, novembre 2015.

Shre, B. (2015) "la lunga marcia del renminbi per diventare moneta globale", *il Sole 24 ore*, dicembre 2015.

Zorzi, A. (1982), *Vita di Marco Polo Veneziano*, Rusconi, Milano.

附　录

附录1：《政府对大学发展的指引》 译文①

1. 大学发展的目标和必要性

《里斯本战略》签订后，欧洲致力于知识型社会的建设。意大利视人力资本为其根本资源。《政府对大学发展的指引》不仅是在科研领域贯彻和实现政府的战略目标，同时是为实现政府这些战略规划提出了一个开放性建议。

（1）大学发展的目标

意大利总理贝卢斯科尼在2008年的工作报告中指出，本届政府的战略目标主要包括：确保国家的财政收支平衡、推进《里斯本战略》实施、缩小与其他欧洲国家之间的竞争力差距。意大利政府致力于向国家提供更自由、更现代、更有实力的大学，并呼吁意大利参众两院、各大学主体、劳动力市场和企业共同积极参与大学的改革，推动意大利的大学制度向国际最高标准迈进。

（2）大学发展的必要性

大学和科学研究不可分割，是意大利作为先进国家的宝贵财

---

① 附录1译者：张海虹，广东外语外贸大学意大利语系副教授。主要研究领域：中意文化比较、语言教学法、词汇语义学。

富。为了保证大学能成为意大利社会以及人力资源发展和推广的有效工具，大学必须勇于响应改革的呼声，实现透明化的教学管理，展现为了应对具有挑战性的未来而进行规划的魄力。

因为经济发展遇到困难，所以需要在短时间内尽快实现预算平衡，这是压力同时也是动力，它推动意大利去更好地完善大学的教学体制。意大利的教学体制虽然具有其自身的优势，但是不可否认同样有需要改革的地方。目前，为了保证大学体系的良好资源，必须实行大胆和深层次的改革，优化资源配置以更加适合国家文化的发展，增强国家的国际竞争力。

有效的管理和财政的可持续性是大学实现自主发展的基本条件。首先，大学必须合理配置资源，对此，教育部与大学之间要建立良好的合作关系，要明确各自的分工：教育部要对大学进行评估，保证大学对教学质量标准的遵守；大学要向国家和国际社会承诺，按照公认的教学质量标准和收费标准，提供高质量的教育、高层次的研究和有效的资源管理，并为国家的文化、经济和技术发展做出贡献。

自主权、责任和成果是在资源配置、对课程和学校的评价、决定教师的聘用和薪酬机制以及研究推广评价中被采用的重要而持久的标准。当然，意大利的大学教育拥有不可否认的优势，但是现在它们渐渐落后于其他国家。意大利大学每年的国际排名都出现令人沮丧的情况：意大利大学能在国际排上名次的主要是个别成果比较突出的高等学院，像比萨高等师范学院和的里雅斯特的国际高等研究生院（SISSA），综合性大学却几乎没有一所榜上有名。这向意大利大学发出了警告，必须努力提高在最高层次教育领域的竞争力。不仅要改变大学在国际综合排名中的位置，同时要创造更多的机会让那些优秀的大学充分发挥自己的竞争潜力。

2. 大学发展的具体措施

在大学发展的具体措施部分，《政府对大学发展的指引》主要对教学的对象、教学质量、学生的权利、质量评估、管理模式、教师聘用、博士教育、证书价值和学校财务管理等方面进行规划，并针对意大利大学在这几方面的发展制定了优先采取的措施。

（1）以学生为中心

国家最重要的投资是对人力资本的投资，特别是对代表国家未来的年轻人的投资。因此，大学工作的中心必须是大学生的需求。为了能让大学继续扮演调整社会流动性的特殊工具这一重要角色，必须再次重视大学的教学质量和服务。

课程质量不高首先会对那些没有特权背景的学生造成损害，因为学生们所获得的并不是真正的大学教育，而是一个完全没用的替代品。

意大利大学的高辍学率和高缺勤率足以说明大学教学质量问题的严重程度。据调查，20%的学生在完成第一年的学习后辍学，只有50%的学生能完成学业并取得学位。而且一般认为本科三年的学习只是大学学习的第一阶段，并不具有自身的完整性。所以大部分本科学生在取得学士学位后，会马上报读硕士课程。

应该明确的是，大学应该向劳动力市场输送的是具备相关能力的本科毕业生。所以大学必须清楚自己所承担的责任与义务，使公众和学生个人对本科学位有更好的认识以及更高的评价。教育部第 270 号文件指出，要按照更加严格的培养标准来进行课程调整；政府有意加快推广新的培养标准以及对现有标准进行改革以完善大学教育。

总体而言，要求对财政支出体制进行调整，加大对受教育者即学生的资金投入，而不是对教育者（学校）的投入：保证学生受教育的权利并不是说要把学校开到学生的家门口，而是指通过奖学金、贷款、宿舍和其他相关服务，使学生们能够实现他们的求学愿望。刚通过的法令在这方面大幅增加了投入，但为了整合所有力量，按照新的模式对大学教育进行投入，中央政府必须要保持与地方政府以及其他机构的密切合作，例如，与银行基金会的合作。

（2）保证培养质量

教育培养质量的提高以及教育体系的健康发展是紧密相连的，不考虑效益以及没有明确的规划会对两者都造成负面影响。在坚持发展并合理扩大本科教学的同时，必须要加强对具有较强专业研究能力的硕士学位课程以及具有国际领先水平的博士学位课程的建设。

优先采取的措施：

A.1 合理配置和减少教学课程，2002~2003 学年课程数量是 12 万个，但现在多达 18 万个，还不包括聘请外部教师所上的课程；

A.2 合理设置专业，因为目前的课程设置处于非正常增长状态，且缺乏合理的科学依据。在 2000~2008 年的 8 年里，本科和硕士专业从约 2500 个骤增到 5500 多个，原有的专业往往被细分成了一门门课程（拉丁语：curricula），政府希望，在教育部颁发有关条令前，各大学能自行迅速开始缩减专业的设置；

A.3 巩固硕士培养，不应把硕士教育看作本科教育的必要补充，而应作为一个独立的专业研究的培养阶段；

A.4 解决学生流失问题，特别是针对本科第一年结束后学生流失严重的问题，以及大量的注册学生无法毕业的问题，这些现象对高中毕业生选择进入大学学习造成了负面影响，此外，需扩大辅助性教育，给学生提供更多选择的自由；

A.5 鼓励在本科和硕士专业教学中开展全外语教学，积极与外国机构合作，在吸引其他国家学生的同时，为迎接全球性挑战做好准备；

A.6　修改有名额限制的专业的报读程序，使操作程序更加合理，并与国际标准接轨；

A.7　实验开发性学习模式，使一个独立的学习阶段也能体现学科和教学特点的具体需求；

A.8　根据在欧洲联盟中做出的承诺，按照课程的教学质量和可持续发展，对专业和学校展开评估；

A.9　对大学的分校进行分析和评估，现在大学分校的数量庞大，而且有些并非出自结构和质量的需求，同时要考察这些分校的财政可持续性；

A.10　保持并巩固对技术—科技教育的推动。

（3）保证学生受教育的权利

政府对关于受教育权的多个法规进行了修订，以求更加有效并契合学生的需求，并且进一步推动向学生发放助学贷款。受教育的权利，是指保证学生能正常进入一所治学严谨、教学质量高，能为个人和其专业的成长发展提供服务的大学。这项战略的一个关键因素是要吸引学生自己走入大学。一直以来，意大利在学生宿舍的建设方面都处于落后状态，目前仅能提供5.4万多个床位，但意大利各大学的非本地生源却有66万人。180号法令规定2009年要投入6500万欧元用于修建新的学生宿舍。

优先采取的措施：

B.1　重新审核有关受教育权利的相关规定，使之更加有效，更加切合学生的需要；

B.2　与各大区（意大利第二级行政机构）、地方机构、教育部门、其他公共或私人机构加强合作，保证公民受教育权利，整合资源用于大学学生宿舍的建设，以提高国内和国际学生的流动性；

B.3　加强与银行体系的合作，提供助学贷款；

B.4　增加大学的晚间课程，满足要兼顾工作的学生的需求，以减少缺勤以及辍学现象；

B.5 发展继续教育，继续教育的时间跨度可以是人的一生，这对于意大利发达而又处于快速变化的经济来说具有重要意义。

（4）对教学质量的评估

不管是从中央政府的角度还是从大学自身的角度，根据学校的研究、教学、成果、服务和体系的质量进行资源配置是政府建立一个更加自由、更加有责任的新的大学制度的基本标准。2009年政府投入大学的所有资金中的7%将根据对大学评估的结果进行调配。为了能更好地实现和国际接轨，接下来的几年这个比例还要继续扩大，最终目标是这一根据评估结果进行资金分配的比例在本届政府任期内达到30%。

在意大利研究及大学评估委员会（ANVUR）开始运作前，为了尽可能实现这一目标，政府正采取措施，努力确保意大利研究评估委员会（CIVR）和意大利全国大学评估委员会（CNVSU）现有的运转，并投入资源保证其活动的继续开展，授权CIVR对三年的研究成果进行第二轮评估，评估要在2009年内完成。事实上，良好的研究质量是一个治学严谨的现代大学体系必须达到的目标。

优先采取的措施：

C.1 加快启动意大利研究及大学评估委员会（ANVUR）的运作，该委员会的运作要高度透明并有足够的自主权，要对一些必要的条例进行修订，以保证委员会更有效地运作；

C.2 根据意大利研究评估委员会（CIVR）以往所积累的经验，建立对大学或非大学研究机制进行评估的模式，大学要全局考虑校内各个专业的研究活动，并按照科研的质量对各个专业实施资源合理配置；

C.3 迅速根据研究评估的结果对资源进行分配和奖励，设立博士课程奖学金和增设新的研究员岗位。

（5）大学管理模式的调整

对大学的管理模式进行改革，以加强大学的自主权、民主和权力制衡，实现责任明确，成果可衡量且管理的有效性，可以说时机已经成熟。目前所实施的教学体系不能适应社会发展现状，在专业设置以及管理监控方面都存在很多不足。而在国家按照各个大学的成果进行资源分配的同时，对学校内部的各个学院也应该按照这个标准进行校内资源的分配。这样的变革对大学未来的发展具有重要意义，如果要保证变革的成功，政府必须对体制进行一系列的改革。

必须要采取新的执政模式，搭建一个新的平台，解决已存在多年的教师和研究员的聘用和发展问题。普遍认为，对大学的管理应建立在对教学和科研质量采取严格的评估制度的基础上，这样才能确保精选出那些对大学的建设有贡献的学者。尽管这项工作开展起来很困难，但是对管理体制所进行的改革是大学改革过程中的中心环节。

必须建立能适应成熟的综合性大学体系发展的管理和教学模式，这些大学包括历史悠久或者资历尚浅的大学，规模很大或者规模比较小的大学，专业性的或者综合性的大学，即使是私立大学也必须按照国家评估机构设立的标准，确保能提供高质量的教学服务和科研成果。

政府拟制定相关条例，允许大学在进行自我审议后依法建立基金会。大学按照现行法律的规定管理学生的捐款，并以奖学金或者其他资助形式向学生提供强有力的资金保障。与此同时，各高校应开拓思维，思考采取什么样的模式才能更加适合自己的学校及其项目，并认真审查自身的管理机制，以加强学校管理的自主性，责任心和效率。

优先采取的措施：

D.1　要求大学在六个月内制定一个道德规范守则，明确不得涉及个人利益或者存在相关利益冲突；

D.2 在校园内推广面向社会的问责制文化，重点是要对学校在科研活动、教学活动、技术转让以及吸纳外部投资等方面的情况保持透明度；要对教学成本、学校制订的中长期发展计划的可持续发展性、大学的资产以及大学的债务和债权进行管理，此外，有必要迅速执行统一的会计制度和财务报表；

D.3 区分学校的学术委员会以及行政董事会的功能，学术委员会主要作为科学和学术的代表机构，行政董事会则负责制定大学战略规划的全局性指导方针，以确保大学管理的合理性和严谨性，以维护大学的集体利益为先；

D.4 精简臃肿的机构和简化决策流程，特别是要通过对学校内部机构的调整尽可能完善对教学和科研的管理，当前，学院、部门和学位课程之间分工的不明确是效率低下以及管理混乱的主要原因；

D.5 重新对校长的职责进行定位，创造条件保证大学校长能真正对自己的决策承担全部责任（要在选举规程中列明），大学校长要对相互冲突的内部和外部需求进行整合分析，制定学校的整体发展策略。在兼顾内外部需求的同时实现学校科研、教学质量与管理改革的最优化；

D.6 规定校长和各学院院长的任期不得超过两届，校长的最长任期是 8 年，院长的最长任期是 6 年，此外，校长的任期不得超过他的退休日期；

D.7 加强学校管理者的领导能力，对有意受聘管理岗位的教师开展相关的培训活动；

D.8 加强学校的管理能力，注重提高学校自身财政、技术和行政的专业能力；

D.9 鼓励各大区或各区域大学联盟的建立和重组，为学生提供高质量的教育，避免重复建设一些不必要的课程，鼓励大学之间的研究合作和服务共享。

（6）教师的聘用

教师是大学的核心和灵魂。但不幸的是，多年以来，由于教师数量的增长快于学生数量的增长，教学成本增加，同时又将大量具有优秀研究能力的年轻学者拒之门外。1998 年，在岗的教授和研究员的人数低于 5 万人，但是如今却已超过 6.2 万人，增加了 24%，其中教授人数的增幅高达 46%。相比之下，学生人数的增长只有 7%。教授的人数高于普通教师的人数，只是略低于研究员的人数。三个级别人员的平均年龄都过高：教授的平均年龄是 50 岁，普通教师的平均年龄是 44 岁，研究员是 36 岁。这种非正常现象不应持续。

政府认为，有必要打破为了设立新的岗位而开设新的专业的恶性循环。从这个角度出发，严格控制人员进出是必要的应急措施，据悉在接下来的几个月将通过竞聘产生 3700 个教授和普通教师的岗位。意大利政府已重申坚决反对大学臃肿的人员机制，多年的事实也证明，臃肿的人员机制是大学无法更好运作的根源，所以应该彻底抛弃。通过近期颁布的 180 号法令，政府重新调整了教师聘用的更替机制，通过提高聘用人员中年轻研究员的比例，促进教师的换代；此外，为了建立一个能接受各方批评的体制，政府也重新审查了对教师和研究员的聘用细则。这迫切需要对如何改革教师聘用机制及其法律地位等进行认真思考，对聘用人员在每一个阶段所取得的成果要给予充分的肯定，保证聘用机制符合国际惯例，按照有效及严格的程序促进研究人员在国内和国外的流动。关于这个异常敏感的话题，政府希望能与议会各方力量在目标以及实施方法上达成广泛一致。

优先采取的措施：

E.1　分析受聘人员学术生涯的整体规划，特别是受聘时能担任的角色以及其他优点；

E.2　制定一些有共性的科研质量标准作为聘用承担不同教学

角色的人员的准入依据，如果有条件，还可以引入一些国际公认的科研质量参考标准，像期刊的影响因子①，文献索引等，意大利国家大学委员会（CUN）已经在做这项工作；

E.3　鼓励学者在意大利国内和国外以及意大利大学之间流动，如果有必要，还可以规定限制毕业生不得直接留在所毕业的学校工作；

E.4　促进师资队伍的国际化，这是对大学进行创新和吸引更多留学生的必要条件；

E.5　根据《欧洲宪章》对研究人员科研成果评估的相关标准，实施对年轻研究员优先聘用的新机制，政府所提出的这个修正案能确保国内科学界最大限度地参与，而且按照国际惯例，取消考试；

E.6　对大学的研究院重新定位，研究院的法律地位与研究院的职能并不相符，实际上研究院大部分工作人员都在大学发挥重要的作用；

E.7　对教授和普通教师的聘用进行改革，确保对他们的聘用是根据公认的标准以及他们的个人成果而定；

E.8　研究在一些特别的院校或者类似的教育机构试行更加符合其实际情况的人员聘用机制；

E.9　检讨自动薪酬机制，因为自动薪酬机制不需要考量受聘人员的科研质量和教学任务，所以要用对已完成任务的定期评估机制来取代它；

E.10　尽快对科研－管理部门进行重新定义并减少其数量，

① 期刊的影响因子（Impact Factor, IF），是衡量期刊影响力大小的一项定量指标，即某刊平均每篇论文的被引用数。实际上是某刊在某年被全部源刊物引证该刊前两年发表论文的次数，与该刊前两年所发表的全部源论文数之比。以 2012 年为例，某刊在 2012 年的影响因子是其 2010 年和 2011 年两年刊载的论文在 2012 年的被引总数除以该刊在 2010 年和 2011 年这两年的载文总数。

目前这些部门的数量过于庞大分散，这造成大学体制的僵化，不利于跨学科的研究和创新。

（7）博士研究生的培养

鉴于要对大学教学和教师聘用进行改革，所以对博士和博士后的培养显得尤其重要。博士学位的高科学价值能否得到国际公认更显重要。博士培养是大学最高水平的培养层次，受教育者或是有意从事研究（博士学位必须从条例上成为大学教师聘用的必要条件），或是有意进入需要高科研能力的工作领域。就目前的情况看，博士培养还存在一些明显的不足。意大利已开的博士课程超过 2200 个，平均每个课程的招生人数是 5.6 人，博士点的分布过度分散，这不利于专门从事某一特定领域研究的年轻学者群体的形成，无法整合真正的博士培养力量。

博士生的培养规模必须更加国际化，必须为年轻人提供更大的流动性。今天，意大利只有不到 5% 的博士生是外国学生。所以必须在这方面有所行动，要及时消化欧盟对建立欧洲高等教育区（《博洛尼亚进程》的目标）的相关信息，以实现学者的自由流动。

优先采取的措施：

F.1　博士培养的合理化和重组，要减少博士课程的数量，加强对博士点的管理，使它们具有公信力，并拥有适当的研究体系、高层次的科研成果和效率；

F.2　明确博士课程的培养目标，提高博士课程的教学水平，不管是培养质量，还是研究设施以及研究设备的规模、生产研究的质量等都按照现行的意大利研究评估委员会（CIVR）和将来推行的意大利研究及大学评估委员会（ANVUR）标准来评估；

F.3　实行新的报读机制，与国际接轨；

F.4　重新思考博士学位的结构和学制，应该规定必须能取得一定的科研成果；

F.5　鼓励扩大博士课程的国际化规模，包括结构、对论文的指导以及对结果的评价；

F.6　提高结构性教育在博士课程中所占的比例；

F.7　推动博士生宿舍的建设，鼓励硕士毕业生选择在其他学校继续就读博士课程，实现学术理念的交流；

F.8　鼓励已取得博士学位的年轻学者去开发根据国际最先进的标准挑选出来的高质量的研究项目，为此，意大利教育部已经计划在 2009 年拨出 5000 万欧元的专项资金，有关通告正准备发布。

（8）学位证书的法律价值

政府认为，必须要解决学位证书的法律价值问题。事实上，这个体系今天看来似乎滞后于现实，因为目前的学位证主要是向学生、家长和雇主提供了一些所学专业和毕业学校的相关信息。因此，预期或者说认同应成为大学所授予的学位证书应具有的最根本的价值，而不应仅限于形式上的概念，因为这种形式主义正是体系退化的一个表现。

（9）学校的财务管理

对所分配的财政资源的担忧不应该成为阻碍大学进行深入改革的因素。在过去的十年中，大学发展经历了曲折的进程，而发展的结果是国家每年投入大学的资金都只是被用来支付教师的薪酬。改革已是当务之急。

优先采取的措施：

G.1　鼓励实施财务和资产会计账，这是一种可以让大学、大学的外部利益相关者和教育部之间信息透明化的基本工具，保证按有关质量参数机制进行标准成本识别；

G.2　逐步降低教师薪酬所占的比例，释放必要的资源去开展大学的基本任务；

G.3　执行更加严格的借贷限制；

G.4　对于那些已经超过国家法律规定比例限制的大学，不允许其设立新的岗位招聘；

G.5　完善现行的财政模式，加大教学和科研质量所占比重，建立审查评价机制；

G.6　对于那些有赤字预算或运作与当前法律不符的大学，要求其提供一份可以消除赤字或者追究相关渎职行为的可行性方案；

G.7　审查医学院、大学和医疗体系之间的关系，实现职能和成本之间的平衡。

附录2：中国和意大利关于加强经贸、
文化和科技合作的行动计划（2017~2020年）

（2017年5月16日于北京）

应中华人民共和国主席习近平邀请，意大利共和国总理保罗·真蒂洛尼于2017年5月14日至16日来华出席"一带一路"国际合作高峰论坛。其间，国家主席习近平、国务院总理李克强分别与意大利总理举行了会见。

双方对中意全面战略伙伴关系的良好发展感到满意，表示愿在充分尊重联合国宪章宗旨和原则的基础上加强政治对话，为世界和平与安全做出贡献。

双方一致同意在联合国及二十国集团框架下就全球议题和地区问题加强协调与合作，支持中欧和平、增长、改革、文明四大伙伴关系建设，落实《中欧合作2020战略规划》。

双方对密集多样的双边政治对话和互访表示赞赏，愿继续致力于推动两国在各领域本着共同利益开展的互利合作。

一 迈向"建交50周年"进程

2020年既是中意建交50周年，也是中国"十三五"规划收官之年。双方表示愿继续保持定期高层互访势头，共同筹划迈向2020年两国建交50周年进程。

为实现上述目标，双方积极支持2017~2020年中意加强合作的行动计划。两国外长共同主持的中意政府委员会负责推动和落实该计划。

双方强调，中意企业家委员会在加强两国企业间联系和促进投资及贸易往来方面具有重要意义，"中意创新合作周"在加强双方大学、科研机构及创新企业间关系方面发挥重要作用，中意文化合作机制为两国文化和创意产业合作搭建了重要平台。

二 良好的经贸合作伙伴关系

双方一致认为密切贸易往来具有重要意义，同意发掘双边贸易潜力，继续扩大双向投资规模。双方强调经济合作混委会的作用和创新性质。

在中意 2014～2016 年行动计划的基础上，双方确认优先开展以下领域合作：

（一）环境与可持续能源；

（二）农业领域；

（三）可持续城镇化；

（四）卫生领域；

（五）航空领域；

（六）空间科技及应用；

（七）基础设施和交通。

双方同意指导各自主管部门就落实上述领域务实合作积极开展工作。

双方重申坚决反对任何形式的贸易保护主义，减少任何形式的贸易扭曲，并认为有必要为参与工程招标的企业提供同等和透明的参与机会。

双方希望在现有基础上加强反腐败领域的合作，以提升"商业环境"的吸引力。

双方同意根据对等和互利互惠原则，促进双方货物和服务贸易强劲和平衡地增长，支持中国国际贸易促进委员会、意大利对外贸易委员会及其代表机构根据职能全面有效地开展贸易投资促进工作。支持两国商协会加强商事法律合作，通过联合调解、商事仲裁、知识产权、法律咨询、行业磋商、交流研讨、专业培训等方面合作，帮助企业化解纠纷，防范风险，妥善解决经贸摩擦。

中意地方经贸合作基础良好，潜力极大。双方均认为，有必要在中意海安、宁波生态园、镇江农业示范创新园合作的基础上，加强两国地方贸易投资合作，进一步夯实中意全面战略伙伴关系。

双方认为应加强海关、动植物检验检疫和进出口食品安全的双边合作，在尊重对方国家法律法规和国际标准的基础上，加强双边磋商，以便完成检验检疫准入程序，进一步促进双边贸易、相应市场准入和整体贸易便利。

双方重视保护地理标志、打击仿冒和保护消费者权益。双方希望加快中欧地理标识协议磋商进程并取得积极结果，这将有利于双边贸易往来。

在农业领域，双方愿推动农业机械、农产品生产加工、粮食安全、动物卫生等方面的合作。

双方强调加强健康及卫生服务领域双边合作的重要性，愿加强药品采购、食品安全风险评估、传统中医药、医疗服务等方面的合作。双方强调应全面落实两国卫生部门于 2016 年 1 月 28 日在北京签署的《2016～2018 年行动计划》、2017 年 2 月 22 日在北京签署的《执行计划实施方案》，通过务实的方式，加强相关领域的合作和经验交流。就此，双方将推动两国的科研机构、高校和卫生机构间建立联系与合作。

双方表示希望加强在电子商务领域的合作，强调对知识产权保护应予以适当关注。双方认为，电子商务对双边贸易增长和加强两国企业特别是中小企业合作具有重要意义。

双方同意采取措施加大对中意经济主体的知识产权保护力度，加强网络上打击仿冒产品的能力。双方一致同意各自职能部门在中欧合作框架下加强信息交换和增强合作力度。

三 中意科技创新合作

双方强调在高端产业合作中技术创新的重要性，赞赏双边科技创新领域合作成果，两国科技部长通过"中意创新合作周"就此进行年度定期会晤。双方根据《2016～2018 年科技合作三年执行计划》确定的 2016 年联合科研项目具有重要意义。

双方愿继续为学生、专家和研究人员往来提供便利条件，促进大学及研究机构开展科研合作。

双方重申支持每年举办"中意创新合作周"，强调 2016 年 10 月举办的"创新周"上启动的旨在促进青年创业交流的中意创新创业大赛和中意优秀初创企业展活动成果显著。

双方积极支持开展空间科技领域的合作，特别是落实好意大利国家空间局与中国国家航天局在空间科学与探测、对地观测科学研究与应用、卫星及人员培训等领域开展合作达成的共识。中国载人航天工程办公室与意大利国家空间局愿落实达成的协议，围绕中国空间站开展合作与交流。双方将继续支持未来在空间科学领域的合作项目，特别是在太阳系探索、空间大地测量、地球物理场包括电磁层、电离层、磁气层的研究。双方对意大利"利玛窦"计划和中国首颗电磁监测试验卫星任务合作所取得的成绩表示满意，该卫星计划于 2017 年内发射。双方愿探讨筹建一个或多个空间科学与技术联合实验室的可能性，深化双方在空间领域的合作。

双方支持两国企业在更广的领域拓展空间合作，特别是在对地观测、地球物理信息技术、卫星通信以及相应的空间运输、空间探索等方面。

双方致力于发展务实合作项目，鼓励意大利企业及投资者在中国的适当地方参与可持续城镇化建设。双方支持两国地方行政部门交流，意大利中心小城镇模式对中国城市化进程具有借鉴意义。

为达成上述目标并着眼未来，双方对业已签署的《中意面向 2020 的科技创新合作战略规划》表示赞赏，愿继续采取措施落实共识，加强在相关领域合作。合作以中国"十三五"规划

(2016～2020 年) 和意大利国家研究计划（2015～2020 年）为基础，包含从基础研究到高新技术转让等各方面内容，为两国创新领域合作提供全方位的机遇。

四 意大利"工业 4.0"和"中国制造 2025"

双方愿探讨"中国制造 2025"、"互联网＋"战略与意大利"工业 4.0"计划互动的可能，以提高产业国际竞争力，加大高新技术研究、开发和应用的力度，拓展信息技术在产业和公共服务方面的作用。

双方强调产业合作和相互投资在促进两国经济增长和就业中发挥着基础性作用。双方决定继续加强合作，优先关注的领域包括：航空航天、发动机技术、城市智能交通管理系统、铁路运输系统、中小企业合作、知识产权法律法规、工业能源效率及减排、工业设计、技术及认证标准化。

五 应对气候变化及 2030 年可持续发展议程

中国和欧盟均已批准气候变化《巴黎协定》，双方共同致力于寻找最佳方式实现国家自主贡献和可持续发展目标，并以实际行动应对气候变化。双方愿加强意大利环境部和中国有关部委业已达成的双边协定框架下的合作，为中意全面战略伙伴关系注入新动力。

双方愿根据 2030 年可持续发展议程所确定的目标，在相关领域开展全方位合作，实现可持续发展。

六 投资与金融合作

双方一致认为有必要扩大双向投资，并希望中欧投资协定谈判尽早取得积极进展，达成一个全面、富有雄心的协定。

双方对在投资共同开发第三方市场方面取得的进展表示满意。

双方愿充分挖掘金融投资合作潜力，鼓励在公共设施改造项目、新工业布局、科技园区建设，以及贸易、服务业、文化遗产保护与开发等领域开展多种形式的合作。

双方鼓励并支持意大利存贷款银行与中国投资机构间的合作，认为这些长期投资机构为两国经济增长做出了重要贡献。双方也愿探讨利用私募股权基金等专门金融工具的可能性，认为这将为促进中意双向投资起到支撑作用。

双方愿落实中意企业家委员会第四次会议成果文件。

双方一致认为在第三国开展双边经济合作具有重要意义，除利用业已存在的金融工具外，还应评估创造其他新工具的可能性。

双方愿支持信贷、投资机构和人员开展交流和合作。在尊重两国相关法律和监管要求的前提下，支持双方在对等条件下互设新的银行和金融机构以及银行和金融机构的分支。

双方一致同意，加强两国出口信贷机构间本着对等原则开展合作，促进双方贸易往来，支持两国央行和金融监管部门开展多边和双边合作。

七　中国"一带一路"倡议与意大利物流基础设施建设的互动

双方重视中国"一带一路"倡议与意大利交通基础设施体系的互动，愿将此与跨欧洲交通运输网相协调。特别是的里雅斯特、威尼斯等亚得里亚海北部港口群以及热那亚—萨沃纳等第勒尼安海北部港口群在基础设施、物流、吞吐量方面具有优势，为意方提供广阔合作前景。

双方认为，中意同为亚洲基础设施投资银行成员，应在双边基础设施建设合作及中欧互联互通方面以可持续的方式发挥促进作用。

八　基础设施和交通运输合作

双方对航空领域的双边合作表示满意，希望根据两国航运企业意愿和乘客需求增加两国间的航班。

双方同意在对等的基础上在现行协议之外短期内增加往返于中国和意大利的航班及货运频次，以适应商务旅行和游客量不断增长的要求。双方将就新的谅解备忘录尽快启动磋商。

此外，双方表达了对推动包括港口和基础设施在内的交通及物流领域多种形式合作的愿望。双方期待就铁路方面开展共赢合作项目，包括第三方合作。

九　文化和创意产业

双方认为在文化和创意产业领域的合作具有广阔前景，愿通过中意文化合作机制进一步提升合作水平。

双方强调历史和艺术遗产保护与开发合作项目的重要性，包括当代视觉艺术（艺术品、建筑和设计）的推广和当代艺术创作方面的合作。

双方表示将推动和支持中意影视媒体合作，积极参与对方主办的媒体影视周节等活动，支持利用中国相关城市的长期展馆开展"意大利博物馆"在华巡展计划。

双方支持两国被列入联合国教科文组织《世界遗产名录》的世界遗产地开展结对合作，以促进文化遗产保护，推动乡村旅游和可持续旅游发展。

十　教育合作

双方重申将在对等原则和遵守各自法律法规的基础上，加强汉语及意大利语在对方国家的教学及推广，双方支持通过开设对方国家语言课程、推动学生交流以及开展校际合作等方式扩大中、意语言教学。

十一 旅游和中意民间更紧密的联系

双方同意加强旅游合作，分享各自推广战略、开展旅游领域专家交流、相互参加旅游展会，并加强在世界旅游组织框架下的合作。

2018 年将举办"中国—欧盟旅游年"，为中意双方制定"21世纪海上丝绸之路"沿线文化旅游合作战略提供了契机。

在游客往来方面，双方强调进一步扩大双向游客往来，对促进经济增长、加强人民相互了解和传统友谊具有重要意义。

双方将致力于为制造业、不动产、艺术、文化等领域的投资者提供入境和居留便利，双方投资者在对方境内的投资行为应符合各自国家相关法律法规有关规定。

双方重申鉴于旅游产业的重要性，将在各自法律框架下，继续致力于加强签证便利化措施。

双方指定由两国外长共同主持的中意政府委员会，会同其他双边合作机制一道，协调相关政府部门、公共机构为落实本行动计划开展工作。

两国总理愿保持密切交往，以灵活方式保持年度沟通，进行政治磋商并检验本行动计划实施情况。

后　记

　　1990 年代以来，尤其是 2008 年国际金融危机爆发以来，意大利国内各领域持续经历着快速而深刻的变化，理解这些变化对于把握意大利乃至欧盟的发展前景具有重要意义。本书力图剥茧抽丝，从经济、社会、政治、外交、文化、教育等多个层面与领域剖析"变化中的意大利"，包括其变化的动因、表现与相应的政策演变，并基于此对新形势下中意关系的发展做出评估与展望。简言之，本书的重点在于探讨近年来意大利的"变化"，以及这些变化如何塑造着该国的现状与未来。

　　本书的选题与章节构思起源于 2014 年罗红波老师与我本人之间的一次学术漫谈。我们认为，无论是出于理解意大利的现状与未来，还是出于更好地把握中意关系发展前景的考虑，国内学界都亟须对近年来意大利经历的快速而深刻的变化进行深入研究。为了更加全面地探讨这一主题，必须立足于多个领域与层次，而这唯有依托国内意大利研究界的集体力量才有望实现。与此呼应，我们将中国欧洲学会意大利研究分会 2015 年年会的主题确定为"变化中的意大利"和"中意关系发展新机遇"。在会上，国内意大利研究界的专家学者们围绕这两个主题展开了充分讨论，本书的主体部分也正是基于此次年会的会议论文而成。作为这部集体成果的编者，我们衷心感谢作者们的学术贡献。他们的积极响应与全力配合令我们备受鼓舞，他们严谨的学术态度以及在各自领

域的真知灼见令我们对中国意大利研究事业的未来充满信心与
期待。

编者还要感谢中国社会科学院欧洲研究所领导与诸位同仁的
帮助，同时要感谢中国欧洲学会领导对意大利研究分会工作的支
持。非常感谢社会科学文献出版社王婧怡博士出色的策划与编辑
工作。她本人在意大利取得博士学位，也曾多次参与中国社会科
学院欧洲研究所与意大利有关机构的合作研究项目，这部成果得
以顺利出版离不开她的积极推动。最后，感谢黑龙江外国语学院
对本书出版的大力支持。

本书研究主题的跨度对编者的学识提出了挑战，编者在深刻
把握主题上还有诸多欠缺，因此，书中必定存在不足乃至不当之
处，恳请学界同仁批评指正。

孙彦红

2017 年 6 月

图书在版编目（CIP）数据

变化中的意大利 / 罗红波，孙彦红主编. -- 北京：
社会科学文献出版社，2017.8
ISBN 978 - 7 - 5201 - 0908 - 6

Ⅰ.①变… Ⅱ.①罗… ②孙… Ⅲ.①经济概况 - 意
大利 Ⅳ.①F154.6

中国版本图书馆 CIP 数据核字（2017）第 126727 号

变化中的意大利

主　　编／罗红波　孙彦红

出 版 人／谢寿光
项目统筹／王婧怡
责任编辑／王婧怡

出　　版／社会科学文献出版社·经济与管理分社（010）59367226
　　　　　地址：北京市北三环中路甲 29 号院华龙大厦　邮编：100029
　　　　　网址：www.ssap.com.cn
发　　行／市场营销中心（010）59367081　59367018
印　　装／三河市东方印刷有限公司

规　　格／开本：787mm × 1092mm　1/16
　　　　　印张：22.5　字数：292 千字
版　　次／2017 年 8 月第 1 版　2017 年 8 月第 1 次印刷
书　　号／ISBN 978 - 7 - 5201 - 0908 - 6
定　　价／98.00 元

本书如有印装质量问题，请与读者服务中心（010 - 59367028）联系